PQ6105 NEW

LOS GENEROS DRAMATICOS EN LAS POETICAS DEL SIGLO DE ORO

MARGARETE NEWELS

LOS GENEROS DRAMATICOS EN LAS POETICAS DEL SIGLO DE ORO

INVESTIGACION PRELIMINAR AL ESTUDIO DE LA TEORIA DRAMATICA EN EL SIGLO DE ORO

VERSION ESPAÑOLA DE
AMADEO SOLE-LERIS

TAMESIS BOOKS LIMITED
LONDON

Colección Támesis
SERIE A - MONOGRAFIAS, XXXV

Publicado originalmente con el título de *Die Dramatischen Gattungen in den Poetiken des Siglo de Oro,* por Franz Steiner Verlag GmbH (Wiesbaden, 1959).

Depósito Legal: M. 16.979.—1974
Printed in Spain by Imprenta Aguirre

for

TAMESIS BOOKS LIMITED
LONDON

PREFACIO

El presente trabajo, que quisiéramos considerar como una definición del drama en el Siglo de Oro, es solamente —como ya lo indica el título— una investigación preliminar, un primer capítulo de introducción al estudio de un tema mucho más amplio: la teoría dramática en las poéticas del Siglo de Oro. El objeto que aquí se persigue es el de proporcionar una visión de conjunto del material de que disponemos: se examina la situación del drama con respecto a los demás géneros, se estudian cuestiones de terminología y de la fijación temática de la materia dramática según los géneros y se analizan los conflictos resultantes del contraste entre la teoría y la práctica en los binomios farsa española - comedia, y comedia - tragicomedia, así como en la relación entre la comedia y el entremés. La elucidación de estas cuestiones, que merecerían aún un análisis más profundo, y mayor amplitud de enfoque, es la premisa esencial para el estudio de la estética y de la técnica dramáticas de la época, obra que esperamos llevar a cabo lo antes posible.

Se tratará de proseguir la demostración, que se inicia en el presente trabajo, de que la opinión tradicional sobre el contraste entre la teoría y la práctica en el teatro de la época de Lope de Vega es inevitablemente el resultado histórico de la investigación histórico-literaria de épocas pasadas, hecho que hay que tener en cuenta al proceder a su evaluación. Como hacemos observar en el estudio, los trabajos más recientes sobre esta materia van coincidiendo cada vez más con el principio general sobre la relación entre la teoría y la práctica enunciado por Menéndez y Pelayo en su Historia de las ideas estéticas en España (Vol. I, p. 5, Santander, 1946): si queremos comprender al artista y a su obra, tenemos que familiarizarnos con el ambiente estético-literario de su tiempo, con esa parte no despreciable del acontecer histórico y cultural de la época.

Las poéticas son, a este respecto, documentos de primera importancia, sobre todo en España donde —más que en ningún otro país— representan, no una reglamentación apriorística y rígida de la obra poética, sino un diálogo, una relación dinámica entre la práctica coronada por el éxito contemporáneo y las «teorías» procedentes no sólo de Italia y de Francia, sino también del propio acervo cultural. Por consiguiente, lo que se recalca en este estudio no es tanto el —innegable y harto proclamado— aspecto normativo e inflexible de la teoría poética «aris-

totélica», sino más bien las flexibles y variadas interpretaciones a que se fueron sometiendo, en un proceso de adaptación, las teorías estéticas heredadas de la antigüedad.

No habiendo sido posible refundir el original alemán de 1959 (como tampoco lo ha sido hasta ahora publicar el trabajo sobre «La técnica y la estética del drama del Siglo de Oro», que en él se anunciaba) la presente versión española sigue el texto de la primera edición, habiéndose añadido solamente algunas referencias bibliográficas y eliminado algunos errores. Deseo agradecer a Amadeo Solé-Leris, mi estimado traductor, el meticuloso cuidado con que ha contribuido a esta labor de corrección.

Finalmente, no quisiera dejar de mencionar que la idea de dedicarme al estudio de la «praeceptiva dramatica» me fue sugerida en su tiempo por el profesor Dr. F. Schalk, de Colonia. A su intervención se debió también la publicación del trabajo original por la Akademie der Wissenschaften und der Literatur, de Maguncia, que puso el fruto de mis investigaciones al alcance de otros estudiosos. Las referencias que a él se han hecho en los años transcurridos desde entonces demuestran que mi modesta contribución no ha dejado de ser útil en numerosas ocasiones.

Desgraciadamente, en vez de poder, durante estos mismos años, dedicarme a la continuación que tenía planeada, me he visto —por causas bien ajenas a mi voluntad— totalmente alejada de toda actividad científica. Este obligado silencio, prolongado por más de una década, parece tocar ahora a su fin, gracias al primer paso que dio en este sentido, en abril de 1972, el Ministro de Asuntos Científicos del Estado de Nordrhein-Westfalen, señor Johannes Rau. A él y a los dos rectores de la Universidad de Bonn, los profesores Dr. Gerald Grünwald y Dr. Hatto Schmitt, me es grato expresar en esta ocasión mi sincero reconocimiento.

M. N.

INTRODUCCION

CAPÍTULO I

EL TEMA, SU HISTORIA Y LA LITERATURA RECIENTE SOBRE EL MISMO

Saintsbury, en su *History of Criticism and Literary Taste in Europe* tuvo que reconocer que España tenía en la *Historia de las ideas estéticas,* de Menéndez y Pelayo [1], quizá la mejor historia de la crítica literaria de ningún país europeo [2]. Aún hoy día, todo el que quiera estudiar las teorías estéticas en España tiene que recurrir a dicha obra, puesto que sigue siendo la más extensa y, en definitiva, la única exposición de la materia [3].

Una obra de esta índole, que tenía por principal objeto el de recopilar y ordenar las numerosas fuentes y poner de relieve las principales tendencias del pensamiento estético, no podía, inevitablemente, hacer más que esbozar la teoría dramática contenida en los tratados poéticos de los siglos XVI y XVII. A pesar de ello, Menéndez y Pelayo fue el primero en

---

[1] El primer volumen de la *Historia de las ideas estéticas en España* se publicó en 1883. Para el presente trabajo se ha utilizado la edición nacional de las obras completas de Menéndez y Pelayo, *Historia de las ideas estéticas en España, edición revisada y compulsada por don Enrique Sánchez Reyes* (C. S. I. C., Aldus, Santander, 1946-7), vols. I-V.

[2] George Saintsbury, *A History of Criticism and Literary Taste in Europe from the earliest texts to the present day* (1928), vol. II, pág. 331, nota 1.

[3] A pesar de la pequeña bibliografía que publicó Juana de José Prades en 1954 en la colección de *Monografías bibliográficas,* bajo el título de *La teoría literaria* (Instituto de Estudios Madrileños, Madrid). Esta monografía es la primera compilación bibliográfica de las poéticas, retóricas y gramáticas, pero no incluye los textos en latín, a los que Menéndez y Pelayo se había referido, textos en modo alguno despreciables para la teoría literaria del siglo XVI. Se anuncian recopilaciones especiales dedicadas a distintos temas particulares —la epopeya, el drama, la lírica, la historia, etc.— que tomarán en consideración también los numerosos pequeños tratados que abundan en la literatura española. Con la realización de este plan se echarían los fundamentos bibliográficos para una nueva *Historia de las ideas literarias en España* (véase *La teoría literaria,* Introducción). Los volúmenes IV (en el que se inicia el siglo XVI) y siguientes de la *Bibliografía de la literatura hispánica* de José Simón Díaz, son elemento de trabajo fundamental para el Siglo de Oro.

Además de las dificultades que crea el hecho de no disponer de una bibliografía completa, se tropieza con el obstáculo de que algunos de los textos son raros y de difícil acceso. Se están haciendo esfuerzos en Madrid por remediar este estado de cosas. El Consejo Superior de Investigaciones Científicas, en su colección *Biblioteca de Antiguos Libros Hispánicos,* ha empezado ya a publicar algunas de las poéticas:

poner de relieve, en el capítulo X de su *Historia,* la mutua relación que existe entre la teoría y la práctica en el Siglo de Oro, tal y como se desprende de muchos tratados de mayor o menor magnitud de aquella época. La polémica literaria en torno al teatro de Lope de Vega, que, junto con las controversias del cultismo y del conceptismo, constituye la materia principal del capítulo X, patentiza que el teatro nacional se había constituido en oposición a la teoría «aristotélica».

Se comprenderá que en tales circunstancias, y a la luz de los juicios negativos emitidos inmediatamente después sobre los tratados poéticos españoles en las publicaciones de Spingarn y sobre todo en la obra de Saintsbury, todo esfuerzo por estudiar detenidamente la teoría dramática en España debía de parecer ya desde un principio empresa estéril y de poca monta.

El arte poética en romance castellano, de Miguel Sánchez de Lima; los *Libros de erudición poética* de Luis Carrillo y Sotomayor, la *Philosophía antigua poética,* de Alfonso López Pinciano, así como otros textos, tales como las *Obras de Pedro Soto Rojas,* que contienen también materiales de importancia para la teoría poética. En 1958 se publicó una edición del extremadamente raro *Cisne de Apolo,* de Luis Alfonso de Carvallo.

Para una exposición detallada de las teorías literarias del Siglo de Oro es imprescindible disponer de monografías o de ediciones anotadas de las poéticas. No hay ninguna. El único preceptista sobre el que existe un estudio bastante extenso es Francisco Cascales: *El humanista Francisco Cascales. Su vida y sus obras. Estudio biográfico bibliográfico y crítico,* de Justo García Soriano (Madrid, 1924). Las noticias biográficas y bibliográficas sobre los autores de las poéticas son todo lo escasas que pueda imaginarse. Algo se encuentra en los *Estudios sobre Lope de Vega,* de Joaquín de Entrambasaguas (*Tipografía de Archivos,* Madrid, 1932, y C. S. I. C., Madrid, 1946-7), y en «Preceptistas españoles de los siglos XVI y XVII» de Antonio Vilanova en *Historia general de las literaturas hispánicas* (Ed. Barna, Barcelona, 1953, vol. III, págs. 567-691). El señor Carballo Picazo me comunicó en 1957 que estaba preparando una nueva exposición de las teorías de los siglos XVI y XVII.

Desde 1959, fecha de la edición original del presente libro, se ha publicado un cierto número de artículos y monografías sobre cuestiones de preceptiva dramática. Se indican a continuación, en orden cronológico, los que se relacionan más estrechamente con nuestro tema:

A. G. Reichenberger, «The uniqueness of the 'Comedia'», *Hispanic Review,* 27 (1959), págs. 303-16.

Luis C. Pérez y F. Sánchez Escribano, *Afirmaciones de Lope de Vega sobre preceptiva dramática* (Madrid, 1961).

Sanford Shepard, *El Pinciano y las teorías literarias del Siglo de Oro* (Gredos, Madrid, 1962). (Véase la reseña de M. Newels en *Archiv für das Studium der neueren Sprachen und Literaturen,* año 116, vol. 201, fasc. 5 [1965], págs. 393-4.)

Juana de José Prades, *Teoría sobre los personajes de la comedia nueva* (Madrid, 1963).

José F. Montesinos, «La paradoja del 'Arte Nuevo'», *Revista de Occidente,* II (1964), págs. 302-30.

F. Sánchez Escribano y Alberto Porqueras Mayo, *Preceptiva dramática española del Renacimiento y el Barroco* (Gredos, Madrid, 1965).

Nicolás Marín, *La Poética del humanista granadino Baltasar de Céspedes,* Publicaciones de *Revista de Literatura,* tomo 29, nos. 57-8 (Madrid, 1966).

Juana de José Prades, «El Arte Nuevo de hacer comedias de Lope de Vega», *Segismundo* (Madrid), 3 (1966), págs. 45-56.

Charles Vincent Aubrun, *La comédie espagnole (1600-1680)* (Presses Universitaires de France, Paris, 1966).

Menéndez y Pelayo había por lo menos subrayado la importancia del Pinciano[4], pero después de él vinieron a considerarse las poéticas españolas sencillamente como obras faltas de toda originalidad, como copias mediocres de teorías italianas infinitamente más ricas y, en definitiva, como un intento rezagado de resumir los esfuerzos que se habían hecho en Italia por determinar la esencia de la poesía y de los géneros poéticos[5].

Angel Valbuena Prat, *El teatro español en su Siglo de Oro* (Editorial Planeta, Barcelona, 1969).

Francisco Bances Candamo, *Theatro de los theatros de los passados y presentes siglos.* Prólogo, edición y notas de Duncan W. Moir (Tamesis Books, Londres, 1970).

Además, se anuncia para muy en breve la publicación del siguiente estudio:

Karl Kohut, *Las teorías literarias en España y Portugal durante los siglos* xv y xvi. *Estado de la investigación problemática* (C. S. I. C., *Anejos de la Revista de Literatura*, Madrid).

[4] *Hist. id. est.* II, pág. 222.

[5] Las obras de conjunto, algunas de ellas muy extensas, sobre la crítica literaria del Renacimiento, como la de Hannay *(The later Renaissance,* Edimburgo y Londres, 1898), Spingarn *(A History of Literary Criticism in the Renaissance,* Nueva York, 1925), Saintsbury, C. Trabalza *(Critica letteraria nel Rinascimento,* 1915) y, entre las más recientes, Allan H. Gilbert *(Literary Criticism from Plato to Dryden,* Nueva York, 1940) y Vernon Hall, no mencionan a España más que de paso. ¿Por qué? Saintsbury creía salirse del paso manteniendo que en este caso concreto bastaba el sentido común para llegar a una justa evaluación, puramente intuitiva, de la materia sin necesidad de examinar los textos en detalle *(op. cit.,* II, 332). No podemos, sin embargo, dejar de observar que para el capítulo de su obra que dedica a los españoles, Saintsbury tuvo que luchar, según lo declara él mismo, con las mismas dificultades que ya mencionamos más arriba en la nota 3, o sea, con lo incompleto de las biografías y las dificultades de acceso a ciertos textos (por ejemplo, entre las poéticas que menciona falta la de Cascales. Sus referencias, así como las de Spingarn, son muy incompletas). En realidad, el capítulo de Spingarn sobre los preceptistas españoles fue sólo posible gracias a la *Historia de las ideas estéticas,* de Menéndez y Pelayo. A la luz de estas dificultades se comprende la verdadera razón por la que las historias de la literatura del siglo xix y principios del xx no tratan las teorías españolas más que de un modo muy superficial, si es que llegan a mencionarlas.

Véase Georg Ticknor, *Geschichte der schönen Literatur in Spanien,* edición alemana, con suplementos, de Nikolaus Heinrich Julius (F. A. Brockhaus, Leipzig, 1852), volumen I, págs. 688 ss. Menciona solamente al Pinciano y a Cascales.

J. Fitzmaurice-Kelly, *History of Spanish Literature* (Londres, 1898), menciona solamente al Pinciano, a Salas y las *Cartas philológicas* de Cascales.

Ernest Mérimée, *History of Spanish Literature,* trad. rev. y aumentada por Griswold Morley (Nueva York, 1930). Aquí la enumeración es ya más completa: el Pinciano, Rengifo, Cascales y Salas.

Saintsbury niega rotundamente toda originalidad a las poéticas españolas *(op. cit.,* págs. 350 ss.):

> The Spaniards, if I may be pardoned a rough and ugly metaphor, never «digested themselves», never either kept creation and criticism separate, or waited for the one till the other had ceased... Above all, they had the misfortune to have no critic of real authority... The others, the Pincianos, the González de Salas, and the rest, were persons, if not exactly of no mark or likelihood, at any rate of no commanding and authoritative importance, like Ben Jonson and Dryden in England, like Boileau in France... I cannot say that, even after duly perusing and perpending the admirably competent and loving examination of señor Menéndez, I have been able to form any high opinion of Spanish seventeenth-century criticism as a whole.

La crítica de Spingarn indujo también a Américo Castro en *El pensamiento de Cervantes* (Madrid, 1924) a generalizar: «para el caso es indiferente que sus informaciones [las de Cervantes] procedan de los tratadistas italianos de poética o del

Así vemos, pues, que un librito de 63 páginas de H. J. Chaytor, que ostenta el ambicioso título de *Dramatic Theory in Spain,* se limita a algunos textos menores que ilustran la guerra literaria en torno a la comedia española, puesto que «no se puede sacar gran cosa» de las poéticas desde el Pinciano hasta Salas. En la introducción se precisa que en España no se llegó nunca a la creación de una escuela propia de teoría dramática[6].

Esta incomprensión del verdadero valor y significado de las poéticas españolas tiene razones históricas: el siglo neoclásico español no resistió a la tentación de medir la literatura del Siglo de Oro por el rasero de los clásicos franceses. Comparación evidentemente inadecuada y metodológicamente improcedente a la luz de los nuevos métodos y conocimientos de la ciencia literaria. Como consecuencia de esta actitud se recurría a esgrimir las «poéticas aristotélicas», y en particular las *Tablas poéticas* de Francisco Cascales, como argumento contra el reproche de que España había quedado sumida en la ignorancia de la teoría clásica del Renacimiento aun durante su período de mayor florecimiento. Pero lo que entonces se condenaba como vicio en la poesía del Siglo de Oro[7], o

Pinciano que los sigue paso a paso» (*op. cit.,* pág. 30 y nota 3, pág. 30). En la nota prosigue: «Ideas originales e importantes acerca de la literatura se encuentran, por ejemplo, en Vives; pero las poéticas propiamente aristotélicas de fines del siglo XVI y comienzos del XVII son un mero calco de las italianas.»

Aun en estudios más modernos se habla de la «escasez de tratados» y de «pobreza doctrinal» (véase E. Díez Echarri, *Teorías métricas del Siglo de Oro, Apuntes para la historia del verso español,* C. S. I. C., Madrid, 1949. Cap. I; Rafael Altamira y Crevea, *Historia de España y de la civilización española,* Barcelona, 1929, vol. 3, pág. 600: «A esta corriente de estudios que no siempre se expresa en escritos de suficiente relieve exterior.») En forma análoga juzga Prades la ya citada investigación de Vilanova: «que es una interesante y exacta valoración de la mediocridad doctrinal de nuestros preceptistas de los siglos de oro, paradójicamente contrapuesta a la maestría de los grandes escritores de la época» (*op. cit.,* Introducción).

Mucho difieren las opiniones en lo que se refiere al valor individual de las distintas poéticas, como puede verse por las citas siguientes: Ticknor llama a la *Poética* del Pinciano «un modesto tratado». Adolf-Friedrich Freiherr von Schack, en su *Historia de la literatura y del arte dramático en España* (traducida directamente del alemán al castellano por Eduardo Mier, Madrid, 1885, 5 volúmenes, vol. I, páginas 458 ss.), dice: «siempre siguiendo al antiguo filósofo sin dejarse cegar por su autoridad, y desarrolladas a veces con imparcialidad y sana crítica», opinión que concuerda bastante con la de Menéndez y Pelayo. Según Fitzmaurice-Kelly, el Pinciano ocupa una posición preponderante entre los preceptistas y Jusepe Antonio González de Salas comentó con rara agudeza la *Poética* de Aristóteles. Chaytor, por el contrario, en su *Dramatic Theory in Spain,* repite las opiniones de Saintsbury: «there is not much to be got from Cascales or from Alfonso López, «el Pinciano», except Italian criticism more bluntly stated, and Professor Saintsbury is justified in demurring to the high estimate set by Menéndez y Pelayo upon the latter writer. González de Salas I have not been able to procure» (Introducción, pág. XII).

[6] H. J. Chaytor, *Dramatic Theory in Spain* (Cambridge University Press, 1925): «No school of dramatic thought was founded, nothing was learned from experience and when the drama degenerated, criticism continued an aimless controversy.»

[7] Tanto Caramuel (Joannis Caramuelis Primus Calamus, Editio Segunda, Duplo auctior, Campaniae, 1668, vol. 2, Carta 21. La *Editio princeps* es de 1655) como Nicolás Antonio (*Biblioteca Hispana Nova*) se pronuncian aún favorablemente sobre

sea su disconformidad con la teoría, vino a ser encomiado como virtud poco después bajo la influencia de la exaltación romántica de las manifestaciones del genio nacional en el arte. A partir de aquel momento se comienza a insistir con exageración en la innegable originalidad del carácter nacional, en la tradición popular, la espontaneidad, el realismo y el naturalismo de la literatura española de la Edad de Oro[8]. El contraste entre las teorías dramáticas y la práctica teatral de aquella época es evidente, por lo que se instala como hecho generalmente aceptado la clasificación en «aristotélicos», por una parte, y representantes de la poesía nacional, por la otra[9]. También en las *Ideas estéticas* se mantiene para el teatro la distinción ya tradicional entre la teoría y la práctica literaria, a pesar de que precisamente aquel capítulo X hubiera podido abrir nuevas perspec-

el teatro español y sus teorías, pero ya Luzán (1737) se refiere con satisfacción a la *Poética* de Cascales, subrayando su actitud evidentemente hostil a la comedia española del Siglo de Oro (Ignacio de Luzán, *La poética o reglas de la poesía en general y de sus especies principales,* Francisco Revilla, Zaragoza, 1737). Luis Joseph Velázquez (*Orígenes de la poesía castellana,* Francisco Martínez de Aguilar, Málaga, 1755, página 68) enjuicia como sigue la literatura dramática de los siglos XVI y XVII:

> Los Poetas de este tiempo faltos de erudición, y del conocimiento de las buenas letras fiando demasiadamente en la agudeza de su ingénio, y en la viveza de su fantasía, olvidaron y aun despreciaron las reglas del arte; siendo tres las principales sectas poéticas, que entonces corrompieron el buen gusto: la primera fué la de los que ignorando, o despreciando las reglas de la Poesía dramática, que nos dejaron los antiguos, corrompieron el theatro, introduciendo en él el desorden la falta de regularidad, y decoro, la inverosimilitud, y el pedantismo, que todavía vemos sobre las Tablas; siendo los principales Jefes de esta Escuela:

> Christóval de Virues
> Lope de Vega
> Juan Pérez de Montalván
> Don Pedro de Calderón
> D. Agustín de Salazar
> D. Francisco Cándamo
> D. Antonio de Zamora

> y otros que adelantaron este desorden hasta introducir en el drama una cierta altura de estilo, que aun no sería tolerable en la epopeya, ni en la Poesía Ditirámbica.

Según Velázquez, la «gran reforma» de este triste estado de cosas en la literatura española la inició Ignacio de Luzán con su *Poética.* Esta obra se compuso bajo el influjo del clasicismo francés, al igual que los tratados de Blas Nassarre (*Disertación sobre la comedia española,* en su *Edición de las comedias de Cervantes,* 1749), Agustín de Montiano y Luyando (*Discurso sobre las tragedias españolas,* Madrid, 1750; *Discurso II sobre las tragedias españolas,* Madrid, 1753) y el Conde de Torrepalma (*Discurso sobre la comedia española,* mencionado por Velázquez, *op. cit.,* pág. 68 ss., con la indicación: «que aún no ha dado a luz»), que Velázquez enumera inmediatamente a continuación de Luzán.

[8] Véase, por ejemplo, Vilanova, *op. cit.,* pág. 569:

> es un hecho irrecusable que todas las innovaciones estéticas que arraigan en la literatura española de los siglos XVI y XVII se desarrollan con absoluta independencia de las teorizaciones de los preceptistas, y que en todos los casos, desde el petrarquismo al culteranismo, la iniciativa de los movimientos literarios procede del genio individual del escritor y en modo alguno de las normas y preceptos de una escuela.

[9] Schack fue el primero en señalar que las poéticas podían utilizarse más abundantemente para ilustrar la historia del drama español. Al citar ciertos pasajes de la

tivas para la consideración de las relaciones mutuas entre ambas posiciones, tema de gran interés cuyo estudio está aún en gran parte por hacer.

Desde que Schack escribió su *Geschichte der dramatischen Literatur
und Kunst in Spanien* venían ya elevándose voces que, aun reconociendo
el carácter verdaderamente «no clásico» del teatro español comparado con
el de Italia y Francia, proclamaban que una lectura atenta de los textos
no revelaba, en definitiva, una actitud abiertamente polémica de los tratados de poética aristotélicos ante el nuevo teatro [10]. Por el contrario, el
triunfo del teatro nacional había influido en las teorías de los aristotélicos,
inclinándoles más bien del lado de los innovadores [11].

Menéndez y Pelayo había ya subrayado que las consideraciones y de-
claraciones teóricas de los autores literarios acusaban la influencia de las
teorías aristotélicas, lamentando que se observase un cierto grado de ser-
vidumbre en la teoría, cuando en la práctica sucedía precisamente lo contrario. Ramón Menéndez Pidal, por el contrario, pone en tela de juicio
que existiese tal situación de dependencia con respecto a la teoría, particularmente en lo que a Lope de Vega y al teatro se refiere [12]. Aun él, sin

Epístola XIII de la *Poética* del Pinciano dice: «Es tan importante conocer la crítica
de aquella edad... y con tanta mayor razón, cuando que hasta ahora no ha servido
para ilustrar la historia del teatro español» (*op. cit.*, vol. 1, págs. 458 ss.). Fiel a las
ideas del romanticismo, Schack valora positivamente el carácter nacional de la literatura española, al contrario de sus predecesores del siglo XVIII. En el capítulo 23 del
volumen III de su obra se refiere Schack a la oposición de algunos críticos al teatro
nacional y describe el triunfo final del partido nacional contra los «galicistas».

[10]   Según lo demuestran los mismos Menéndez y Pelayo (*op. cit.*, vol. II, pág. 274)
y Entrambasaguas (*op. cit.*, ed. 1946, vol. I, págs. 83 y 98) los aristotélicos propiamente dichos están mucho más a favor que en contra de las innovaciones que se
introducen en el teatro nacional. Entrambasaguas corrige la suposición de Mesonero
Romanos, de que Cascales y los hermanos Leonardo de Argensola habían también
atacado a Lope de Vega (*op. cit.*, vol. I, cap. I).

Bruce Wardropper, en su artículo sobre «Cervantes' Theory of the Drama»
(*Modern Philology*, 52, 1954-5, pág. 217), llega a la conclusión de que no se puede
en modo alguno contar a Cervantes entre los adversarios del nuevo teatro acaudillado
por Lope de Vega. López Prudencio opina que en la guerra literaria entre Lope
y los aristotélicos no debe necesariamente incluirse a Cristóbal de Mesa, aunque
aristotélico, entre los enemigos de Lope («Valores olvidados, Cristóbal de Mesa»,
en la *Revista del Centro de Estudios Extremeños*, 16, 1942, págs. 165-78). Véase
también García Herrero (*Estimaciones literarias del siglo* XVII, 1930), quien opina que
Lope tuvo, en realidad, pocos adversarios.

[11]   También según Romera Navarro (*La preceptiva dramática de Lope de Vega
y otros ensayos sobre el Fénix*, Yunque, Madrid, 1935), Lope triunfa sobre el aristotelismo. Los aristotélicos, por su parte, parecen haber hecho ciertas concesiones al
teatro nacional en sus teorías. Esta observación la había ya hecho René Bray en 1927
en su *Formation de la doctrine classique en France* (Hachette, París) al escribir: «Bien
au contraire en Espagne ce sont les oeuvres qui réagissent sur les théories...» (cap. 2,
página 28).

[12]   Ramón Menéndez Pidal, «Lope de Vega, el Arte Nuevo y la Nueva Biografía», *Revista de Filología Española*, 22 (1935), págs. 337-98.

Contra la interpretación de Menéndez y Pelayo, que ve en el *Arte Nuevo* una
palinodia (opinión seguida también por Morel-Fatio en su edición del tratado en
verso de Lope en el *Bulletin Hispanique*, 3, no. 4, [1901], págs. 365-405), se elevó

embargo, no puede dejar de reconocer la existencia y la influencia de determinadas ideas en materia de estética literaria, demostradas por Schevill y Spitzer en sus trabajos [13], y que, para decirlo con la acertada fórmula de Montesinos, «en el Lope más popular y tradicional no falta nunca un rasgo, un matiz culto, clásico, renacentista» [14]. Son éstos precisamente los rasgos a los que se ha dedicado atención en recientes investigaciones [15].

Al llegar a este punto, la cuestión que se planteaba el investigador era la de determinar la verdadera naturaleza del llamado «aristotelismo» en España y delimitar su alcance y significado. Cuestión que fue suscitada por E. R. Curtius dentro del ámbito de la controversia sobre la existencia de un verdadero Renacimiento español, pero a la que, desgraciadamente, no llegó ya a poder dar la respuesta que tenía planeada [16].

primero Vossler, y luego también Menéndez Pidal, quien mantenía que Lope debió dudar siempre de las teorías («Yo creo que dudó siempre», *op. cit.,* pág. 348) y que el *Arte nuevo* no era más que un ataque irónico contra las inútiles teorías aristotélicas. J. Pons («L'art nouveau de Lope de Vega», *Bulletin Hispanique,* 47, 1945, páginas 71-8), tampoco cree en una palinodia, pero sí en la sinceridad de los esfuerzos teóricos de Lope, y en la posibilidad de definir un «arte nuevo».

[13] Rudolph Ph. Schevill, *The Dramatic Art of Lope de Vega* (University of California Press, Berkeley, 1918, pág. 15): «Lope's inventive genius was never free from the grip of literary, academic and stage traditions, etc...»

Leo Spitzer, *Die Literarisierung des Lebens in Lopes Dorotea* (Colonia, 1932).

R. Menéndez Pidal, *op. cit.,* pág. 390, nota 12: «No es preciso insistir en que el darse la comedia nueva como arte natural y espejo de la vida, no implica ausencia de estilización para entregarse a un realismo documental».

[14] Citado por Menéndez Pidal, *op. cit.,* pág. 362.

[15] R. J. Clements («López Pinciano's Filosofía Antigua Poética and the Spanish contribution to Renaissance Literary Theory», *Hispanic Review,* 23, enero 1955, Varia, págs. 48-55), estima que Lope de Vega encontró en las teorías del Pinciano algo que correspondía a su práctica de la comedia. Hasta qué punto pueden interpretarse en este sentido los pasajes que cita es cuestión que habría que examinar más de cerca, pero se trata de una opinión que ya había mantenido precedentemente Altamira (*op. cit.,* pág. 600), «La Filosofía Antigua Poética de Alonso López Pinciano, Comentario a la Poética de Aristóteles cuyas doctrinas hacen a López precursor de las novedades románticas de Lope y su Escuela».

Edwin S. Morby llega a la conclusión de que Lope distingue con asombrosa regularidad entre comedia, tragedia y tragicomedia «según las reglas» («Some observations on 'Tragedia', and 'Tragicomedia' in Lope», *Hispanic Review,* 11, julio 1943, página 186 y siguientes).

Griswold Morley estima que, a pesar de las sugestivas observaciones de Schevill sobre el arte dramático de Lope de Vega, está aún por estudiar la técnica dramática del gran autor, el arte con que desarrolla la acción, estudio que tendría que ir unido a una investigación comparativa de las técnicas de los autores dramáticos («Objective Criteria for judging Authorship and Chronology in the Comedia», *Hispanic Review,* 5, 1937, pág. 285). No hemos podido verificar hasta qué punto constituye una aportación a este estudio sugerido por Morley la tesis de R. J. Michels *Las unidades dramáticas en el teatro de Lope* (Stanford University, 1937-8).

A. A. Parker estima que la unificación de los temas dramáticos y la coherencia de la estructura dramática que se manifiestan en la evolución del teatro español se deben tanto a la influencia de la estética clásica como a la mera exigencia práctica, sentida sin necesidad de reflexión crítica, de unificar la acción para mayor eficacia dramática. («Reflections on a New Definition of 'Baroque' Drama», *Bulletin of Hispanic Studies,* 30, 1953, pág. 151).

[16] E. R. Curtius señala un nuevo enfoque para la investigación de las teorías estéticas en España (véase su artículo «Theologische Kunsttheorie im spanischen

Tampoco ha aparecido hasta ahora el estudio de las bases estéticas que anuncia Entrambasaguas, el panorama que, apoyándose solamente en los hechos y en la documentación histórica, intenta trazar de la *Guerra literaria del Siglo de Oro, Lope de Vega y los preceptistas aristotélicos* [17].

Otros trabajos, estrechamente relacionados con nuestro tema, han hecho progresar sensiblemente nuestro conocimiento de la cuestión: me refiero a la *Preceptiva dramática de Lope de Vega,* de Romera-Navarro, y, sobre todo, al artículo de Menéndez Pidal sobre el «Arte nuevo y la nueva biografía».

En las páginas que siguen se intenta llevar a cabo la exposición de la teoría dramática que tanto Menéndez y Pelayo, en su referido capítulo sobre las poéticas de los siglos XVI y XVII, como Antonio Vilanova, en su reciente trabajo sobre «Preceptistas españoles de los siglos XVI y XVII». se vieron, a pesar suyo, obligados a postergar [18]. Se trata ahora de penetrar más allá del nivel en el que se desenvuelve la trama de amistades y enemistades literarias (sin dejar por ello de reconocer plenamente el valor que su conocimiento tiene para las investigaciones de historia literaria), analizando aquellas teorías sin las cuales no se habría podido formar la concepción estética del drama que caracteriza al Siglo de Oro.

La rigurosa subdivisión en «aristotélicos» y «lopistas», que ni siquiera corresponde siempre con los partidos en que se agrupaban amigos y enemigos, ni va acompañada de una definición precisa del concepto de «aristotélico» es, en nuestra opinión, todo lo que puede dar de sí un modo de estudiar la historia literaria, que ya ha demostrado y subrayado hasta la saciedad la diferencia entre el teatro español y la teoría neoclásica. Este enfoque no puede ya producir otros frutos ni conducir a nuevos

Barock», *Romanische Forschungen,* 53, 1939, págs. 146-84, así como *Europäische Literatur und Lateinisches Mittelalter,* Exkurs XXII, Berna, 1948). Sostiene que hay que dedicar mayor atención a las bases filosóficas, teológicas y cosmológicas de la teoría, puesto que sólo de este modo se llegarán a definir claramente las diferencias entre el arte y las teorías estéticas en España y en otros países europeos, como Francia e Italia. Estima que aún no se han estudiado suficientemente todos los aspectos de la historia de la preceptiva poética española del Siglo de Oro (*op. cit.,* pág. 146). Además, puesto que el aristotelismo que exigía la contrarreforma no llegó a afirmarse en las teorías literarias españolas, hay que «plantear de nuevo el problema del aristotelismo español» (*op. cit.,* pág. 159, nota 42).

[17]   J. de Entrambasaguas, *op. cit.,* vol. I, pág. 74, para. 6.

[18]   Menéndez y Pelayo, *Hist. Id. Est.,* vol. II, pág. 232: «Me limitaré a los pensamientos generales, dejando lo demás para quien trace la historia de nuestra escena...».

Antonio Vilanova, «Los preceptistas españoles de los siglos XVI y XVII», *op. cit.,* página 613: «La minuciosa prolijidad con que ha sido preciso enumerar los principios fundamentales de la Philosophía Antigua Poética nos impide analizar detenidamente las teorías del Pinciano sobre la tragedia, la comedia y la epopeya, de una importancia decisiva dentro de la estética literaria de los siglos XVI y XVII.»

Existe también una disertación sobre *Dramatic Theory in Spain during the Sixteenth, Seventeenth and Eighteenth Centuries* de William Grupp, Cornell University (1949), pero está aún inédita y no ha sido posible consultarla a pesar de repetidos esfuerzos.

resultados. Además, simplifica excesivamente la compleja estructura de las relaciones e influencias mutuas entre la teoría y la práctica que han revelado algunos análisis de casos individuales.

Para aclarar el fin que persigue este estudio, que quisiera representar un paso más hacia adelante en el conocimiento del arte dramático del Siglo de Oro, tomamos como lema un pasaje de la introducción a la *Historia de las ideas estéticas:*

> Detrás de cada hecho, o, más bien, en el fondo del hecho mismo, hay una idea estética, y a veces una teoría o una doctrina completa de la cual el artista se da cuenta o no, pero que impera o rige en su concepción de un modo eficaz y realísimo. Esta doctrina, aunque el poeta no la razone, puede y debe razonarla y justificarla el crítico, buscando su raíz y fundamento, no sólo en el arranque espontáneo y en la intuición soberana del artista, *sino en el ambiente intelectual que respira, en las ideas de cuya savia vive,* y en el influjo de las escuelas filosóficas de su tiempo.—M. MENÉNDEZ Y PELAYO. (*Historia de las ideas estéticas en España,* Santander, 1946, vol. I, pág. 5.)

Capítulo II

LAS POETICAS Y LA TEORIA DRAMATICA

Desde Saintsbury se viene insistiendo en lo menguado de las poéticas españolas, tanto por lo que se refiere a su número como a su magnitud y significado. Desde luego, una comparación entre la actividad filológica y de crítica literaria en España, sobre todo en el siglo XVI, y la de Italia, basándose en los textos de que se dispone, hace resaltar con particular claridad estos aspectos negativos. Por útil que pueda ser tal comparación, por mucho material que nos proporcione para definir criterios que nos ayuden a determinar la evolución de la estética española durante el Renacimiento, hay que proceder con precaución para evitar un error de metodología contra el cual nos pone en guardia E. R. Curtius [1]. El único modo de conocer «el proceso característico de selección y elaboración de la antigüedad en la península ibérica» [2] consiste en un atento estudio de los textos, que hay que comprender e interpretar partiendo de los textos mismos, sin someterlos previamente a una clasificación o examen basados en puntos de vista propios del Renacimiento italiano. No se puede contestar a la pregunta de cuál era el volumen y cuál la forma de la crítica literaria en España, y en particular cuál era la influencia del aristotelismo, si no se tiene en cuenta la literatura latina de la Edad de Oro: las retóricas, los escolios o comentarios de Horacio y Aristóteles, los comentarios sobre el teatro de la antigüedad. Habrá que inquirir mucho más profundamente en la actividad filológica y la enseñanza académica de la retórica y la poética, que son también los cimientos de la teoría y la práctica de la lengua vulgar [3].

Un contemporáneo del Brocense, el valenciano Juan Pedro Núñez, también profesor de retórica, escribió escolios sobre la *Poética* de Aristóteles [4], cuya desaparición lamenta Menéndez y Pelayo con razón, puesto

[1] *Romanische Forschungen*, 53, 2, 1939, pág. 173 y siguientes.
[2] Véase W. Kayser, *Das sprachliche Kunstwerk* (Francke, Berna, 1951) pág. 170.
[3] Menéndez y Pelayo es el único en incluir también las poéticas y retóricas en latín (*Hist. id. est.*, vol. 2). Sobre la enseñanza en España en el siglo XVI véase el Padre Félix González Olmedo, S. J., investigador de la literatura latina del siglo XVI: *Juan Bonifacio (1518-1606) y la cultura literaria del Siglo de Oro* (Santander, 1938), y *Humanistas y pedagogos españoles. Nebrija (1441-1522). Debelador de la Barbarie - Comentador Eclesiástico - Pedagogo - Poeta* (Madrid, 1942). En Salamanca se están haciendo estudios sobre las actividades del Colegio Trilingüe.
[4] *Hist. id. est.*, II, págs. 175 y siguientes.

que se escribieron probablemente en la época en que también en Italia
se dedicaba mucha atención a la teoría poética del Estagirita, y en que
Alfonso López Pinciano concibió el plan de contribuir a su manera a la
grandeza del imperio católico bajo Felipe II, estimando que no sólo el
poder político del imperio debía causar admiración, sino que también en
las artes y ciencias no debía quedar rezagado con respecto a las vecinas
Italia y Francia [5]. Durante todo el siglo XVI y aun a principios del XVII
se repetía con insistencia que España tenía precisamente que hacer esfuerzos en las letras por compensar el retraso resultante del prolongado
ejercicio de las armas durante la Reconquista.

El primer tratado de poética que funda sus teorías en el fragmento
aristotélico, plantea la cuestión filosófica de la esencia de la poesía y se
ocupa sistemáticamente de los distintos géneros es la *Philosophía antigua
poética* de 1596, de Alfonso López Pinciano [6]. En las historias de la lite-

[5] López Pinciano, *Philosophía antigua poética* (Madrid, 1953), vol. I, pág. 8.
[6] La enciclopedia *Larousse du XXème siècle* describe al Pinciano como médico,
poeta y crítico. Le llama «médiocre poète mais un critique de véritable talent». So-
meros datos biográficos se encuentran en Nicolás Antonio, *Bibl. Hisp. Nova,* vol I,
página 35; Pérez Pastor: *Bibliografía madrileña,* parte 3, pág. 421; J. de Entrambasaguas: *Estudios sobre Lope de Vega,* segunda edición, vol. 1, págs. 82-3; Vilanova,
op. cit., pág. 306; Muñoz Peña, edición de la *Philosophía antigua poética,* introduc-
ción (Valladolid, 1894). También se le menciona en la reciente *Historia de la literatura española,* de Juan Hurtado y J. de la Serna y Angel González-Palencia (Madrid, 1946).
  El mismo año que su *Poética* se publicó su obra médica: *Hippocratis /
Prognosticum / in quo omnes divini / viri, tam genuinae sanctae et magnae tabellae
/ quam spuriae, apocryphae et tabellae parvae sen- / tenciae continentur, ordine
secundum locos / dispositae, et brevibus annotationibus / illustratae a Doctor Ilde-
fonso / Lopi Pinciano Cesareae / Majestatis Medico. / Matriti / Apud Thomam Juntam
/ MDXCVI* (Bibl. Nac. Madrid, R/29022). Se trata, pues, de una obra latina en
prosa, al contrario de lo que se ha dicho en repetidas ocasiones.
  En el año 1605 salió la epopeya *El Pelayo,* que el Pinciano anunciaba ya en su
Poética, y que utilizó como ilustración del concepto de *imitatio* o *mimesis: El Pelayo / del Pinciano / [grabado] vel exculpa Fama... / con privilegio / en Madrid, por
Luis Sánchez / Año MDCV* (Bibl. Nac. Madrid, R/1440).
  En el «Prólogo por un amigo del autor» se dice: «El libro compuesto en la mo-
cedad, saca el Pinciano en la vejez.» Es posible que sirviese de estímulo al Pinciano
la *Araucana* de Ercilla, cuyo primer volumen apareció en 1568 (según Entrambasaguas,
op. cit., vol. I, pág. 82, el Pinciano nació alrededor de 1547), así como las obras de
Tasso, cuyo nombre era perfectamente conocido de todo el mundo literario español.
Médico de la corte imperial, vivía aún en 1627, según los documentos recogidos por
Pérez Pastor. Juan Márquez cuenta una anécdota del Pinciano que confirma que vivió
hasta una edad avanzada:
  *Vida del / venerable P. Fr. Alonso de / Orozco. Religioso de la Orden de N. P. /
S. Agustín, y predicador de las cato / licas Majestades de Carlos V. / y Felipe II / com-
puesta / por el R. P. M. Juan Márquez, Predicador de Felipe III. Calificador del
Santo Oficio y Catedrático de Visperas de la Universidad de Salamanca,* etc... Ma-
drid, 1648 (Aprobación de 1644) (Bibl. Nac. Madrid, 3/27703), cap. XXIX, pág. 236:

  El Doctor... Lopez Medico de la Emperatriz Dona María de gloriosa memoria ho[m]bre de mucha edad, christianidad, y letras, quedó de una grave enfermedad casi ciego; Y topandole en una calle de Madrid un Religioso de la
  Orden, le dió una memoria de las devociones que daba el Venerable Padre,
  y desconfiado el de poderlo leer (tan impedídos tenía los ojos) la quería guar-

ratura puede que se mencione a continuación de ésta el tratado en verso
de Juan de la Cueva, el *Exemplar poético* (1609)[7]. En todo caso, las his-

> dar para que se las leyessen. Pero vencido de la devoción, la llegó al rostro,
> y la iva leyendo, como si tuviera la vista muy entera; comencó a levantar
> la voz, diziendo; Padre este es un gran milagro, que Nuestro Senor haze con-
> migo, que no pud[ien]do leer una letra sola por grande que me la den, leo muy
> prestamente, y sin hallar en q[ue] dudar, todas estas devociones. Tuvose por gran
> milagro, por caer en persona que tan conocida tenía la flaqueza de su vista;
> de tanta aprovacion q[ue] no se puede temer que engañe, *y tan gran Philosopho,
> y Medico,* que no se avra dexado engañar.

Como médico estaba el Pinciano muy relacionado con los Habsburgos y desenvolvía sus actividades en la Corte. Como filósofo y crítico estético era más conocido
de lo que se ha querido generalmente admitir.

Montiano y Luyando, en su *Discurso sobre las tragedias españolas* (Madrid, 1750),
página 65, menciona una edición de 1569 de la poética del Pinciano. Se trata probablemente de un error tipográfico. La única edición que se puede conseguir del siglo XVI es la de 1596, que se puede considerar probablemente como la primera.
Es libro raro:

I. *PHILOSOPHIA / ANTIGUA / POETICA / DEL DOCTOR ALONSO
/ Lopez Pinciano, Medico Cesareo. /Dirigida al Conde Joannes Keuehiler de Aichelberg, / Conde de Frankemburg, Baron absoluto de Landtscron y de VVernsperg, Senor
de Osteruiz y Carls- / perg, Cauallerizo Mayor perpetuo y hereditario del / Archi-
ducado de Corinthia, Cauallero de la orden del / Tuson del Rey nuestro Señor, y del
Consejo y / de la Camara del Emperador, y su / Embaxador en las / Españas.
Ante torum huius Virginis frequentate nobis dulcia cantica dramatis --- En Madrid, / por Tomas Iunti / M.D.XCVI* (Bibl. Nac. Madrid, R/4451; Univ. Bibl. Salamanca: 1a/34287; 1a/38106; 1a/34396; Univ. Bibl. Göttingen: 8.° Ästh-5042; Bayr.
Staatsbibliothek München: L. eleg. 4.° 30.1). Las referencias para las bibliotecas
alemanas se encuentran en Werner Krauss, *Altspanische Drucke im Besitz der ausserspanischen Bibliotheken, - Berichte über die Verhandlungen der sächsischen Akademie
der Wissenschaften zu Leipzig -* (Akademie Verlag, Berlín, 1951).

J. Ch. Brunet, *Manuel du Libraire et de l'amateur de livres* (París, 1862) vol. III,
No. 1. 164, y J. G. Th. Graesse, *Trésor de livres rares et précieux ou Nouveau
Dictionnaire bibliographique,* (Jos. Altmann, Berlín, 1922), vol. IV (K-N), pág. 259,
mencionan una nueva edición de la poética de 1778 en Madrid, dato no confirmado
ni por las demás bibliografías ni por la existencia del texto. Fue sólo con la edición
de Muñoz Peña (Valladolid, 1894) que el texto volvió a ser accesible a un círculo
de lectores más amplio.

II. *López Pinciano, Alonso: Filosofía Antigua Poética. Introducción y notas por
Pedro Muñoz Peña, Valladolid, Imprimería Hijos de Rodríguez,* 1894 (XXXIV más
511 páginas). Es una edición que dista mucho de ser crítica, cuyas notas califica E.
Mérimée de meramente discretas, y que Alfredo Carballo Picazo considera con razón
inadecuada (véase también E. Mérimée, *Revue Hispanique,* 1894, págs. 346-48, y
Menéndez y Pelayo, *op. cit.,* vol. II, pág. 223). Carballo Picazo editó el texto de
nuevo en 1953.

III. *López Pinciano / PHILOSOFIA / ANTIGUA POETICA / Edición de
Alfredo Carballo Picazo / Madrid, 1953 / C. S. I. C. Instituto Miguel de Cervantes*
(Biblioteca de Antiguos Libros Hispánicos. A. XIX). 3 vols. Citamos por esta edición.
Se trata de una edición sin comentario (véase reseña en *Romanische Forschungen,*
vol, 66, fasc. 1-2), pero con una introducción bibliográfica.

Estudian la poética en mayor o menor detalle: Menéndez y Pelayo (*op. cit.,*
vol. II, cap. X), Vilanova (*op. cit.*) y, más recientemente, R. J. Clements (*op. cit.*).
Sobre la métrica en el Pinciano, véase Díez Echarri, *Teorías Métricas del Siglo de
Oro* (Madrid, 1949). Sobre las teorías lingüísticas, véase Guillermo Díaz-Plaja, *Las
teorías sobre la creación del lenguaje en el siglo XVI* (Zaragoza, 1939), pág. 36 y ss.
Sobre la forma y contenido del tratado conviene señalar:

La teoría dramática se encuentra principalmente en los capítulos dedicados a la
tragedia y a la comedia. Además, como el Pinciano, siguiendo el ejemplo de la

torias consignan generalmente las *Tablas poéticas* de Francisco Cascales, de 1617, para las cuales sabemos había ya solicitado la aprobación

Poética de Aristóteles, dedica particular atención a la *fábula* (*Mythos*), convendrá también consultar el capítulo consagrado a ésta. En la Epístola XIII, que contiene muchas alusiones a circunstancias y personajes de la época, trata el Pinciano de la *representación*, o sea la puesta en escena. La poética está redactada en forma de conversación, que uno de los interlocutores comunica luego por escrito a un amigo suyo que vive lejos de la Corte. En las trece epístolas se plantean y resuelven cuestiones de índole general sobre la esencia y la utilidad de la poesía, la clasificación por géneros y la estructura de la acción. Siguen luego los capítulos dedicados a los distintos géneros. Se llama la atención del lector sobre toda clase de cuestiones polémicas que surgen en relación con las interpretaciones eruditas de la *Poética* de Aristóteles en aquellas épocas. No es infrecuente que se deje al lector mismo la decisión a favor o en contra de las doctrinas expuestas, a menos que el autor no exprese su propia opinión, resumiendo los argumentos del capítulo precedente, en las *respuestas* de Gabriel a las epístolas. Todo ello refleja el carácter no autoritario de la obra en general.

El Pinciano no deja de señalar discrepancias entre su interpretación y las de sus predecesores, dando a este efecto —cosa que no se ha puesto nunca de relieve— referencias concretas en el prólogo, en las epístolas y en las respuestas. Funda su teoría en la *Poética* de Aristóteles, diciendo de los comentarios latinos e italianos a la misma que son tan frecuentes en ellos las malas interpretaciones como era fragmentario el texto en que trabajaban. En cuanto a los autores de poéticas, el Pinciano comenta: «de los que escrivieron Artes de por sí, Horacio fue brevíssimo, escuro y poco ordenado; de Hierónymo Vida dice Scalígero que escrivió para poetas ya hechos y consumados; y yo digo del Scalígero que fue un doctíssimo varón y, para instituyr un poeta, muy bueno y sobre todo aventajado, mas que en la materia del anima poética, que es la fábula, estuvo muy falto» (I, p. 9). La crítica que hizo de Escalígero la encontramos repetida en Juan de la Cueva (*Exemplar poético*, Clásicos Castellanos, número 60, pág. 123, versos 214-25). Aparte de Vida y Julio César Escalígero no menciona a ninguno de los preceptistas literarios italianos, a pesar de no serle desconocidos. Se refiere con preferencia a las fuentes mismas: Aristóteles en todos sus textos, Platón y la *Poética* de Horacio. También cita con frecuencia, siempre que le parece necesario, a San Agustín y a Santo Tomás de Aquino, a San Pablo Apóstol, así como el Antiguo y el Nuevo Testamento. En cuanto a la literatura y poesía de su época y de los dos siglos precedentes, el Pinciano cita con mayor frecuencia la italiana, aunque no deja de referirse a la española. No faltan nombres como Boccaccio, Petrarca, Sannazaro, Castiglione, etc., pero también se mencionan la *Celestina*, el teatro de Lope de Rueda y una tragedia *Ifigenia* de la época, además de autores épicos españoles del siglo XVI. Demuestra también estar familiarizado con la comedia y la tragedia antiguas, mostrando —al igual que Escalígero— preferencia por Heliodoro. Conocía la controversia entre Guarini y Denores sobre la tragicomedia, así como las teorías de Tasso. Basta una ojeada al índice analítico de autores y obras compilado por vez primera por Alfredo Carballo Picazo en su edición de la *Philosophia antigua poética*, para darse cuenta de lo numeroso y variado de sus fuentes.

Schack había supuesto que la *Philosophia antigua poética* había sido compuesta unos diez años antes de su publicación, quizá y alrededor de 1580, basando esta suposición en el hecho de que no se menciona en ella el teatro de Lope de Vega (véase Schack, *op. cit.*, vol. I, p. 458 y ss.). Es muy posible que el plan fundamental de la obra proceda de aquella época, pero la fecha más probable de su composición efectiva se sitúa entre 1588 y 1593, como se puede inferir por una serie de datos contenidos en la misma. En las primeras páginas de la obra se refiere el Pinciano a acontecimientos políticos de inmediata actualidad, que no se pueden ser más que las operaciones de los españoles en Francia en 1589. La reputación de Lope como autor teatral empezó a difundirse por el año 1585. En aquella misma fecha fue exilado a Valencia y el proceso y el escándalo que alejaron a Lope de Madrid por varios años tuvieron lugar en 1588. López Pinciano formaba parte de la corte de Felipe II. Es posible que haya visto alguna comedia de Lope, pero los autores de comedias que disfrutaban de gran reputación por los años 1580-90 eran Cervantes, Juan de la Cueva, Rey de Artieda, Lupercio Leonardo de Argensola.

en 1604 [8], y, finalmente, la poética de Jusepe Antonio González de Salas, *Nueva idea de la tragedia antigua,* del año 1633 [9]. Como ya lo indica el

[7] Juan de la Cueva: *Exemplar poético:*
La poética de Juan de la Cueva se escribió en Sevilla entre 1606 y 1609. Es la primera poética española en verso, si dejamos de lado los resúmenes rimados que Carvallo coloca al fin de cada uno de los capítulos de la suya (1602). Los manuscritos de esta poética se encuentran hoy en la Biblioteca Nacional, Madrid. El autógrafo es el Ms. 10.182. Fue impreso por vez primera por Sedano.
I.   Juan de la Cueva, *El ejemplar poético.* En *Parnaso español,* de López Sedano (Sancha, Madrid, 1774), tomo VIII, págs. 1-68.
II.   Walberg intenta una edición crítica, con comentario, y abundantes detalles sobre las fuentes:
E. Walberg, «Juan de la Cueva et son Exemplar poético», Universitets Årsskrift, 39, Afdln. I, núm. 2 (Lund, 1904).
III.   Francisco A. de Icaza hace otra edición del *Ejemplar poético,* con una introducción más detallada y un estudio más pormenorizado de la biografía de Juan de la Cueva:
1.   Bibliófilos Españoles, núm. 40, 2 vols.
2.   Clásicos Castellanos, núm. 60 (1924 y 1953).
Además de los estudios sobre el teatro de Juan de la Cueva de J. E. Gillet, G. Sperandeo (1931), M. Bataillon (1935), C. Guerrieri Crocetti (1936), hay un artículo de E. S. Morby sobre la teoría dramática: «Notes on Juan de la Cueva, Versification and Dramatic Theory», *Hispanic Review,* 8 (1940), págs. 213-18. Véase también Anthony Watson, *Juan de la Cueva and the Portuguese Succession* (Tamesis Books, Londres, 1971).
[8] La edición príncipe de la *Poética* de Cascales es libro raro:
I.   *TABLAS POÉTICAS del Licenciado Francisco Cascales. Dirigidas al Excelentíssimo Señor Don Francisco de Castro, Conde de Castro, Duque de Taurisano, Virrey y Capitán general del Reyno de Sicilia. Ut ex columba pax, ita ex arte perfectio. Con privilegio en Murcia. Por Luis Beros, año de 1617.* (Ejemplar utilizado: Biblioteca Nacional Madrid, R/7.000).
II.   Francisco Cerdá y Rico, *Tablas Poéticas del Licenciado Francisco Cascales. Añádese en esta II reimpresión: Epístola Q. Horatii Flacci. De Arte Poetica in methodum redacta, versibus horatianis stantibus ex diversis tamen locis ad diversa loca translatis. Item: Novae in Grammaticam Observationes. Item: Discurso de la Ciudad de Cartagena. Con licencia. En Madrid: Por D. Antonio de Sancha. Año de M.D.CC.LXXIX.* (Es la única reimpresión.) Referencia según W. Krauss (*op. cit.*). Oeffentliche Wissenschaftliche Bib., Berlín, Qu 6580; 24.
Biografía: Nicolás Antonio (*Bibl. Hisp. Nova*), Francisco Cerdá y Rico (*op. cit.*) y, sobre todo, Justo García Soriano (*op. cit.*). Del mismo autor véase el resumen, con nuevos datos en la introducción a su edición de las *Cartas Filológicas* de Francisco Cascales (Clásicos Castellanos, Madrid, 1930). Véase también Entrambasaguas (*op. cit.*).
De 1519 a 1604, Cascales fue profesor de humanidades en Cartagena. También ocupaba desde 1601 la cátedra de gramática de Murcia. Las *Tablas* son resultado de su actividad pedagógica, durante la cual explicó probablemente la *Epístola ad Pisones,* como ya lo hiciera con anterioridad el Brocense en Salamanca, pero con la notable diferencia de que Cascales incluye todas las nuevas ideas sobre poética y poesía que se habían desarrollado bajo la influencia de Aristóteles durante la segunda mitad del siglo XVI —las autoridades italianas en particular—. También se diferencia Cascales de la época del Brocense por el hecho de no considerar suficientes las teorías poéticas contenidas en el texto de Horacio (véase la Introducción de las *Tablas*). La concepción aristotélica de la esencia de la poesía es ya en Falcó (*Jacobi Fal / conis va- / lentini in librum de arte / Poetica Horatii Flacci scholia / perutilia,* aprobación del 24 de abril de 1600; Bibl. Nac. Madrid, R/27626. Véase Menéndez y Pelayo, *op. cit.,* p. 212) el fundamento en que se basaba la explicación de Horacio. En las *Tablas,* así como en la *Philosophia Antigua,* la estética aristotélica constituye el núcleo mismo de la teoría. La *Poética* del Estagirita, que Cascales maneja en la edición latina de Robertello, es también factor determinante para la forma en que se

título, esta última se consagra exclusivamente a la tragedia y es, en resumidas cuentas, un comentario filológico, una paráfrasis del texto aristotélico del tipo corrientemente practicado en la enseñanza académica. Se diferencia, sin embargo, substancialmente de las interpretaciones, por

presenta la teoría, o sea que la materia de la obra poética, su argumento o *mythos*, como lo llama Aristóteles, los personajes, la lengua y la métrica se discuten primero en una sección general antes de pasar a las secciones consagradas individualmente a cada género.

Cascales conoce el comentario a Horacio de Lambino, y cita nombres como Vicencio Madio, Antonio Riccobono, Castelvetro, Trissino y Minturno. Es la primera vez que se mencionan todos estos autores italianos en una poética escrita en castellano (se recordará que la poética de Juan de la Cueva, que también los cita, se compuso más tarde que la de Cascales: 1606-1609). Cascales, al igual que Mesa, tenía en gran estima la poesía y la crítica italianas, pero sin excluir por ello totalmente a otros autores. Verdad es que no menciona en parte alguna la poética de Carvallo, pero sí examina la *Philosophía antigua poética* y la critica, tomando, sin embargo, de ella ideas de bastante importancia para sus propias teorías sobre la tragedia y la comedia. Demuestra vivo interés por la poesía española de su época: crítica y censura, pero también alaba y hace concesiones desde el punto de vista teórico, aun para el drama.

Cascales da el título de *Tablas* a su poética por analogía con las *Tablas romanas*, en las que estaban inscritas las leyes de la República. Por la misma razón dio Alfonso de Torres a su retórica el título de *Tablas breves y compendiosas* (1579); véase Menéndez y Pelayo (*op. cit.*, II, p. 182). Se ve claramente el fin que persigue Cascales con su poética: dar reglas —según dice él mismo en la introducción— a los que empiezan a componer y tienden a dejarse guiar más bien por la naturaleza que por el arte. También esta poética, como la del Pinciano y la de Minturno, está escrita en forma de diálogo con el objeto de hacer más amena su lectura. Es muy probable que esta estructura se inspire en el ejemplo de Platón y de los preceptistas italianos.

Estudios: han estudiado las *Tablas* Menéndez y Pelayo (*Hist. Id. Est.*, II, cap. X, páginas 230-46), García Soriano (*op. cit.*) y el Conde de la Viñaza (*Bibl. Hist. de la Filología Castellana*, art. 422, col. 939-55), así como A. Valbuena Prat, que discute brevemente las poéticas del Pinciano, de Cascales y de Salas, en su última edición de la *Historia de la literatura española* (vol. 2). A. Vilanova (*op. cit.*, pp. 621-38) entra en mayor detalle. Sobre la métrica de Cascales, véase Díez Echarri (*op. cit.*) y referencias bibliográficas detalladas en A. Vilanova (*op. cit.*, págs. 688-9).

9   Poco se sabe de González de Salas. Véase Menéndez y Pelayo (*op. cit.*), Vilanova (*op. cit.*), Entrambasaguas (*op. cit.*), Cerdá y Rico (II). La primera edición de su poética es de 1633.

I.   *NUEVA IDEA / de la / Tragedia Antigua / o / Illustración Ultima / al libro Singular / de Poética / De Aristóteles Stagirita / por / Don Jusepe Antonio / Gonçalez de Salas. / Pauper animus aliena / tantum virtute dives, Madrid, Francisco Martínez, 1633, 4.º* (Ejemplar utilizado, Bibl. Nac. Madrid, T/1521.) Para bibliografía véase también Juana de José Prades (*op. cit.*); un ejemplar también, según W. Krauss (*op. cit.*) en Oeffentl. Wissensch. Bibl., Berlín, Xa 6496.

II.   Hay una sola reimpresión de Cerdá y Rico, con introducción: *Nueva Idea de la Tragedia Antigua, Ilustración Ultima al Libro Singular de Poética de Aristóteles Stagirita, por Don Jusepe Antonio González. Con las licencias necesarias, en Madrid: por D. Antonio de Sancha, Año de 1778 (2 vols., 8.º).*

Hay estudios sobre la poética de Menéndez y Pelayo (*op. cit.*) y Vilanova (*op cit.*, págs. 639-42). Sobre la teoría dramática, de Riley, en *Hispanic Review*, 19 (1951). Sobre el apéndice a la poética: *El / Theatro Scenico / a todos los Hombres / Exercitacion Scholastica*, que ya Cerdá calificó de «extravagante», juicio con el que concuerda Riley, véase el estudio de Vilanova, «El tema del Gran Teatro del Mundo», *Boletín de la Real Academia de Buenas Letras de Barcelona*, 23 (1950), págs. 179-81. Este apéndice no es tan «extravagante» como se ha pretendido, sino que se explica por la influencia de la filosofía estoica (Séneca, Epicteto) por aquella época. En él se da expresión teórica a un elemento que fue fundamental principalmente en Quevedo, pero también en Calderón.

ejemplo, de la *Epistola ad Pisones* de un Brocense, o incluso de un Cascales [10]. Por su sola extensión se halla ya, al igual que los tratados de Villén de Biedma [11] y de Gómez de Alamo [12], más cerca del modelo italiano. En sus disquisiciones, Salas engloba el pensamiento de la antigüedad erudita y del humanismo, así como el de sus inmediatos predecesores y contemporáneos italianos, franceses y flamencos, en el intento de llegar a una «nueva idea» de la teoría aristotélica de la tragedia. La forma de presentación hace su lectura más fácil y agradable que la de los escolios, inclusive los comentarios italianos. Además, estaba escrita en español. La *Poética* de Aristóteles debe haber despertado particular interés por aquella época, puesto que en 1626 se publicó una traducción de Ordóñez das Seyjas y Tobar [13], y la de Vicente Mariner data de 1630 [14]. En realidad, no hay en aquella época ningún gran autor español, ningún humanista, que no haya profundizado en la teoría de la literatura, de la poética y de la retórica y que no haya tratado de definir su posición con respecto a la misma. También Salas evolucionaba en estos círculos, y será provechoso completar su poética con las referencias y alusiones teóricas en la edición de las poesías de Quevedo y en la del *Satiricón* de Petronio (1629) [15].

La poética de Carvallo, el *Cisne de Apolo* (1602), ha sido injustamente postergada, como ya observa Vilanova [16]. Además, hay que tener

---

[10] *Francisci Sanctii Brocensis in inclyta Salmanticensi Academia Rhetoricis profesoris de arte dicendi liber unus denuo auctus et emendatus. Cui accessit in Artem Poeticam Horatii per eundem auctorem breve elucidatio / Salmanticae, Excudebat Mattias Gastius / 1558* (Bibl. Nac. Madrid, R/27267). *Francisci Sanctii Brocensis, in inclyta Salmanticensi Academia Rhetoricis Graecaeque Linguae Primarii Doctoris, in Artem Poeticam Horatii Annotationes. / Salmanticae apud Joannem et Andream Renaut fratres 1591* (Bibl. Nac. Madrid, R/29818).
Epistola Horatii Flacci de Arte Poetica in Methodum redacta versibus Horatianis stantibus, ex diversis tamen locis ad diversa loca translatis Auctore Francisco Cascalio. Primario in urbe Murcia humaniores litteraturae Professore. Cum Facultate Valentiae, apud Sylvestrem Sparsam, 1639 (Bibl. Nac. Madrid, R/19547). También en la edición de Cerdá y Rico de 1779 (*op. cit.*).

[11] *Villen de Biedma, Q. Horacio Flaco, Poeta Lyrico Latino, sus obras con la declaración magistral en lengua castellana / En Granada, por Sebastián de Mena. Año 1599* (Bibl. Nac. Madrid, R/15089).

[12] Véase *Hist. id. est.*, II, p. 213.

[13] *La Poética de Aristóteles dada a nuestra lengua Castellana por Don Alonso Ordóñez das Seyjas y Tobar, Señor de San Payo... 1626 con Privilegio. En Madrid, por la viuda de Alonso Martín* (Bibl. Nac. Madrid, R/5472). El MS (Bibl. Nac. Madrid, MS 2624) es de 1624.

[14] *El libro de Aristóteles, vertido a la verdad de la letra del texto griego por el Maestro Vicente Marinerio; Valentino* (Bibl. Nac. Madrid, M 9973/Ff51), 12 abril 1630.

[15] 1. *Parnaso Español, Monte en dos Cumbres dividido* 1648.
2. *T. Petronii Arbitri E. R. Satiricon. Ed. Frankfurt / M. 1629 a cura Wolfgangi Hofmanni.*

[16] I. *CISNE DE APOLO, DE / LAS EXCELENCIAS, DIG/nidad y todo lo que al Arte Poética y versifi/catoria pertenece. Los métodos y estylos que / en sus obras deue seguir el Poeta. El decoro y / adorno de figuras que deuen tener, y todo lo / mas a la Poesia tocante. Por Luys Alfonso de Carvallo clérigo. Dedicado / a don Henrique Pimentel de Quiñones / —post tenebras spero lucem— / Con licencia*

en cuenta que la *Poética* de Rizo (1623), generalmente conocida, gracias a la «guerra literaria», por la crítica que contiene de la *Jerusalén conquis-*

del Consejo Real / *En Medina del Campo, por Juan Godinez* / *de Millis Año 1602.* / *A costa de Pedro Oβete, y Antonio Cuello.* / Aprobación 17 diciembre 1600 (Biblioteca Nac. Madrid, R/1499). Véase también Prades (*op. cit.*); W. Krauss: Nat. Bibl., Viena: 71 L 103, y en Bibl. Nat. París, Yg 3094. Nicolás Antonio (*op. cit.*, II, página 19a), Gallardo (*Ensayo de una biblioteca española de libros raros y curiosos*, volumen II, cols. 270-71) y la Viñaza (*Bibl. hist. de la filología cast.*, cols. 921-938) citan el *Cisne de Apolo* por la edición de 1602. Con la excepción de Schack (*op. cit.*, apéndice) y de la *Historia general de las literaturas hispánicas* (1953, vol. III, página 615), las historias de la literatura, aun las más recientes, no mencionan a Carvallo.

II. Luis Alfonso de Carballo, *Cisne de Apolo*, ed. de Alberto Porqueras Mayo (Bibl. de Ant. Lib. Hisp. Serie A, CSIC, Madrid, 1958). Vol. 25, págs. XV, 202: vol. 26, pág. 246. Véase reseña: Margarete Newels, *Romanische Forschungen*, 73, fasc. 3/4, págs. 468-74.

Estudios: sobre el *Cisne* los hay solamente de Menéndez y Pelayo (*op. cit.*, II, páginas 218-22) y A. Vilanova («Preceptistas españoles...», *op. cit.*, págs. 615-20, bibliografía detallada pág. 688).

Sobre la relación entre Carvallo y el *Examen de ingenios* véase M. de Iriarte, S. J., *El doctor Huarte de San Juan y su Examen de ingenios* (Madrid, 1939), cap. VII, para 2, págs. 302 y 303.

Sobre la métrica de Carvallo: Díez Echarri (*op. cit.*, cap. II, 12, págs. 77 ss.).

Los datos biográficos de que disponemos sobre Carvallo son mínimos. Algo puede añadirse a lo poco que se conoce; además del *Cisne de Apolo* escribió también las *Antigüedades y cosas memorables del principado de Asturias*. Nicolás Antonio (*op. cit.*, pág. 19a) supuso que el *Cisne* y las *Antigüedades* procedían de distintas plumas. Menéndez y Pelayo (*op. cit.*, II, págs. 218-9) y Cejador (*Historia de la lengua y literatura castellana*, vol. IV, pág. 213) atribuyen ambas obras al mismo autor, hecho que se desprende con toda claridad de algunas observaciones en el *Cisne* y en las *Antigüedades*. Nada se sabe sobre la fecha de nacimiento de Carvallo. Carvallo no murió en 1630, como dice Cejador, sino solamente después de 1634. Véase a este respecto: *Antigüedades* / *y cosas memorables* / *del principado* / *de Asturias* / *por* / *El Padre Alfonso de Carvallo* / *de la Compañia de Jesus* / *Obra Postuma* / *Dedicada al ill.ᵐᵒ Señor* / *Don Juan Queypo de Llano y Valdes,* / *Arçobispo de los Charcas,* / *del Consejo de* / *su Magestad etc.* / *Año 1695. En Madrid. Por Julian Paredes* (Biblioteca Nac. Madrid, 1/11015). El editor explica: «Dexo escrita esta Historia hà muchos años el Reverendissimo Padre Luys de Carvallo, de la siempre esclarecida, de la siempre grande, y siempre victoriosa Compañía de Jesus, y aunque anduvo manuscrita tan largo tiempo en las manos de muchos hombres sabios...»

En el «Prólogo del Autor» dice luego Carvallo mismo: «Deseando obedecer en todo, y por todo a la Santa Iglesia Católica, y cumpliendo con lo ordenado, y dispuesto por la Santidad de Urbano Octavo en su Breve que empieça: Coelestis Hierusalem, expedido en *cinco de Julio de 1634*, protesto, que si en toda esta Historia se hallaren elogios particulares de virtudes de algunas personas, solo es mi intencion que se les dé el crédito de una Historia particular, reservando como devo al conocimiento de la Santa Sede Apostolica el calificar las dichas acciones virtuosas.»

No hemos llegado a descubrir por qué Vilanova (*op. cit.*, pág. 688), al citar a Cejador, comenta: «No sabemos por qué causa da como lugar de su nacimiento Entrambasaguas en el consejo de Tineo.» Cejador se había limitado a repetir lo que decía el autor mismo en sus *Antigüedades*, de las que había un manuscrito en 1633, una edición póstuma de 1695 en Madrid (la que acabamos de citar) y una reproducción de esa edición en la *Gran biblioteca histórico-asturiana*, Oviedo, 1864. En el «Prólogo del Autor» (de la edición de 1695) leemos: «Confiesso que soy natural de este Principado, nacido en Entrambasaguas, Arrabal de la Villa de Cangas de Tineo, y codicioso de la honra de mi Patria.»

Luis Alfonso de Carvallo enseñó el latín en Cangas (véase *Cisne de Apolo*: «A los discretos Poetas el Auctor: ... El primero motivo que tuve fue, que leyendo Latinidad en la villa de Cangas, mi patria ingrata»).

Fue autor de poemas griegos y latinos (véase *Cisne*, Romance de don Lope de Omaña, al Cisne de Apolo: «Antes fuystes Ruysenor, / cantando Latino o Griego / ...»). En la licencia del Consejo Real para la impresión del *Cisne* se le llama «clérigo, Rector de Villarrodrigo». Fue también rector del colegio de San Gregorio, en Oviedo (*Antigüedades*):

Aprobacion del Reverendissimo Padre Maestro Juan de Palaçol, de la Compañia de Jesus, Calificador de la Suprema, Examinador Sinodal, y Predicador de su Magestad: «... compuesto por el Padre Luis Alfonso de Carvallo, de nuestra Compañia de Jesus, natural de Entrambasaguas, Arrabal de la nobilissima Villa de Cangas de Sierra, que aora comunmente dizen de Tineo en el Principado de Asturias, descendiente de las dos ilustres familias de Alfonsos, y Carvallos, y Rector que fué (antes de entrar en la Compañía) del Colegio de San Gregorio de Oviedo, uno de los más insignes Seminarios que por aquellos tiempos había en España, y donde solo entravan los hijos de las mas nobles casas del principado etc.»

Aprobacion del Reverendissimo Padre Maestro F. Gaspar de St. Agustin: «... he visto este libro de las Antiguedades, y cosas memorables de Asturias... que le compuso antes de entrar en tan Santa y doctissima Religion, siendo Rector del Insigne Colegio de San Gregorio de la Ciudad de Oviedo: assi lo da à entender el Autor mismo en un parentesis de humildad, que tratando lo ilustre que dicho Colegio es, dize assi: (si no es que por estar à mi cargo al presente aya descaído — Parte 3 tit. 49 § 5 de este libro) y siendo el penúltimo titulo de esta Obra donde trae dicha clausula, claramente manifiesta aver la compuesto antes que entrasse en la Compañía, y quan eminentes eran ya sus estudios, pues aun antes de estrecharse en la Turquesa de tan buenas letras las tenía perfectissimas».

Carvallo compuso, pues, sus *Antigüedades* mientras era rector del colegio de San Gregorio. En aquella época tenía Oviedo Universidad con 18 «cátedras de ciencias» (*Antigüedades*, parte III, tít. XLIX, para 5, pág. 464). Más adelante dejó los varios cargos que ocupaba para ingresar en la Compañía de Jesús. Aparte de las dos obras impresas que de él se conocen, existía también, según indicaciones de Julián Paredes, el editor de las *Antigüedades*, un manuscrito de *Las casas, y genealogías de Asturias*, y otro más, que Paredes no había conseguido encontrar. Dice Julián Paredes en las *Antigüedades*: «Al que leyere: ... Escrivió el Padre Carvallo otro Tratado à parte de las Casas, y Genealogias de Asturias, el qual no ha llegado a nuestras manos, aunque no hemos perdonado a diligencias algunas.» Cejador menciona el mismo manuscrito que conocía Julián Paredes, y además otro sobre las *Antigüedades de la Iglesia de Oviedo, y Christianidad de Asturias* (Cejador, *op. cit.*, vol. IV, pág. 213).

Forma y contenido del *Cisne*: La «pesadíssima metáfora», como la llama Menéndez y Pelayo, comparando al poeta con el cisne, se basa en un emblema de Alciate, que Carvallo podía conocer por la edición del Brocense. He aquí el pasaje correspondiente de las *Insignia Poetarum* (CLXXXIII): el poeta, dice Poliziano, se parece al Cisne: «uterque candidus, uterque canorus, uterque fluvios amans, uterque Phoebus gratus. Sed negatur canere Cygnus, nisi cum Zephiris spirat... Hic Phoebo sacer, Cygnum Appolini diratum esse declarat Calimachus, in hymno Deli.» Siguen pasajes ilustrativos de Horacio, Virgilio, Ovidio y Cicerón. Es una de las metáforas preferidas de los autores del Siglo de Oro (Góngora, Lope, etc., y se encuentra aún en Valle-Inclán). Al igual que las poéticas del Pinciano y de Cascales, el Cisne está escrito en forma dialogada:

Tabla de los Dialogos, y Paraphos de todo el libro.
Dialogo primero de la diffinicion y materia de la Poesia.
Dialogo segundo de la disposicion y forma castellana, que son versos, coplas, con que se sigue el uno de sus dos fines, que es dar gusto.
Dialogo tercero de la disposicion, y forma de la poesia, con que alcança el segundo fin, que es aprovechar.
Dialogo quarto del decoro que se deve guardar en la poesia, de la vena y furor poetico.

En estos cuatro extensos diálogos se trata de todo lo que pertenece a la *inventio*, *dispositio* y *elocutio* en la poesía, siguiendo el ejemplo de la retórica, puesto que, según dice Carvallo, «la retórica y la poesía son hermanas» (I, para. 2, fol. 7v.). Como en los demás tratados de la época, la estructura interna de la poética se articula según el método escolástico, examinando sucesivamente las *causae materialis, formalis, finalis* y *efficiens* de la poesía. El primer diálogo trata de la definición y la materia de la poesía y, al mismo tiempo, de la *inventio*. El segundo diálogo examina la *dispositio* y *forma*, que dan en parte expresión a la *causa finalis* (en lo que se refiere al deleite que debe dar la obra poética, el *delectare* horaciano). En la poesía, esta función incumbe al lenguaje y a la versificación. El tercer diálogo sigue tratando de la *dispositio* y de la *forma* desde el punto de vista del aspecto útil de la *causa finalis*. Aquí se discuten toda clase de géneros literarios, inclusive la comedia y la tragedia. El cuarto diálogo corresponde a la *elocutio*. En él trata Carvallo del decoro que se debe guardar en la poesía y de la *causa efficiens,* a saber «vena y furor poetico».

El *Cisne de Apolo* es hoy libro raro y muy poco citado en las historias de la literatura. Se le ha dedicado bastante menos atención que a las teorías del Pinciano, de Cascales y de González de Salas. No obstante, no deja de tener su importancia. Vilanova, siguiendo en lo esencial la interpretación de Menéndez y Pelayo, ve la particularidad de las teorías de Carvallo en que representan una mezcla particular de idealismo platónico con libertad romántica, que se eleva en su originalidad contra el «dogmatismo de las reglas y de las tres unidades aristotélicas», con lo que Carvallo viene a ser un «predecesor inmediato de Lope en su *Arte nuevo de hacer comedias*» (Vilanova, *op. cit.*, pág. 615 ss.). Ya mencionamos que en el *Cisne de Apolo* se citan con frecuencia el *Prenotamenta* de José Badio Ascensio. En realidad, Carvallo funda exclusivamente en Badio los aspectos esenciales de su teoría, inclusive en lo que se refiere a la tragedia y la comedia. En los *Comentarios a Terencio* de la época que va aproximadamente de 1480 a 1536 no se consideraba aún explícitamente a la acción como elemento central del drama, como lo hace Aristóteles en su *Poética*. La imitación, en el sentido de la *mimesis* aristotélica, la practicabilidad y verosimilitud de la acción, no constituían aún para la teoría la esencia de la poesía. Por consiguiente, la regla de las tres unidades carecía de sentido, y no se encuentra en los *Prenotamenta*. Carvallo define el arte *(ars)* en sentido aristotélico (I, para. 2, fol. 7) y subraya la importancia de la regla tanto como pueda hacerlo Badio, pero concuerda también con éste en estimar que la poesía depende en igual grado de la fantasía, la imaginación, la inspiración y el talento del autor. Estas «doctrinas muy curiosas en su tiempo», como las define Díez Echarri *(op. cit.*, pág. 77), al examinar la poética de Carvallo, se basan, pues, en gran parte en Badio. Teniendo en cuenta que Carvallo, igual que Cascales, se había dedicado a la enseñanza, se justifica suponer que su poética puede darnos una idea del modo en que se enseñaba la retórica y la poesía en su tiempo. Carvallo se basa principalmente en Horacio. El resumen de las fuentes del primer capítulo (Carvallo cita con abundancia) ilustra las tendencias de su poética:

§ 1: Pedro Gregorio, *Syntax artis militar.,* lib. 2, cap. 5; Tiraquelo, *De nobili,* cap. 6, núm. 19; Piero Valerio, lib. 24, *Virgilio Aen,* 7; Ascensio, cap. 1, *Prenotam.*

§ 2: Demócrito, Platón, Aristóteles, Silvestre.

§ 3: *Ley 2, Titul. 21, Partida 2*; Bartulo, L., *iudicis. C. de dignitate,* c. 12.

§ 4: Alciat, *Emblemata*; Plinio, *natural hist.,* lib. 10, cap. 23, tomo 2; Angelo Policiano, lib. 7, *epist. ad Laur. med.*; Ovid.

§ 5: Covarrubias, *Emblemas*, cap. 19, L. I.; Ascensio, cap. I; Horacio; Juan Huarte de San Juan, *Examen*; Juvenal; Ascensio, cap. I; Cicerón, *Rhet.*

§ 6: Horacio, Ausonio; Padre Bonifacio, *de sap. fruct,* fol. 37 in Poet. Horacio [además Cicerón, Ascensio, Celio Rodiginio].

§ 7: S. Agustín; Gratian; Silvestre, cap. 4; San Juan, cap. 7; Navarro, *Manual,* cap. 8, núm. 2; Cayetano, q. 100, art. I.

§ 8: San Gregor, 4, moral; Baptista Mantuano; Fray Luis de León, cap. I, *sup. Cant. Salomon*; Baptista Mantuano.

§ 9: Tertuliano, *lib. de spectaculis;* Covarrubias, *Emblem.,* cap. I, L. I.; de Ang., lib. 18, cap. 5; Clemente Alexandrino, lib. I; David, psal. 64; Horacio; Lactancio Firmiano; Ascensio, cap. I.

§ 10: Lactancio; Silvestre, cap. 2; Covarrubias, *Emblem.,* lib. 4, cap. 8; Philon; Horacio; Mosen Narcis, *in sum.,* lib. 3; Covarrubias, *Emblem.,* lib. I, cap. 8; lib. I, 18; Cicerón; Ascensio, cap. I.

§ 11: Silvestre, cap. 2; Cassiodoro; San Agustín, lib. 2, *contra Academicos*; Covarrubias, *Emblem.,* prolog.; Covarrubias, lib. I, cap. 10; Des-

panterio, *De excel. Gram*, pág. iiii, I; Quintil., *lib. I de institut. orat.*;
Cicerón, *Tuscul.* 4; Máximo Tyro; Lactancius in comm. Angel. Pol.;
Hermodocto., lib. I, discipli; Apuleyo, *Apología,* I; Plinio, lib. 24, cap. 2;
Vida, Obispo de Alua.

§ 12: Juan Orozco (y Covarrubias), lib. 2, cap. 28; Silvestre, *Aurea Rosa,*
tract. 2, pág. 33, litt. R. Sermo natalitatis.

§ 13: Mossen Narcis, *Cronicas*; Florián de Ocampo; Suydas; Estrabón, lib. I;
Cicerón, *Tusc.,* I; San Agust., lib. 4, *de doctrina christiana,* cap. 7 y 8;
Bonifac., fol. 1290; Lactancio.

El *Cisne* es una de aquellas obras que Curtius, en su artículo, agrupa bajo el concepto de teoría estética teológica. Ofrece todas las características de la poética bíblica, diciendo, por ejemplo: «Mira si con razón podré yo defender con las divinas letras la poesía, pues dellas ha procedido, y tuvo principio, como dice Casiodoro, y ansi como madre la puede defender» (fol. 40).

La mala poesía es obra del demonio, como lo son los himnos consagrados a los dioses de la antigüedad. Fernando de Vera (Fernando Luis de Vera y Mendoza, agustino, *Panegírico por la poesía,* Montilla, 1627, Bibl. Nac. Madrid R/15005; véase E. R. Curtius, *op. cit.;* también M. Cardenal, edición y estudio, 1941, no mencionado por Curtius) apela en su *Panegírico* a la autoridad de Carvallo y a la de Juan de Orozco y Covarrubias (también citado con frecuencia en el *Cisne)* al aseverar que el diablo no era en modo alguno ignorante en materia de poesía y que era él quien había compuesto las sentencias de los oráculos, aunque fracasó en una ocasión (según Carvallo y Orozco) al intentar componer una quintilla (la idea de que Lucifer componía poesía procede de Justino Mártir, como lo demostró E. R. Curtius: véase *Romanische Forschungen,* 53 [1939], pág. 169, nota 78, y *Europäische Literatur und Lateinisches Mittelalter* [Berna, 1948], Exkursus XXII).

La poética de Carvallo ofrece un doble aspecto, puesto que utiliza fuentes modernas, además de las medievales. Conoce tanto al nuevo Aristóteles como a los autores citados por Curtius (*op. cit.,* pág. 181, sobre Rengifo). Según Carvallo, la poesía tiene su origen en la naturaleza y surge antes que la filosofía. Es importante observar que Carvallo dice a este respecto: «La razon es que, como las artes procedieron de la naturaleza, la cual con mas vehemencia inclina a esta [la poesía] que a las demas, y esta con natural inclinacion se alcança...» Esta actitud se relaciona con las doctrinas que Carvallo encontraba en el *Examen de ingenios,* de Huarte de San Juan, fuente que ya había utilizado el Pinciano para su *Philosophía antigua poética,* y probablemente también Sánchez de Lima. Siguiendo las ideas estéticas de Escalígero, se trataba de llegar a una síntesis entre la doctrina platónica y la aristotélica, impregnando al mismo tiempo de cristianismo todo lo que de pagano aportaba el Renacimiento. Carvallo se integra en la tradición de los humanistas españoles de su época: de las fuentes de su poética, que él mismo documenta muy abundantemente, se desprende que estaba familiarizado con las obras del gran erudito salmantino Sánchez de las Brozas, así como con las de Fray Luis de León. Conocía las dos obras, publicadas respectivamente en 1588 y 1589, de Juan de Orozco y Covarrubias (hermano de Sebastián, autor del *Tesoro de la lengua castellana,* de 1611), o sea los *Emblemas morales* (1589, aprob. 1588, Bibl. Nac. Madrid, R/4945; también Madrid 1610 [1609], R/7739), en los cuales se formula la misma relación entre la poesía, Jesús y la Iglesia —Liber I, cap. 9—, que encontramos también en Carvallo, y el *Tratado de la verdadera y falsa prophecia* (Segovia, por Juan de la Cuesta, 1588: Al Licenciado D. Antonio de Covarrubias y Leyva ... por Juan de Horozco y Covarrubias, Arcediano de Cuellar en la Santa Yglesia de Segovia,* Bibl. Nac. Madrid, R/27895), obra que no podía dejar de interesar a Carvallo como teólogo. Completaban sus lecturas teológicas, además de los Padres de la Iglesia, el *Manual del confessor,* de Navarro, y también Silvestre. Este último trata de la interpretación de los textos bíblicos según el método de Boccaccio en la *Genealogia Deorum,* método que Torcuato Tasso aplicaba aún a su poesía hacia fines del siglo XVI, tratando de él en sus *Discorsi del Poema Eroico* (1594) y que manejó también Fray Luis de León. Véanse además las referencias de Jiménez Patón en su *Eloquencia española en arte,* de 1604, que demuestran también que no le eran desconocidas las poéticas españolas. Hay coincidencias entre la poética de Carvallo y la retórica de Patón que no dejan de tener importancia. Patón, en el

tada de Lope de Vega [17], no es —como se había supuesto hasta ahora— una fiel traslación de la poética de Heinsio, sino una obrita independiente de carácter netamente didáctico [18]. De la época del Pinciano tenemos, además, una versión española, recientemente sacada de nuevo a la luz, de la poética de Sir Philip Sidney [19]. Todo ello nos proporciona ya un interesante panorama del quehacer teórico.

A juzgar por los textos conservados, la época de mayor actividad en materia de crítica literaria fue la de Lope de Vega. De todos modos, el período de actividad crítica literaria coincide con el florecimiento de la literatura española. Mientras que los tratados del Pinciano, de Carvallo, Cascales y Ordóñez toman como punto de partida las teorías de la escuela italiana, Rizo, Salas y Mariner se basan en la poética de Heinsio, y también Cascales mira hacia el norte al formular las teorías de sus *Cartas philológicas*.

capítulo 16, se refiere a Celio Rodigino, al decir que la fábula es una teología antigua (cap. XVI «De los generos de Fabulas. Acerca de esto vi a Celio Rodiginio en sus lecciones antiguas [liber 10, cap. 6] ... y assi llama a la misma fabula la teologia antigua»). Carvallo y Patón coinciden en el intento de interpretar la ficción en el cuádruple sentido literal, alegórico, anagógico y tropológico. En teología, esto representaba una reacción contra las tendencias de interpretación literal características de la Reforma (y, en definitiva, del humanismo); en poesía, la vuelta a los procedimientos de demostración formal de la verdad contenida en la obra poética que se habían utilizado en defensa de la poesía antes de que se difundiese la teoría aristotélica (Curtius, *Europäische Literatur...*, cap. 12). Carvallo y Patón coinciden también en parte en las autoridades que citan, inclusive las más modernas, como el Brocense, Luis de León, Huarte de San Juan, etc. (que representan la estética platónica). Patón cita con frecuencia a Lope de Vega (véase Vilanova, *op. cit.*, págs. 662-7). Las ideas estéticas de textos como los de Rengifo, Carvallo, Fernando de Vera y Patón pueden relacionarse con la estética de Lope.
    Uno de los elementos principales en los párrafos dedicados a la poesía dramática es, como ya lo hizo observar Cotarelo y Mori (*Controversias,* pág. 21), la defensa del teatro. Lo que Carvallo escribe a este respecto (III, pará. 5) refleja, muchas veces textualmente, los tratados y decretos publicados en favor y en contra de las representaciones escénicas por las autoridades religiosas y civiles entre 1597 y 1600.
    [17] *Poetica de Aristoteles / Traducida de Latin / Illustrada y Commentada por / Juan Pablo Mártir Rizo / 17 Julio 1623* (Bibl. Nac. Madrid Ms 602).
    Véase Menéndez y Pelayo (*op. cit.*, pág. 209); Entrambasaguas, *Estudios sobre Lope de Vega,* da informaciones bibliográficas y biográficas completas.
    Ed. Margarete Newels, colección *Wissenschaftliche Abhandlungen der Arbeitsgemeinschaft für Forschung des Landes Nordrhein-Westfalen,* vol. 23 (Westdeutscher Verlag, Colonia y Opladen, 1965).
    [18] Se distingue ya de la poética de Heinsio por el hecho de tratar no sólo de la tragedia, sino también, con igual extensión, de la epopeya y la comedia. Los capítulos son breves y de lectura fácil. Se observa la ausencia de todo el aparato erudito que se encuentra normalmente en los comentarios italianos y también, por ejemplo, en Salas. Las doctrinas se exponen de modo que facilite su asimilación. El texto aristotélico que le sirve de base es el de Heinsio, con la nueva ordenación de los capítulos. Los ejemplos los toma Rizo del teatro griego, con una sola excepción, la *Octavia,* de Séneca. La teoría de la comedia se ilustra principalmente con las comedias de Terencio, como en Cascales. De los italianos se menciona a Dante, Boccaccio (para lo cómico), Ariosto, Tasso, Trissino, Sperone Speroni y, como ejemplo de mal traductor, Anguillara.
    [19] Sir Philip Sidney, *Defensa de la poesía,* véase Juana de José Prades (*op. cit.*, página 9): Núm. 1, *Defensa de la poesía.* 60 fols., Bibl. Nac. Madrid, Ms 3108. Reseña en *Romanische Forschungen,* 67 (1955), págs. 193-5.

R. Menéndez Pidal atribuye la ausencia de grandes obras filológicas de teoría literaria a las peculiaridades del carácter nacional español [20]. Por otra parte, sin embargo, existe toda una serie de pequeñas obras teóricas [21] en alguna de las cuales la crítica se presenta en forma de ficción poética y que por lo numerosas bien merecen, según Menéndez Pidal, la calificación de «subgénero» de la literatura española.

En efecto, bien se puede inferir del gran número de pequeños tratados que existía vivo interés por cuestiones de crítica y de estética literarias. Obras como el compendio de Mesa [22] y el poema de Artieda sobre la licitud de la comedia [23], por no hablar del *Arte nuevo de hacer comedias* de Lope [24], son prueba de la mucha atención que se dedicaba a la preceptiva. Son estas obras de modestas dimensiones las que nos informan sobre los efectos inmediatos de los esfuerzos filológicos y filosóficos realizados en Italia y en España por definir la esencia de lo poético y delimitar sus géneros. Esta sustanciosa producción crítica y teórica había sido estimulada por el florecimiento de la literatura en general, y muy particularmente por el del teatro, que exigía a su vez una confrontación con la teoría. No se podrán, pues, dejar de lado estas contribuciones, este «subgénero», puesto que es aquí precisamente —así como en las *Cartas philológicas* [25] de Francisco Cascales, en el *Meior Príncipe Traiano* [26] de Ba-

[20] R. Menéndez Pidal, *Hist. de las lits. hisp.,* vol. I, introducción.

[21] Recopiladas por Fidelino de Figueiredo, *Características de Litteratura Hespanhola* (Pyrene, Lisboa, 1935).

[22] *Valle de Lágrimas y / diversas Rimas de Cristóval / de Messa / A Don Lorenzo Suarez de / Figueroa, y Cardona, Duque de Féria, Marqués / de Villalua, Señor de las Casas de Salvatierra / Virrey, y Capitán General en el Reyno / de Sicilia, etc. / Fides quae por charitatem operatur / con privilegio / en Madrid, en casa de Juan de la Cuesta / Año MDCVII.* Privil. 1604 (Bibl. Nac. Madrid R/7831, fol. 148 v. y siguientes).

[23] *Discursos / Epistolas y / Epigramas de / Artemidoro / Sacados a Luz, por Micer Andres Rey / de Artieda ... / con Licencia y Privilegio en Çaragoça. / por Angelo Tavano, Año 1605.* Aprobación 1604 (Bibl Nac. Madrid R/2285, segunda parte, fol. 87 v. y siguientes).

[24] Para bibliografía véase Prades (*op. cit.,* págs. 20-1). En el presente trabajo se cita por la edición de Morel Fatio (*Bulletin Hispanique,* 3 [1901], págs. 365-405).

[25] I. *Cartas Philologicas. Es a saber de Letras humanas, Varia erudición, Explicaciones de lugares, Lecciones curiosas, Documentos poeticos, Observaciones, ritos, i costumbres, i muchas sentencias exquisitas. Auctor el Licenciado Francisco Cascales. Con privilegio en Murcia.* (Bibl. Nac. Madrid, R/2686).
    II. Francisco Cerdá y Rico: Reimpresión (Sancha, 1779).
    III. García Soriano, *Clásicos Castellanos* núm. 117, vol. II (Madrid, 1940): *Epistola III Al Apolo de España, Lope de Vega Carpio. En defensa de las comedias y representación de ellas* (probabl. 1617, según Soriano). Aquí cita Cascales principalmente a autores italianos, pero también a Lipsio y al amigo de éste, Padre Martín Antonio del Río, S. J., mencionado también por González de Salas. También a Caesar Boulanger: *De theatro ludisque scenicis libri duo* (1603). Cascales menciona también a Ravisio Textor: *Dictionario de epítetos* (París, 1518), utilizado también por Lope.

[26] *El Meior Principe / Traiano Augusto / Su Filosofía Política, Moral, y / Economía, deducida y traducida / del Panegyrico de Plinio, ilustrado / con margenes y discursos etc. 1622.* (Aprobación 1618.) *Discurso IX, Invectiva a las Comedias que prohibió Trajano, y Apología por las nuestras:* Fol. 120 v. y ss. (Bibl. univ. Salamanca 1/263; Bibl. Nac. Madrid 2/28104).

rreda, en la *Idea de la comedia de Castilla* [27] de Pellicer y en el *Heráclito y Demócrito* [28] de A. López de Vega, dedicadas todas ellas exclusivamente al teatro— que encontramos interesantes ideas e indicaciones
sobre la teoría y la práctica. En la bibliografía de Homero Serís encontramos también referencia a la existencia de un *Breve discurso de las comedias y de su representación,* de Diego Vich (Valencia, 1650) [29].

No excluiremos tampoco los «*Défenseurs*» del teatro nacional español
publicados por Morel-Fatio en el *Bulletin Hispanique* en 1902, que son
generalmente considerados como los representantes de la nueva teoría de
la comedia, llegando Chaytor *(Dramatic Theory in Spain)* a presentarlos
como los únicos y verdaderos.

Estas obras de reducida extensión se refieren a menudo, en sus dis-
quisiciones, a los grandes tratados de poética españoles. No tiene razón
Riley en creer que las teorías de un Pinciano, un Cascales o un Salas
pudieron a duras penas llegar a conocimiento de un público numeroso [30].
El Pinciano, por ejemplo, es la fuente de muchos pasajes importantes del
Exemplar poético de Juan de la Cueva [31]. Tampoco era desconocido el
Pinciano en el mundo literario al que pertenecían Cervantes y Lope [32].
Cristóbal de Mesa le cita, dato que no recoge ni el mismo Menéndez y

[27] *D. Joseph Pellicer de Tobar: Idea de la Comedia de Castilla* en *Lágrimas
Panegíricas a la temprana muerte del gran poeta Juan Pérez de Montalbán ... En
Madrid en la Imprenta del Reino MDCXXXIX.* (Bibl. Nac. Madrid R/7302, pági-
nas 146 ss.)

[28] *HERACLITO / I DEMOCRITO / DE NUESTRO SIGLO / Descrivese su
legitimo Filosofo. / Dialogos Morales, / Sobre tres Materias, La Nobleza la Riqueza /
i las Letras ... / Por Antonio López de Vega. / Con Privilegio / Año M.DC.XLI.*
(Bibl. Nac. Madrid 3/72153; Offentl. Wissensch. Bibl. Berlín Np. 306; U. B. Göttingen Scr. Var. arg. VI 8191, según W. Krauss, *op. cit.*). Entrambasaguas *(op. cit.)*
supone que el capítulo sobre la comedia fue compuesto alrededor de 1620.

[29] Homero Serís, *Bibligrafía de la lit. esp.,* núm. 2456. Nos ha sido desgraciadamente imposible consultar este texto y algunos otros.

[30] Riley, «The Dramatic Theories of Dr. Jusepe A. González de Salas», *Hispanic
Review,* 19, 3 (1951), pág. 202.

[31] Véase ed. Walberg *(op. cit.).*

[32] W. C. Atkinson, «The enigma of the Persiles», *Bulletin of Spanish Studies,*
24, 96 (1947), págs. 242-53.

W. C. Atkinson, «Cervantes, el Pinciano and the 'Novelas Ejemplares'», *Hispanic
Review,* 16 (1948), págs. 189-208.
Muchas de las observaciones sobre teoría literaria en la *Dorotea* y en *Al teatro,*
de don Francisco López Aguilar (que Romera Navarro —*op. cit.,* pág. 86, nota 5—
supone también escrito por Lope de Vega), indican que su autor conocía la poética
del Pinciano. En lo que se refiere a la teoría del «furor poético», Vilanova *(op. cit.,*
página 620) compara las observaciones de Lope en la *Dorotea* con las de Carvallo
en el *Cisne.* También el Pinciano (vol. 1, Ep. 3) trata de las cuatro clases de furor
poético. Ciertos pasajes del «Prólogo al Conde de Saldaña» *(Jerusalén conquistada)*
son también indicio de familiaridad con las teorías del Pinciano o, por lo menos,
con doctrinas estéticas del mismo género de las que se encuentran en el Pinciano
y en Carvallo. También parece haber relación entre el *Discurso sobre la Poética,
escrito en el abrirse la Academia Selvage,* por el *Ardiente,* de Soto de Rojas, 1612-23
(ed. C. S. I. C., Madrid, 1950) y la poética del Pinciano. Para la edición de 1623
del *Desengaño de amor en rimas,* en la que se publicó también el *Discurso,* escribió
Lope de Vega una introducción que es una exposición de teoría literaria.

Pelayo [33]; Cascales, Sepúlveda y Ordóñez le mencionan en relación con los problemas filológicos que plantea la interpretación de Aristóteles. Su teoría de la comedia y de lo cómico fue copiada por el autor de la segunda parte apócrifa del *Guzmán de Alfarache* [34], con lo que una parte muy interesante de la teoría de la *Philosophía antigua poética* fue puesta literalmente en manos del público, así como sucedió con las «teorías» en el *Quijote*. En el *Pasagero* de Cristóbal Suárez de Figueroa [35] se encuentran extractos de las *Tablas poéticas* de Cascales, sobre todo en lo que respecta a su teoría dramática, que despertaba particular interés. El teatro era la forma preferida en que encarnaba la creación poética, y gozaba de una popularidad y difusión semejantes a las del cinematógrafo en la época actual. Había que contar con la intervención de la censura del Estado y de la Iglesia. Sobre los problemas que surgían con respecto a las cuestiones técnicas y prácticas que —como las de índole moral, por ejemplo— podían llegar a afectar la estructura misma de la teoría y la práctica, nos proporciona mucha información el rico material que Cotarelo y Mori compiló en sus *Controversias sobre la licitud del teatro* [36].

En Francia, el primer tratado comparable a la poética del Pinciano por su contenido aristotélico es el de Vauquelin de la Fresnaye, cuyo *Art poétique français* no se publicó hasta 1605. Weinberg supone, sin embargo, que el autor había comenzado ya la composición de su poética alrededor del año 1574 [37]. La poética de Delaudun, de 1597, muestra en sus teorías estéticas mayor parecido con el *Cisne de Apolo* de Luis Alfonso de Carvallo.

En realidad, la primera formulación de teoría dramática en lengua vulgar surge precisamente en España. Se encuentra en el «Prohemio» de la *Propalladia* de Torres Naharro, que se publicó en Nápoles en 1517 [38].

---

[33] Menéndez y Pelayo (*op. cit.*, pág. 240). El tono que emplea Cristóbal de Mesa en sus *Rimas* (1611) al hablar del «arte del Pinciano» (poema: «A Juan de Velasco, Condestable de Castilla») es algo condescendiente —todo lo escrito en España le parece valer menos que lo italiano—.

[34] *Segunda / Parte de / la Vida del Pí/caro Guzmán de / Alfarache / Compuesto por Matheo / Luxan de Sayavedra, natural vezino / de Sevilla. / Dirigido a Don Gaspar / Mercader y Carroz, heredero legítimo de las Baronías de Bunyol, y siete Aguas / En Brucellas / Por Roger Velpius, en el Aguila de Oro; cerca / del Palacio Año 1604. Con Licencia* (1602). (Bibl. Nac. Madrid. R/17456, página 313 y siguientes).

[35] *EL PASAGERO. Advertencias utilísimas a la vida humana. Por el Doctor Christóval Suárez de Figueroa. A la Excelentísima República de Luca. Con Privilegio. En Madrid por Luys Sánchez: año 1617.* (Bibl. Nac. Madrid, R/3581).

Ediciones: 1. Selden-Rose, col. *Bibliófilos Esp.* (Madrid, 1914); 2. Justo García Morales, Col. *Crisol*, No. 118 (Aguilar, Madrid, 1945).

[36] Madrid, 1904.

[37] Bernhard Weinberg, *Critical Prefaces of the French Renaissance* (Northwestern University Press, Evanston, Illinois, 1950), pág. 33 ss.

[38] *Propalladia and other works of Bartolomé de Torres Naharro, edited by Joseph E. Gillet* (Pennsylvania, 1943); véase también J. de Vallata, *Poliodorus*, ed. José María Casas Homs (C. S. I. C., Madrid).

En relación con esta pequeña poética sería asimismo de gran interés investigar la difusión en España de Terencio y de sus comentarios [39]. Terencio era imprescindible para la enseñanza académica, con lo cual vino a ser también la fuente de las teorías sobre la comedia que encontramos en las poéticas. Las ideas fundamentales de la poética de Carvallo, por ejemplo, proceden de los *Prenotamenta* de José Badio Ascensio a su edición de Terencio [40].

En Florencia, las comedias de Terencio habían sido editadas por Faerno y publicadas de nuevo en 1565. Esta fue la edición que utilizó Pedro Simón Abril para su traducción de Terencio de 1577 (Zaragoza), traducción que se publicó por segunda vez en 1581, con la ayuda del Brocense y de nuevo en Alcalá en 1583 [41]. Parece que la edición de 1577 iba acompañada de un *Tratado sobre la tragedia y la comedia a Cornuto o Aspero* [42]. Esta edición en español había sido precedida por dos en latín: *Ennarationes in P. Terentii Comoedias,* de Pedro de Figueroa (Valencia, 1569) [43], y *Terentii A. Comediae sex* (Salamanca, 1573), de Juan Baptista de Terranova.

No es, pues, que desde la publicación del «Prohemio» de Torres Naharro en 1517 hasta la aparición del siguiente tratado poético de mayor cuantía, la *Philosophía antigua poética* del Pinciano en 1596, no se hubiese reflexionado sobre el género dramático: también entre las obras de Vives encontramos un pequeño tratado sobre la comedia [44], y la evidencia de los prólogos de las obras dramáticas mismas nos demuestra que no faltaba quien reflexionase sobre la teoría y la práctica del teatro. También hay que tener en cuenta el teatro humanístico [45]. Aun en los comentarios

[39] Véase también «The Literary Reputation of Terence and Plautus in Medieval and Prerenaissance Spain», *Hispanic Review*, 24, 3 (1956), págs. 191-206.

[40] *Terentius cum Commento. P. Terentii aphri comicorum elegantissimi: comedie a Guidone Juvenale per quem litterato familiariter explanate, et a Jodoco Badio Ascensio una cum explanationibus rursum annotate atque recognite, cumque, eiusdem Ascensii Prenotamentis atque annotamentis suis locis adhibitis.* París, 1512 (Bibl. Nac. Madrid R/18001), Cf. B. Weinberg, «Badius Ascensius and the transmission of medieval literary criticism». *Romance Philology*, 9, 2 (1955-6), pág. 209.

P. Renouard. *Bibliographie des impressions et des oeuvres de Josse Bade Ascensius, imprimeur et humaniste - 1462 - 1535 -* (Em. Paul et Fils Guillemin, París, 1908) 3 vols.

[41] *Las seis Comedias de Terentio conforme a la edición del Faerno, impresas en latin y traducidas en Castellano por Pedro Simón Abril, natural de Alcaraz. Dedicadas al muy alto y muy poderoso señor don Hernando de Austria Principe de las Españas, Con Privilegio. Impreso en Alcalá, Por Juan Gracián. 1583* (Bibl. Nac. Madrid R/1141). Edición bilingüe latín-español.

[42] Es posible que sea uno de los tratados sobre la comedia y la tragedia que se atribuían a Evancio (como el Donato). A Evancio le llamaban el «cornuto».

[43] Ejemplar utilizado: Bibl. Nac. Madrid, R/27220.

[44] Luis Vives, *Opera 1535* (Bibl. Nac. Madrid 2/27838), *Opera 1555, Basileae.* (Bibl. Nac. Madrid R/25671) *Arte dicendi liber III.*

[45] La última obra de envergadura sobre este tema: Justo García Soriano, *El teatro humanístico en España* (Madrid, 1950).

latinos sobre Horacio y Aristóteles se encuentran en algunos casos referencias de actualidad a las formas dramáticas de la época.

En su *Pasagero,* Suárez de Figueroa anuncia la próxima aparición de una poética escrita por él. También Lope parece haber sido autor de una poética. De todos modos, no todo lo que se hizo en materia de escritos teóricos, tratados y escolios, etc., nos ha sido conservado y nos es accesible actualmente [46]. En las obras de todos los grandes autores del Siglo de Oro se encuentran con frecuencia observaciones de teoría literaria. La teoría impregnaba el clima literario de aquella época, que con tan vivo interés seguía la evolución de los debates de teoría literaria en Italia. Habrá que revisar la opinión que da por sentada la poca importancia de la teoría en España.

[46] Así, por ejemplo, Jerónimo de Mondragón, *Arte para componer en metro castellano* (véase Vilanova, *op. cit.*).
Pedro de Salas, *De arte poética* (Valladolid, 1618) y P. Francisco Mancedo, S. J., «Professor de Poetica i Chronologia en los Estudios Reales de Madrid», *Ars Poetica* (mencionados por Nicolás Antonio; véase también González de Salas, *Arte Nuevo* - aprobación) y otros más.

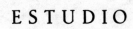

ESTUDIO

ESTUDIO

Capítulo III

EL PROBLEMA DE LA CLASIFICACION DE LOS GENEROS

1. La controversia entre Francisco Cascales y Pedro González de Sepúlveda sobre la clasificación de la poesía en tres géneros: dramático, épico y lírico.

La clasificación de la poesía en los tres géneros —dramático, épico y lírico— es de origen moderno [1]. Es posible que sea el español Francisco Cascales el primero en fundamentarla y defenderla explícitamente [2]. En sus *Tablas poéticas,* y siguiendo el ejemplo de Minturno, Cascales distingue tres géneros principales: «La poesía se divide en tres especies principales: Epica, Scénica y Lírica» *(Tablas poéticas,* pág. 37).

Ordóñez das Seyjas y Tobar les da el nombre de «predicamentos» que se definen con la ayuda de los «instrumentos», o sea mediante la observación de los distintos modos de utilizar el medio literario. Se declara convencido de que Minturno ha conseguido con ello el método más seguro de clasificación de los tres posibles que ofrece Aristóteles y el que permite establecer la distinción más clara entre los varios grupos. El resultado, en realidad, tiene mayor parecido con la clasificación que encontramos esbozada en Horacio: según Ordóñez, Minturno incluye en la categoría de la poesía épica «los poemas que imitan solo con el lenguaje en verso». A la segunda categoría pertenece «lo teatral y representativo», y en la tercera se incluye todo lo que puede ser cantado o adaptado a música instrumental [3].

Es importante la frase de Cascales: «El scenico es dramático siempre» *(Tablas,* pág. 37). Pero se comprende solamente si se tiene en cuenta que, además de la poética del Estagirita, además de Platón y Horacio, también el esquema clasificatorio de Diomedes seguía ejerciendo en el

---

[1] Wolfgang Kayser, *Das Sprachliche Kunstwerk* (Francke, Berna, 1951) pág. 335.
[2] Irene Behrens, «Die Lehre von der Einteilung der Dichtkunst, vornehmlich vom 16. bis 19. Jh.». *Beihefte zur Zeitschr. für Roman. Philologie,* 92 (1940), pág. 129: «Obwohl der spanischen Poetik wegen ihrer Unselbständigkeit von Saintsbury wenig Bedeutung beigelegt wird, so ist doch der angegebene Passus für unser Thema von ausserordentlichem Interesse, weil hier zum erstenmal die Dreiteilung der Poesie in Epos, Drama u. Lyrik nachdrücklich bewiesen und verteidigt wird»; véase también página 211.
[3] Ordóñez, *op. cit.* (1626), Introducción.

siglo xvi marcada influencia sobre los intentos de clasificación de los géneros poéticos. En definitiva, era la base y punto de partida de las nuevas distinciones.

Es sólo gracias a su conocimiento del esquema de Diomedes que el maestro Pedro González de Sepúlveda, de la Universidad de Alcalá, pudo objetar al licenciado Francisco Cascales que su clasificación en tres grupos no representaba una definición de los géneros según su naturaleza esencial, sino según el modo narrativo empleado.

2. La influencia de la Poética de Aristóteles en la clasificación de los géneros.

> Que pone tres especies de Poesía, Lyrica, Scenica, Epica..., pero si no me engaña mi juyzio no son tan pocas, porque esas si bien se mira, mas son diversos modos de que el Poeta usa en sus narraciones, que diversas especies de imitacion. Quién dirá, que la Comedia i Tragedia son una specie. Por ventura no se difieren mas que en numero no hay mayor diferencia entre una Comedia i Tragedia, que entre dos comedias? [4]

Hay que comprender esta actitud como consecuencia de la evolución de las teorías estéticas durante el Renacimiento. «Aun para Dante —escribe E. R. Curtius—, la comedia es un género de narración poética en estilo humilde (Carta a Can Grande)» [5].

Siguiendo a Diomedes, la poesía se caracteriza como *narratio,* y la poética es, por consiguiente, una subdivisión de la retórica. Solamente al ir triunfando la poética aristotélica a partir de mitades del siglo xvi se subordina la retórica a la poética: la consideración de la obra de arte exclusivamente desde un punto de vista lingüístico y formal, partiendo de la métrica, no había conseguido explicar en modo satisfactorio la esencia de la poesía, que es de lo que se trataba. Llega, pues, el momento en que se admite que las perfecciones retóricas y métricas son, filosóficamente hablando, accidentes, aunque, desde luego, accidentes bien necesarios.

La cuestión de la esencia de la poesía había adquirido actualidad: los grandes escolásticos habían delimitado la poesía ante la verdad de la filosofía y, sobre todo, de la teología, como una ficción, una mentira. La escolástica había pronunciado un juicio de valor que el humanismo —desbordante de entusiasmo por la literatura de la antigüedad— se afanaba por

---

[4] *Cartas Philológicas* (1634). *Decada Tercera. Epistola IX. El Maestro Pedro González de Sepúlveda / Al Licenciado Francisco Cascales (sobre sus Tablas Poéticas).* folio 150.

[5] E. R. Curtius, *Europ. Lit. u. Lat. Mittelalter,* pág. 390, nota 3.

anular con Albertino Mussato, Petrarca y Boccaccio [6]. En los tratados escritos en defensa de la poesía se la identifica con la filosofía y la teología.

Pero había aún otra arma más eficaz contra el argumento de la mentira. Es hecho generalmente reconocido que lo que ayudó al aristotelismo a triunfar en la preceptiva fue el Concilio de Trento. Después de lo que había sucedido con la Reforma había, entre otras urgentes tareas, que volver a definir los métodos de la teología —sobre todo en lo que respecta a la exégesis bíblica— y volver a delimitar también el terreno que correspondía a las ciencias y a las artes. Tanto los poetas como los teólogos tuvieron que interesarse por la cuestión de la esencia de la poesía, que es, fundamentalmente, una cuestión filosófica. Pero mientras los teólogos seguían, no menos que en el pasado, consagrando sus esfuerzos a demostrar que la única verdad residía en la teología, los poetas buscaban la justificación filosófica de su arte. Uno de los documentos fundamentales para ello era el capítulo IX de περὶ ποιητικῆς, cuyo autor distingue muy estrictamente entre ciencia y poesía, pero calificando a esta última de más filosófica, comparada con la reproducción histórica de los hechos. La actividad poética podía, pues, parangonarse con la filosófica y la poesía no era en modo alguno inferior en valor intrínseco a la filosofía.

Según Aristóteles, la poesía tiene en común con la pintura y con la música el carácter de ser *mimesis,* distinguiéndose de aquéllas esencialmente por el hecho de utilizar el lenguaje como instrumento. Esta constatación de orden general se deducía del examen de los más distintos tipos de poesía, que se diferenciaban a su vez entre sí no sólo por las distintas maneras de utilizar el idioma, o sea por el estilo, sino también por características articulaciones de contenido, estructura y efecto. La distinción esencial que caracteriza a las artes es, pues, la *mimesis.* He aquí por qué Sepúlveda se lanzó al ataque contra la clasificación de Cascales. El punto era de capital importancia, puesto que el siglo XVI había encontrado en esta distinción fundamental del tratado aristotélico la justificación racional de la poesía.

A Aristóteles no le interesaba la subdivisión de la poesía en géneros ni su clasificación, sino la definición de la esencia misma del fenómeno poético. El «modus» de que habla Sepúlveda, la narración, es en la *Poética* solamente uno de los varios criterios, todos ellos igualmente válidos e indispensables, que se utilizan para distinguir las obras unas de otras. A la fijación de las especies se llegaba solamente a través del examen de todos los elementos que integraban la *imitatio:* materia, modo e instrumentos. Lo que Sepúlveda temía era que se volviese a caer en una clasificación que se creía haber superado ya para siempre en el momento en que se reconoció que la poesía era *mimesis, imitatio.*

[6] E. R. Curtius, *Europ. Lit. u. Lat. Mittelalter,* Cap. 12: «Poesía y Teología.»

Es por esta misma razón que López Pinciano escribe en su *Philosophía antigua poética:* «aunque alguno pudiera decir que no son las poéticas diferencias más que tres, porque la trágica y cómica caen debaxo de un género no ha lugar: que la cómica y la trágica son en otras cosas tan diferentes..., y que se distinguen como blanco y negro» (I, 245).

La *Poética* de Aristóteles siguió fomentando, por su forma y sentido, la consideración de los géneros por separado, característica de la antigüedad y, en particular, la estricta distinción entre tragedia y comedia, que se conocía y practicaba no solamente en Italia y en Francia. La encontramos asimismo en textos españoles: Cascales mismo, en sus comentarios latinos a la poética de Horacio, da una clasificación cuádruple de la poesía en tragedia, comedia, épica y lírica [7]. Idéntica clasificación encontramos, por ejemplo, en Cervantes [8], Cristóbal de Mesa [9], Juan de la Cueva [10], Soto de Rojas [11], Mártir Rizo [12], Fernando de Vera [13] y muchos otros. También la reconoce Lope de Vega. Toda persona culta y que se interesase por la literatura estaba familiarizada con esta enumeración de los géneros, que representaba al mismo tiempo la solución más sencilla del problema de cómo integrar en el sistema los géneros clásicos posteriores a Aristóteles que se encuentran en la literatura latina.

Solamente teniendo presente este clima de estricta separación y ordenación de los géneros se aprecia el carácter particular de la comedia española, que, según el punto de vista que se adopte, aparece como fenómeno reaccionario o revolucionario. La llamada guerra literaria en torno al teatro se manifiesta en la literatura del siglo XVII precisamente porque los autores no sólo conocían las reglas, sino que les reconocían vigencia y sentían, por consiguiente, la necesidad de definir su propia posición con respecto a ellas.

3. «ESCÉNICO» Y «DRAMÁTICO». EL TÉRMINO «DRAMA» Y LA DOCTRINA DE DIOMEDES Y DE DONATO.

El uso del término «escénico» en la clasificación de Cascales y la equivalencia de «escénico» y «dramático» en los tratados italianos son pri-

---

[7] *Op. Cit.* (1639): «intellige quadruplicem esse materiam: epicam, comicam, tragicam, lyricam.»
[8] *Quijote* I. Cap. 47: «Porque la escritura de estos libros da lugar a que el autor pueda mostrarse épico, lírico, trágico, cómico.»
[9] *Compendio, op. cit.,* fol. 148 v. y ss.
[10] *Exemplar Poetico.*
[11] *Desengaño de / Amor en Rimas del Licenciado Pedro Soto de Rojas* (1623) - *Discurso sobre la Poética: Epopeya, Trágica, Cómica, Ditirámbica.*
[12] *Poética de Aristoteles etc., op. cit.,* «Introducción a este Arte Poetica.»
[13] *El Panegírico por la Poesía, op. cit.,* pág. 19: «desmembrando la poesía en quatro modos y estilos poeticos... Trágico, Cómico, Lyrico, Epico».

meros pasos hacia la terminología actual de «drama» o «género dramático». La palabra «drama», desde luego, se conocía, pero no pudo generalizarse su uso ni llegar a tener el sentido que le da el *Tesoro de la lengua castellana* [14], «representación fabulosa de comedia o tragedia», antes de que se conociese el capítulo III de la *Poética aristotélica* [15].

Vemos así que Jacopo Mazzoni define: « δρᾶμα, è voce assai più generale di tragedia» (1587) [16]. Verdad es que el sevillano Hernán López de Yanguas escribió un *Drama* ya en la primera mitad del siglo XVI [17], pero cabe preguntarse si aquel título revela verdaderamente la influencia del pasaje III, 1448a, 28-29, de la *Poética* de Aristóteles, ya que el adjetivo «dramático» era conocido desde hacía tiempo por el esquema de Diomedes, y había la posibilidad de que el sentido moderno de los términos «drama» y «dramático» empezase ya a perfilarse hasta cierto punto antes de que se conociese la *Poética* [18].

El esquema de Diomedes se había difundido gracias al comentario de Terencio, pero también su *Ars Grammatica* había sido impresa en París en 1498, y lo fue de nuevo en 1527, junto con la de Donato [19].

José Badio, por ejemplo, da cabida a doctrinas procedentes de Diomedes y de Donato en su comentario a Horacio y en los *Prenotamenta* al teatro de Terencio [20].

[14] *Tesoro de la Lengua Castellana o Española. Sebastián de Covarrubias según la impresión de 1611, con las adiciones de Benito Noydens publicadas en la de 1676* (Barcelona, 1943).

[15] Véase Robertello, *Explicatio eorum omnium, quae ad Comoediae artificium pertinent* (1548). Citado según M. T. Herrick, *Comic Theory in the Sixteenth Century* (Univ. of Illinois Press, Urbana, 1950), pág. 227: «A third difference established among the kinds of poetry is attributed to the several ways of imitating. Comedy imitates men who are, as it were, carrying on business and acting, albeit this, too, it has in common with Tragedy; whence it has come about that Comedy as well as Tragedy were called by the ancients δράματα i. e. acts, from δρᾶν which means to act or to carry on business.»

[16] *Discorso di Jacopo Mazzoni. Intorno alla Risposta, et alle oppositioni fattegli Dal Lic. Francesco Patricio. En Cesena* (1587) pág. 10.

[17] Véase *Hist. general lit. hisp.*, vol. III, pág. 137. El *Drama* empieza con la frase: «más ha que guardo rebaños...»

[18] Véase Webber, «Plautine and Terentian Cantares in 14th Century Spain», *Hispanic Review*, 18 (1950), págs. 93-107.

[19] Véase E. R. Curtius, *Europ. Lit. u. Lat. Mittelalter*, pág. 440, nota 7.

[20] Terencio, *Comoediae*, Comentarios de Donato y Juan Calpurnio, Treviso (1477), Venecia (1491), etc.
Sobre el significado de los Comentarios a Terencio para la evolución de la teoría dramática, véase M. T. Herrick, *Comic Theory in the sixteenth Century, (op. cit.)*.
José Badio Ascensio: P. Renouard, *Bibliographie des impressions et des oeuvres de Josse Bade Ascensius, imprimeur et humaniste, 1462-1535* (Em. Paul et Fils, Guillemin, París, 1908), 3 vols.
B. Weinberg, «Badius Ascensius and the transmission of medieval literary criticism», *Romance Philology*, 9, 2 (1955-6), pág. 209.
Hay una primera edición de Terencio con el comentario de Badio, sin los *Prenotamenta*, de 1493, en Lyon. Herrick (*op. cit.*) cita otras dos: Lyon, 1498 (Guido Juvenal, Badio) y Estrasburgo, 1499 (Donato, Guido Juvenal, Badio). Es probable que los *Prenotamenta* apareciesen por primera vez en 1500. La edición de 1502 desde luego los incluye. En los *Prenotamenta* se incluye todo el material precedente, y en

No sólo Torres Naharro basó en estos *Prenotamenta* su teoría de la comedia [21]. Luis Alfonso de Carvallo también se apoya en la clasificación de Badio, y por consiguiente en la de Diomedes [22], como ya lo hiciera el Pinciano antes que él [23]. Y no hay que olvidar que aun el *Tesoro de la*

particular un comentario a la *Epistola ad Pisones* que se había publicado por vez primera en 1500. Herrick cita otra edición, de Lyon, 1508, que incluye los comentarios de Badio (Badio, Guido Juvenal) y una edición de Lyon, 1518, *Comicorum Latinorum principis comedie,* con comentarios de Donato, Guido Juvenal, Badio y Pablo Maleolo).

Para el presente trabajo se ha utilizado:

Terentius cum commento / P. Terentii aphri comicorum elegantissimo comedie a Guidone Juvenale per quem litterato familiariter explanate, et a Jodoco Badio Ascensio una cum explanationibus rursum annotate atque recognite, cumque eiusdem Ascensii Prenotamentis atque annotamentis suis locis adhibitis. Paris aug. 1512 (Bibl. Nac. Madrid R/18001).

[21] Véase J. E. Gillet, *Propalladia and other works of Bàrtolomé de Torres Naharro,* (Pennsylvania, 1943) en particular el comentario al volumen 3 (1951).

Para el comentario al «Prohemio» de Torres Naharro, Gillet utiliza una edición de Terencio con los *Prenotàmenta* de José Badio de 1505, y opina que no se ha concedido hasta ahora suficiente importancia a este pequeño tratado dramatúrgico de Badio. Los trabajos de Herrick, el artículo de Weinberg, y un estudio más detallado de las teorías dramáticas españolas no hacen más que confirmar esta opinión.

[22] Diomedes: I. 482-83, en G. L. Keil, véase también E. R. Curtius, *Europ. Lit. u. Lat. Mittelalter,* pág. 439.

I. *Activum vel imitativum (dramaticon vel mimeticon):*
    (sine ulla poetae interlocutione)
    Tragedia, comedia, pieza de sátiros, mimo, églogas I y IX de Virgilio.

II. *Ennarativum (exegeticon vel apangelticon)*
     (sine ullius personae interlocutione)
     Geórgicas 1-3 de Virgilio, y primera parte del Libro IV, *Carmina Lucreciana.*
     a) angeltice: Sentencias (theognis).
     b) historice: narraciones, genealogías (Hesiodo, *Theogonia*).
     c) didascalice: contiene materia filosófica (como Empédocles, Lucrecio, astrología de Arat, Cicerón).

III. *Commune vel mixtum (koinon vel mikton)*
      Con intervención (*interlocutione*) del poeta y de los personajes, como en la Ilíada, la Odisea, la Eneida.
      a) Heroica species: Ilíada, Eneida..
      b) Lyrica species: Arquíloco y Horacio.
[23] El Pinciano, *op. cit.,* I, pág. 280 y ss. Hay que tener en cuenta además que el Pinciano aplica la concepción aristotélica de la poesía como imitación al sistema clasificatorio de Diomedes. En consecuencia, el esquema de Diomedes comprende subdivisiones en las cuales se encuentran poemas que lo son sólo por su forma externa. Pinciano los llama «poemas muertos», en contraste con los «poemas vivos e perfectos», cuya esencia es la imitación. Distingue además entre poemas regulares e irregulares. Son regulares los que pertenecen siempre al mismo género o categoría:
                                    (siempre vivo)
I. *Poema activo*
    Tragedia, comedia, sátira antigua = regular, porque siempre activas, imitativas y representativas.
    Virgilio, Eglogas I, III, V, IX = iregular, ya que otras églogas pertenecen a otros grupos. Aquí se evidencia que lo dominante es el género individual, como por ejemplo la égloga, etc., que se trata de definir, desde el punto de vista de su contenido, mediante el esquema de Diomedes y los criterios de Aristóteles, imitación, etc.

lengua castellana, al explicar el término «drama», hace referencia a la «narratio dramatica».

En el comentario a Horacio estudiado por B. Weinberg, Badio se atiene muy estrictamente a la clasificación tradicional del *ars grammatica,* mientras que en la edición de los *Prenotamenta* (1512) consultada por nosotros se introducen pequeñas pero significativas modificaciones en lo que respecta al *genus dramaticum.* La comparación con los pasajes respectivos de la poética de Carvallo parece demostrar que el texto de que éste tenía conocimiento al componer su *Cisne* fue la edición de Terencio en su versión de 1512 [24].

II. a) *Poema enunciativo perfecto.*
   ditirámbico-descriptivo = regular = lírica. En un capítulo posterior también se denomina así. Virgilio, Eglogas IV, X. Sátira.
   b) *Poema enunciativo muerto.*
   Angéltico: sentencias, p. ej. Miguel Verino.
   didascálio: a do enseñan artes y disciplinas especialmente: Empédocles, Lucrecio, Nicandro.
   histórico: Herodoto, *Farsalia,* de Lucano.
III. *Poema común (siempre es vivo)*
   heroyco = regular, porque pertenece siempre al género mixto y es siempre imitativo.
   Ovidio, Epístolas.
   Horacio, algunas odas y epodas V.
   Virgilio, Eglogas II, VI, VII, VIII.
   También Escalígero había conservado la división en *activo, ennarativo y común.*
   El Pinciano distingue, sobre esta base y de acuerdo con Aristóteles, cuatro géneros principales: comedia, tragedia, epopeya y ditirambo. Califica al ditirambo (III, página 89 ss.) de «lírica» en la Epístola X y comprende bajo esta calificación todo lo que va acompañado de canto y baile o música, o sea todo lo que comprende elementos armónicos y rítmicos. Da como ejemplos «Peanes de Aristóteles, Scholio, Hymnos». Como materias indica «amores, rencillas, combites, contiendas, votos, exhortationes, alabanças de la templança y de hechos dignos, canciones, pretensiones, negocios y cosas desta manera». Formula una distinción lingüística entre este género y la epopeya.
   Todo ello anuncia ya la clasificación tripartita en drama, epopeya y lírica.

[24] *Prenotamenta* (1512)
Et hoc modo triplici sunt poetarum opera. Nam grece quedam dicunt *dragmatica* (!) quedam exegematica et mixta. *Dragmatica* dicuntur latino vocabulo activa: hoc est imitativa seu representativa. in quibus poeta ipse nusquam loquit: sed introducit loquente et rem ipsam agentes et representantes. in quo genere sunt omnes tragedie: omnes comedie: omnes mime: quedam egloge: quidam dialogi: et omnia in quibus auctor non loquit: sed solummodo persone per ipsum introducte. *Exagematica* latine dicuntur narrativa seu recitativa: in quibus solus auctor loquitur. ut sunt libri eorum qui aliquid docent: aut precipiunt sive artem grammaticam aut doctrinale: seu phisicam ut lucretii: seu astrologiam ut aratius: seu agriculturam ut georgicam virgilii

Cisne de Apolo Cap. III. § 2.
... que el poeta usa de tres formas y estylos en sus poesías, que son poesías, Exagematica, y Mixta ... esos nombres ... griegos son ... *Dragmatica* (!) poesía, es aquella que los latinos llaman activa, o representativa, en la qual nunca el poeta habla en su nombre, pero induze o introduze personas, que hablen y representen el mismo caso, de cuyo genero de poesía son las comedias, tragedias, coloquios, diálogos, y algunas églogas. *Exagematica* poesía es la que en latín llaman narrativa, y en ella solo habla el poeta en su nombre, en cuyo genero se cuentan los libros, y artes que enseñan alguna cosa, como es la poetica de Oracio, el arte de amar de Ovidio, las Georgicas de Virgilio, y otras poesías semejantes. *La Mista* poesía es compuesta destas dos Drama

En el texto de 1500 se lee «poematis genera sunt tria. Aut enim activum est aut imitativum quod Greci dramaticon vel mimeticon vocant, aut ennarativum, etc.», mientras que el texto de los *Prenotamenta* de 1512 da una fórmula más abreviada: «Et hoc modo triplici sunt poematum opera. Nam grece quedam dicunt dragmatica quedam exegematica et mixta.»

La definición del género dramático es la siguiente:

«Dragmatica dicuntur latino vocabulo activa: hoc est imitativa seu representativa, in quibus poeta ipse nusquam loquit; sed introducit loquentes et rem ipsam agentes et representantes, in quo genere sunt omnes tragedie: omnes comedie; omnes mime: quedam egloge: quidam dialogi: et omnia in quibus auctor non loquit: sed solummodo persone per ipsam introducte.»

El uso de «representare» (que falta en el comentario a Horacio de Badio) podría quizá indicar ya el sentimiento de una equivalencia entre lo dramático y lo escénico. Pero no hay que olvidar que la *narratio dramatica,* según Diomedes, abarcaba variedades netamente no representables, y ello precisamente porque se había perdido el concepto de una relación entre lo escénico y la comedia y la tragedia.

Carvallo incluye en este grupo solamente comedias, tragedias, diálogos y algunas églogas, añadiendo también los «coloquios». Ello significa, pues, que trata de englobar dentro de este género todo lo representable, pero sin establecer una relación estricta entre esta categoría y el «estilo dramático».

Se encuentran, en efecto, en España diálogos, coloquios y églogas destinados a la representación escénica.

Compusieron diálogos para la escena Rodrigo Cota (1470)[25], Torres Naharro (1517)[26] y Lope de Rueda (1559)[27]. Rueda compuso asimismo

preter pauca fabulosa que inseruit quarto lib. *Mixta* autem sunt quibus nunc poeta ipse loquitur: nunc alios seu deos seu homines loquentes introducit. cuius modi sunt carmina historiographa et heroica.

tica y Exagematica, se puede llamar comun. En la qual el Poeta ya habla por sí, y de su parte y ya introduciendo un razonamiento dicho por tercera persona, que llaman prosopopeya, como es muy ordinario en las Historias, y en todas estas tres differencias se halla todo lo que hay escripto.

La ortografía «dra*gm*ática», que Carvallo toma de Badio, procede de la Edad Media y se encuentra por ejemplo en Pedro Helia (1141-1150), Guillermo de Conches (alrededor de 1145) y Juan Balbi. Véase Irene Behrens (*op. cit.*) págs. 45 y 58.

Donde Badio, al hablar del género dramático, dice «sed *introducit* loquentes» Carvallo distingue entre «*induzir*» e «*introduzir*». La explicación de esta distinción se encuentra en el capítulo siguiente: (III, 3): «y el meter estas personas llamandolas por sus nombres, se llama *induzir*. Pero quando debajo de unos personages se entienden otros alegoricamente, se llama *introduzir*». Sigue en esta distinción a Fray Luis de León (*Cantica Canticorum*, Salamanca, 1580).

25 *Diálogo entre el amor y el viejo.*
26 *Diálogo del Nacimiento* (en *Propalladia*).
27 *Diálogo sobre la invención de las calzas.*

coloquios [28]; en el *Codex de autos viejos* se han conservado dos; de 1450 hay el *Coloquio de Fenisa* (Sevilla) y *De Fide ipsa,* que tratan ambos de temas religiosos. El segundo de éstos incluye el personaje del «bobo», introduciendo un elemento jocoso en una pieza religiosa. Harto conocidas son las églogas representables de Juan del Encina [29]. También Lope de Vega compuso coloquios y églogas representables.

No sólo la creciente popularidad del teatro, sino también la reflexión teórica que la acompañaba paso a paso restituyeron al término «dramático», ya en el siglo xv, su verdadera acepción. En los pequeños tratados sobre la comedia y la tragedia, atribuidos en parte a Donato y en parte a Evancio, que acompañaban por lo general a las ediciones de Terencio, se hace resaltar con respecto a la comedia que «in gestu et pronuntiatione consistit» [30], pasaje que debe haber tenido presente Naharro cuando llama a la comedia en su «Prohemio» un «artificio ingenioso de... acontecimientos por personas *disputado*».

A partir de fines del siglo xv se representa todo lo que Diomedes había incluido, por su forma retórica, en el *genus dramaticum,* o sea también las églogas y los diálogos. Se procede a una especie de inversión de los términos tal y como se concebían en el siglo v d. J. C., considerándose ahora como «dramático» todo lo que se presenta en forma de diálogo. Con ello se explica la forma de muchas piezas teatrales del siglo xv e incluso de todo el siglo xvi, que se caracterizan por una cierta pobreza en lo que se refiere a la acción y a la unidad de la misma en el sentido clásico. Ello es debido precisamente a que correspondían a la teoría que se había formulado. Aunque las comedias de un Terencio o de un Plauto o las tragedias de un Séneca se reconociesen como modelos ejemplares para la articulación de la acción dramática, y aunque los comentarios al teatro de Terencio ofreciesen una teoría completa del drama, que subrayaba ya la importancia de la estructura del mismo, proporcionando al mismo tiempo los medios técnicos necesarios, la idea de que el drama es, en esencia, imitación de acontecimientos y acciones humanas no podía entrar a formar parte de la preceptiva ni ser practicada deliberadamente en el teatro hasta que no se hubo vuelto a descubrir la teoría aristotélica de la poesía.

---

[28]   *Tres coloquios pastoriles.* En prosa: *Camila, Tymbria;* en verso: *Prendas de amor.*
[29]   El arte dramático de Encina hizo escuela. Le siguen toda una serie de autores: Lucas Fernández, Juan de París, El Bachiller de la Pradilla, Fernán López de Yanguas.
[30]   *Thesaurus graec. antiqu. Gronoviae. 1735 (op. cit.) Donati Fragmentum De Tragoedia et - Comoedia:* d.1697 B: «Comoedia vero, quia poema sub imitatione vitae atque morum similitudine compositum est in gestu et pronuntiatione consistit.» Véase también, *Terencio, Comoediae,* 1532 (Bibl. Nac. Madrid R/18669). Elio Donato: «Comoedia vero, quia poema sub imitatione vitae atque similitudine compositum est; in gestu, et pronuntiatione consistit.» (Compárese Webber, *op. cit.*)

4

4. La contribución de Horacio.

La poética de Horacio había sido traducida y comentada [31] antes que
la de Aristóteles, y fue en España precisamente donde disfrutó por mucho
tiempo de gran popularidad.

No se habla allí de «dramático», pero la tragedia, la comedia y también las piezas de sátiros se desenvuelven en la escena. Se distingue entre
la poesía que presenta los acontecimientos en la escena y la que se limita
a referirlos: «aut agitur res in scenis aut acta refertur» (v. 179). La poesía
lírica o mélica constituye un tercer grupo. Ya José Badio compara la forma
dramática con la narrativa, y Escalígero le sigue en 1561: «principiò aliis
quoque fabulis convenit non dramaticis, quae simplici narratione recitari
possunt» (I, 5). Jerónimo Vida, cuya poética se cuenta entre las mejor
conocidas de las italianas en España, hace también suya la clasificación de
Horacio:

> *Nam licet hic divos, ac Dîs genitos heroas*
> *In primis doceam canere, & res dicere gestas,*
> *Haec tamen interdum mea te praecepta juvabunt,*
> *Seu scenam ingrediens populo spectacula praebes,*
>
> (I, 41-4).

El término «activo» en vez de «dramático» en el Pinciano procede de
la gramática de Diomedes: «activum vel imitativum quod Graeci dramaticon vel mimeticon appelant» (G. L. I., 422K), pero añade, polemizando
contra la antigua concepción: «las actiones trágicas y cómicas se dicen
activas porque tienen su perfección en la actión y representación» (I, 244).

Es, pues, en la representación escénica que se cifra el sentido de la tragedia y la finalidad que persigue. Aquí se realiza plenamente por vez primera la poesía dramática. Es por ello que el Pinciano se refiere en otra
ocasión a «acciones dramáticas y representativas» (II, 86) al hablar de la
acción de la tragedia y de la comedia, para distinguirlas de la épica, cuya
acción no se representa. Por ello define el Pinciano la comedia y la tragedia como imitaciones representadas de una acción, en el sentido de la
teoría aristotélica (III, 1448a, 28-29). Se recordará que Aristóteles insiste
con harta frecuencia en la importancia del efecto dramático. El desarrollo
de la acción dramática se concibe siempre en relación con un público que
la ve y la escucha.

---

[31] Véase Spingarn (*op. cit*) y Herrick, «The Fusion of Horatian and Aristotelian
Literary Criticism», *Illinois Studies in Language and Literature,* vol. 32 (Univ. of
Illinois Press, 1946).

En este aspecto, la teoría y la práctica iban muy de acuerdo, y no por casualidad; nadie tenía más conciencia que Lope de Vega de que la poesía dramática existía esencialmente en su representación, insistiendo por ello constantemente en la importancia del efecto teatral, clave de toda dramaturgia.

El término «dramático» podía utilizarse desde ahora tanto para hablar del modo narrativo como para referirse a la representación activa en la escena, pero siempre y sobre todo con el sentido de «imitación de acción».

5. «DRAMA» Y «NARRATIO DRAMATICA».

Que el «drama» fuese una imitación de acción se desprendía ya de la clasificación de Platón: ésta fue precisamente la clase de poesía, la mimética, que Platón trató de excluir de su república ideal, recurriendo en su clasificación al concepto de *narratio,* puesto que le parecía doblemente nociva. Se equiparan, pues, en este caso lo dramático y lo mimético.

En primer lugar, la poesía mimética imitaba no sólo buenos, sino también malos efectos, ya que era imagen de las acciones de los hombres. Podía, por consiguiente, dar *mal* ejemplo y perturbar los ánimos. En segundo lugar, la imitación poética representaba un alejamiento de tercer grado de la verdad de las ideas, puesto que, siendo reproducción de la verdad, era inferior a ésta.

Esta poesía de imitación se caracterizaba por la presencia de personajes en acción, que el autor dejaba evolucionar sin manifestarse él mismo directamente. Puesto que la épica, de acuerdo con esta descripción, también participaba de lo mimético, se le negaba asimismo el acceso a la república ideal.

Para Diomedes, que sigue el método platónico de clasificación, la «imitación de acción» no tiene ya importancia para la tragedia y la comedia. El concepto de lo dramático ha dejado de incluir esta idea. Los términos «dramático», «mimético-imitativo» o «activo» se refieren aquí solamente a la forma retórica de la narración.

Hubo que esperar el redescubrimiento de la *Poética* de Aristóteles, que demuestra el carácter mimético de la pintura, la música y la poesía (y en lo que a este última se refiere, no solamente para el drama y la epopeya, sino también para el ditirambo, considerando la imitación como característica esencial de toda poesía), antes de que el interés de los comentaristas del siglo XVI volviese a extenderse a la imitación de acción. Vemos entonces que un Mártir Rizo, por ejemplo, no reconoce como legítimo ningún tipo de poesía al que falte este elemento esencial.

La tragedia y la comedia se presentan entonces como miméticas o dramáticas por partida doble, ya que ponen en escena una imitación de acción, siendo, por lo tanto, imitación de imitación.

En este sentido hay que comprender el término «dramático» en González de Salas (1633): «los que en nuestra edad escribieron Fabulas de cualquiera dramática specie» (Introducción, pág. 8).

Pero ya el *Tesoro de la lengua castellana* había formulado la significativa distinción entre «drama» y «narratio dramatica»: «drama, vale representación fabulosa de comedia o tragedia, en que no interviene la persona del autor, sino que hablan los representantes o personajes introducidos, vide 'narratio dramatica'».

La ecuación *dramático = narratio dramatica,* sin embargo, se conserva en Covarrubias con el sentido tradicional que le diera Diomedes y no tiene nada que ver con el moderno concepto de lo dramático.

6. LA VICTORIA DE LA CLASIFICACIÓN MODERNA EN TRES GÉNEROS.

López de Vega (1641), al igual que Cascales, habla de tres «sendas» poéticas: la dramática, la lírica y la épica. Esto concuerda ya con la clasificación moderna [32], puesto que el género se define aquí como «dramático» y no como «escénico». El género dramático comprendía solamente lo representable, excluyendo pues, por ejemplo, las églogas de Virgilio.

Cascales no había dejado de observar, sin embargo, que la lírica, con su dulzura y ornamentación de estilo, podía presentarse en cualquiera de los tres modos narrativos. También el Pinciano había llamado la atención sobre este hecho [33].

Todo ello prefigura ya ciertos resultados de la investigación moderna, que reconoce tres «actitudes» distintas para la lírica, a saber: la épica = denominación lírica; la dramática = apóstrofe lírico; la lírica propiamente dicha = discurso mélico [34].

No se crea, no obstante, que Cascales incluye a la elegía dentro de la lírica. Como la égloga y la sátira, la elegía se sitúa dentro del grupo de los «Poemas mayores reducidos a la Epica mayor», ya que éstos no requieren el acompañamiento del canto ni de la danza para su perfección.

Es éste el mismo argumento ya esgrimido por Minturno. El resultado era, pues, dos grandes grupos de poesía, que se caracterizaban por la imitación de acción en el sentido aristotélico: el primero precisaba de la escena para desenvolverse plenamente, mientras que el segundo adoptaba

---

[32] *Op. cit.,* págs. 173-4: «Tres son las sendas Poéticas, que oy se siguen más comunmente. La Dramatica, la Lírica, i aun con menos sequazes, también la Heroyca.»

[33] Pinciano, I. pág. 283: «Otros ay irregulares y extravagantes, los quales, agora están debaxo deste modo, agora de aquél; tales son los líricos, de los quales más están debaxo del ennarativo, a do todo lo habla el poeta, y algunos, debaxo del común, y aun yo los he visto alguna vez debaxo del activo, en las representaciones adonde canta y tañe y otro responde.»

[34] W. Kayser, *op. cit.,* pág. 340.

forma narrativa. La égloga, la sátira y la elegía, según el Pinciano también el mimo, la apología (fábula) y la alegoría [35], pueden incluirse en la épica aunque no fuese más que por su extensión. La esencia poética del tercer grupo, o sea el lírico, radica en los «conceptos»: «y assi como en aquellos poemas su alma y forma es la fabula, assi diremos que en el lirico el alma y la forma son los conceptos» *(Tablas,* pág. 407).

Mientras que la lírica planteaba dificultades de definición, y por consiguiente también de clasificación, la tragedia y la comedia, así como la epopeya, eran inconfundibles. Eran, como dice el Pinciano, regulares. De ellas se podía decir sin dificultad que, de acuerdo con las nuevas concepciones, eran imitación de acción, cosa que no podía predicarse de la lírica. La tragedia y la comedia, por su parte, se presentaban siempre construidas según el *modus dramaticus* y con carácter escénico.

La clasificación de Cascales es la más moderna, si la comparamos con la separación tradicional entre tragedia y comedia. Cascales había subrayado en sus *Tablas* que se trataba de dos géneros esencialmente diferentes por lo que respecta a la imitación de acción, pero estimaba que se podían englobar en una sola categoría, sin olvidar por ello su distinción genérica.

Vemos así que el licenciado Francisco Cascales, *«primarius in urbe Murcia humanioris litteraturae professor»*, escribe en 1624 al maestro González de Sepúlveda: «No ai mas que tres especies que son épica, lyrica i scenica, que si bien la Tragedia i Comedia son en rigor differentes; pero porque la una i la otra es dramatica i se representan en el tablado, se habla de ellas como de una especie» [36].

Este tipo de clasificación teórica —paralelo al intento de Diomedes alredor del año 400 d. J.C.— podía hacer justicia a la nueva poesía. El problema inmediato que se le ofrecía a la crítica en el siglo XVI era, una vez más, el de clasificar los nuevos géneros de poesía «vulgar», problema que tampoco en Italia se había conseguido solventar sin intensos debates. Quiere Cascales incluir en la categoría dramática solamente la tragedia y la comedia, pero la clasificación en tres géneros ofrecía precisamente a la «nueva comedia» un lugar en que situarse dentro del ámbito de lo poético. Tal posibilidad existe en teoría ya desde el año 1602, o sea desde la poética de Carvallo. Salas y López de Vega la aprovechan para reconocer a la comedia española rango de literatura, de creación artística.

---

[35] Aunque con la diferencia de que en Cascales la epopeya pertenece al género narrativo, que no corresponde con el *genus ennarativum* de Diomedes. En el Pinciano se cuentan estos tipos de poema por separado, a causa de su extensión, pero son irregulares en el sentido que se explica en la nota 23.

[36] *Cartas philologicas* (1634), Ep. X. 3. Dec., «Al Maestro Pedro González de Sepúlveda». Fol. 156 v.

CAPÍTULO IV

EL CONCEPTO DE «COMEDIA» COMO GENERO

Tanto en España como en Italia y en Francia, la idea de «considerar a la tragedia y a la comedia como especies de un único género, a saber, el drama» [1], no se fue abriendo paso más que muy gradualmente. Ello es debido a la profunda influencia de la *Poética* de Aristóteles que exigía que se distinguiese claramente cada una de las formas poéticas de todas las demás. En consecuencia, el término «comedia» pudo, en el siglo XVI, adquirir y conservar la función de concepto genérico. Aún hoy en día, en París, se va a la *Comédie Française* o al *Théâtre Français* para ver una tragedia. También ahí puede la palabra *comédie* significar tanto *pièce de théâtre* como *comoedia*. El hecho de que la enorme mayoría de las piezas de teatro tuviesen un desenlace feliz —es decir, fuesen efectivamente comedias— no es, pues, la única razón por la cual se llamaba comedia a «toda obra teatral en tres actos o jornadas y en verso» [2] en la España del siglo XVII.

En una conferencia sobre *La Comedia espagnole au XVIIème siècle* [3], Morel-Fatio se había basado en este argumento para tratar de explicar por qué la comedia española, evidentemente distinta de la comedia clásica, había conservado precisamente este título de «comedia». Walberg recordó esa conferencia al escribir en la introducción (pág. 6) de su edición del *Exemplar poético*, de Juan de la Cueva: «On sait qu'en Espagne le mot de «comedia» a pris un sens beaucoup plus large que n'importe où ailleurs, il embrasse en effet tous les genres dramatiques sauf les «autos» et les genres inférieurs, Farces, Intermèdes, Zarzuelas, etc.» [4].

---

[1] Irene Behrens, *op. cit.*, pág. 210.

[2] H. A. Rennert, *The Spanish Stage in the Time of Lope de Vega* (Nueva York, 1909), cap. XIII, pág. 274: «The Term of Comedia defined.»

[3] París, 1923.

[4] Lund, 1904. Hay, sin duda, también razones históricas que explican esta evolución: el término «comedia» parece haber tenido ya a fines de la Edad Antigua el sentido de concepto genérico que incluía asimismo a la tragedia. En este sentido lo encontramos en Ateneo, *Deipnosophistai*. Véase *Les Quatre Poétiques: d'Aristote, d'Horace, de Vida, de Despréaux, avec les traductions et des remarques par M. l'Abbé Batteux, etc.* (París, 1771), vol. I, pág. 28, nota 2: «Selon Athénée, la Tragédie même portait le nom de Comédie...»Véase también Horacio, *Ep. ad Pisones*, vv. 285-8:

Nil intentatum nostri liquere Poetae:
Nec minimum meruere decus, vestigia Graeca
Ausi deserere, et celebrare domestica facta,
Vel qui Praetextatas, vel qui docuere Togatas.

Pero aun estas últimas las incluye Carvallo —y no es el único en hacerlo— entre las comedias[5]. Es, por lo tanto, esencial al hablar de la Edad de Oro, distinguir entre «comedia» como género, «comedia» como drama típicamente español y «comedia» en el sentido de la *comoedia* clásica.

A los letrados del siglo XVII no se les pasó por alto que el término «comedia» iba evolucionando para convertirse en nombre genérico[6]. Vemos así que José Pellicer, en su *Idea de la comedia de Castilla* (1639),

Batteux (*op. cit.*, pág. 45) traduce *Praetextata* por tragedia y *Togata* por comedia.

También Donato habla de la *comedia praetextata*. En los comentarios a Terencio de los siglos XV al XVII es corriente la distinción, para el teatro latino, entre una gran variedad de clases de «comedias» como *Togata, Praetextata, Atellana, Rhyntonica, Tabernaria, Mimos*, etc., lo que indica claramente el carácter genérico que se daba al término de «comedia».

Escalígero vacila, para la *Praetextata*, entre la tragedia y la comedia.

Véase también Irene Behrens (*op. cit.*, pág. 50): «Das Rigaer Prophetenspiel wird als 'ludus quem latini comoediam vocant' bezeichnet.»

Véase Curtius, *Europ. Lit. u. Lat Mittelalter*, pág. 420: «Das begriffliche Zusammenfallen von Spiel und Komödie beginnt in dem Augenblick, wo die klassische Komödie von der Bühne abtritt.»

Más adelante vuelve a utilizarse el término «comedia» en su sentido más amplio: *Pragmatica de Carlos V y Doña Juana, su madre, hecha en Toledo en el año de 1534* (Lib. VII, Ley I. Tit. 12 de la Nueva Recopilación): «Item mandamos que lo que cerca de los trages está prohibido y mandado por las leyes de este título se entienda asi mismo con los comediantes, hombres y mugeres, musicos y las demas personas que assisten en las comedias *para cantar y tañer*» (Schack, *Gesch. der dram. Lit. und Kunst in Spanien*, vol. I, pág. 198, nota). Véase también W. Cloëtta, *Beiträge zur Literaturgeschichte des Mittelalters und der Renaissance*, Halle (1890), citando el comentario a la *Divina Comedia* de Jacopo de la Lana (I, pág. 36): «Usavano li villani, quando avevano piena la casa de' beni temporali, darsi al ventre e far loro canzoni e metterle in nota coi loro osticelli e simili estrumenti, e dicevano *comedia*; poi li poeti tolsero quello nome e puoserlo al detto stile.»

[5] Lope de Vega: «Loa de un villano y una labradora», en *Fiestas del Santísimo Sacramento, Colección de doce autos de Lope de Vega, cada cual precedido de su loa y entremés* (1644).

Auto: El dulce nombre de Jesús.

«Y ¿que son autos? Comedias / a honor y gloria del pan, / que tan devota celebra / esta coronada villa.»

Carvallo formula una distinción entre comedia y tragedia, pero sigue luego (capítulo III, para. 6):

CARVA: ¿A qué llaman auto? LECT.: Lo mismo es que comedia, que del nombre latino acto, se deriva, y llamase propiamente auto quando ay mucho aparato, invenciones y aparejos, y farsa quando ay cosas de mucho gusto, aunque se toma comunmente por la propria compañía de los que representan. Al fin comedia se llama scrita, auto representada, y farsa la comunidad de los representantes. CARVA: Y coloquios ¿que son? LECT.: El coloquio especie es de comedia pero no tiene mas de hasta seys personas que disputan y hablan sobre alguna cosa... Tambien es exagematico estilo el dialogo que es platica entre dos, o a lo sumo tres.

(O sea, que el diálogo entre dos, o a lo sumo tres personas, también puede considerarse «dramático».)

[6] Véase Cervantes *El viaje del Parnaso—Adjunta al Parnaso* (1614): «Miguel.— Quiero decir que a qué género de poesía es vuestra merced más inclinado, al lírico, al heróico o al cómico.» Mesa formulaba ya la misma distinción en 1604. Véase también cap. III, nota 22, del presente estudio.

dedicada a la memoria del famoso autor de comedias Juan Pérez de Montalbán, escribe:

> mas no se lo passo por alto saber, que aunque todas las Acciones que se representan ya sean Históricas, ya Novelas, ya Fabulas, están por el uso comprehendidas con el nombre, al parecer, genérico de Comedias, no todas lo son... Aquella donde se introduce Rey, o Señor soberano, es Tragedia. Donde muere el héroe, que es el primer galán, es Tragi-Comedia, la que consta de caso que acontece entre particulares, donde no hay Principe absoluto [7].

La lectura de este pasaje deja también bien claro lo que Lope mismo y sus *défenseurs* habían ya subrayado: que los autores conocían perfectamente las reglas de la poética normativa [8].

El estudio de Morby (1943), en el que examina la relación entre denominación y estructura en las obras dramáticas que llevan los títulos de tragedia o tragicomedia, revela que una octava parte de las «comedias» de Lope llevan los títulos de tragedia o tragicomedia. Según Morby, Lope es asombrosamente consecuente en la aplicación de las reglas para la distinción entre comedia, tragedia y tragicomedia [9]. Lo mismo puede decirse de otros autores, que formulan igualmente distinciones «clásicas». A nuestro modo de ver, sin embargo, lo que se manifiesta aquí no es un persistir en lo inmutablemente tradicional, sino más bien una tendencia hacia un nuevo tipo de clasificación regular. Al fin y al cabo también Lope pertenecía a la categoría de literatos cultos.

El nuevo tipo de obra dramática se podía clasificar más fácilmente como comedia que como tragedia. El término de «drama» mismo era desusado; el de «tragicomedia» estaba desacreditado, como nombre genérico y como descripción, a raíz de las discusiones que había suscitado en Italia y que habían encontrado eco también en España. Se había hecho el intento de definir la comedia española como tragicomedia, pero la tragicomedia italiana, por ejemplo, no correspondía con la española —ni tampoco con el llamado *drame libre* francés—. Cristóbal Suárez de Figueroa y López de Vega [10] examinaron la oportunidad de llamar a la comedia sen-

---

[7] *Op. cit.,* fol. 150 v

[8] Tirso de Molina: *Cigarrales de Toledo* (Clásicos Castellanos, núm. 2, Ed. Américo Castro, 1952), p. 145: «Que si él, en muchas partes de sus escritos, dice que el no guardar el arte antiguo lo hace por conformarse con el gusto de la plebe —que nunca consintió el freno de las leyes y preceptos—, dícelo por su natural modestia y porque no atribuya la malicia ignorante a arrogancia lo que es política perfección.»

[9] *Op. cit.* p. 186 ss.

[10] *El Pasagero. Advertencias utilissimas a la Vida humana. Por el Doctor Christóval Suárez de Figueroa,* Madrid (1617). Alivio III: «Ahora consta la comedia (o sea, como quieren, representación).» López de Vega, *op. cit,* pág. 122: «Concluian estos, que se devia dar solo el nombre generico de representaciones a las farsas que oy se aplauden en los Teatros.»

cillamente «representación», habida cuenta del sentido genérico del término «comedia». Finalmente, se encontró otra solución inspirada en la clasificación latina de los distintos tipos de *comoedia* tal y como se encontraba en los tratados de Donato y Evancio y, por ejemplo, también en los *Prenotamenta* de José Badio. López de Vega recordó esta posibilidad [11]. Salas Barbadillo [12] y Pellicer [13] la aprovecharon. Y así vino, en definitiva, a persistir en la práctica el término «comedia», debido también en parte a la influencia de la costumbre y la tradición, «por el uso», como decía Pellicer.

[11] *Op. cit.*, pág. 122: «Todo era arrogancia, i baldones: sin acordarse ninguno de hazer la diferencia de Pretextatas, Trabeatas, Tabernarias, i Atellanas, que hazen los Autores de su misma profession.»

[12] *Coronas del Parnaso y Platos de las Musas... Alonso Geronimo de Salas Barbadillo, criado de su Magestad... En Madrid* (1635), fol. 33 v. y ss.: Comedias de tramoyas, Comedias de Capa y espada, etc.

[13] Pellicer, *op. cit.*, fol. 151 v.: «Tramoyas... Comedia heroica, Comedia de maraña amorosa, Comedia Tragica, Comedia de mucho enredo», etc.

CAPÍTULO V

LA SITUACION DEL DRAMA CON RESPECTO A LOS DEMAS GENEROS

1. RANGO ESTÉTICO DE LA TRAGEDIA Y LA EPOPEYA.

En el capítulo 26 de su *Poética* [1] asigna Aristóteles a la tragedia un rango superior al de la epopeya, puesto que la tragedia, que ofrece cualidades poéticas no menores a las de la épica, tiene sobre ésta la ventaja de poder cautivar al público de modo particular por la representación escénica y por la emoción que suscitan la anagnórisis y la peripecia. Pero incluso sin necesidad de representación material, la acción trágica es susceptible de causar una impresión más duradera y profunda en el espectador o en el lector por la concisa precisión con que progresa sin rodeos hacia un determinado fin, por su más rotunda y apurada construcción. En una palabra: el efecto es mayor, el placer más intenso.

Con el redescubrimiento de la *Poética* de Aristóteles se abren a la crítica y a la estética literarias del siglo XVI nuevas perspectivas para la evaluación de la poesía y de sus géneros.

Los teorizadores entran en conflicto con la tradicional veneración por Virgilio, o sea por la epopeya: antes de que se difundiese el texto aristotélico, Jerónimo Vida escribió una poética exclusivamente dedicada a la épica. También Julio César Escalígero considera la epopeya como el patrón por el que se mide toda la poesía. Si bien esta actitud podía también defenderse con la misma *Poética* de Aristóteles, la cual recurre con frecuencia a los poemas homéricos para ilustrar aspectos de la teoría dramática, es evidente que la concesión del más alto rango poético a la epopeya como primero y más noble de los géneros (III, 95) está en conflicto con lo expresado en el capítulo 26 de la *Poética*.

Denores y Castelvetro, que siguen a Aristóteles en reconocer a la tragedia el primer lugar, constituyen una excepción entre los preceptistas italianos [2]. De Castelvetro se dice que fue el primero en tener en cuenta

---

[1] *Aristoteles*, ΠΕΡΙ ΠΟΙΗΤΙΚΗΣ, *mit Einleitung, Text und Adnotatio Critica, exegetischem Kommentar etc...*, *von Alfred Gudeman* (Walter de Gruyter u. Co., Berlín y Leipzig, 1934).

[2] M. T. Herrick, «The Fusion of Horatian and Aristotelian Literary Criticism», *op. cit.*, p. 64.

la práctica teatral en su teoría, lo que no deja de tener su importancia en este contexto.

Tanto los autores como los preceptistas españoles, sin embargo, cifraban su mayor ambición —concordando en ello con sus vecinos de Italia— en dedicarse al género épico. Entre otros muchos cuyos nombres hemos casi olvidado hoy, escribieron el Pinciano, el *Pelayo* [3]; Cascales, el *Cid* [4]; Lope de Vega, la *Jerusalén conquistada,* y Cervantes, el *Persiles.*

En la dedicatoria de su traducción de περὶ ποιητικῆς (1624) al Conde de Monterrey y de Fuentes escribe don Alonso Ordóñez das Seyjas y Tobar, Señor de San Payo: «El Pinciano escrivió la Filosofía antigua Poetica... es muy buena doctrina y toda de Aristoteles, Salvo en el juycio sobre la Tragedia, y el Poema heroico, que siendo tan expresso el de Aristoteles, antes afectado en favor de la Tragedia, le quiere ingeniosamente obligar a que sintiesse lo contrario.»

Nadie que haya escrito un poema heroico, prosigue don Alonso, puede dejar de discrepar de esta opinión de Aristóteles. Hasta Tasso se le opone en este extremo, a pesar de demostrar tanta predilección por él en todos los demás. Más certera actitud mantiene en esta cuestión Francisco López de Zárate, a pesar del amor que le tenía a su propio poema heroico *La invención de la Cruz* [5].

En realidad, el Pinciano, como González de Salas después de él y Trissino con anterioridad a ambos, dejó la cuestión abierta en su poética. Ambos españoles opinan que se preferirá la obra que contenga la mejor doctrina [6]. No es, pues, en modo alguno un principio estético el que determina la superioridad.

Vale la pena quizá intercalar aquí una observación que puede tener su importancia: la poética del Pinciano trata de la tragedia y la comedia, o sea la poesía dramática, antes que de la epopeya, mientras que Cascales hace preceder a esta última. Rizo sigue el orden de la *Poética* aristotélica: tragedia, epopeya y hace seguir a la comedia en tercer lugar, puesto que ésta se sitúa, desde el punto de vista de estilo, en posición inferior a la del poema heroico [7]. En el siglo XVII, el concepto de poesía heroica solía abarcar la tragedia y la épica, concediéndoles igual valor y pronto

---

[3] Pinciano *El Pelayo, op. cit.*

[4] *Tablas poéticas,* «Della Poesia en Specie — Tabla Primera».

[5] *Op. cit.,* Introducción.

[6] Pinciano, *op. cit.,* vol. III, págs. 205-6. González de Salas, *op. cit.,* pág. 197: «Unos pues tienen respecto a la Epopeia, otros le tienen tambien a la Tragedia, o, hablando con maior propiedad, a la mejor doctrina de la poesía en commun.»

[7] Juan Pablo Mártir Rizo, *op. cit.,* fol. 6: «Daremos principio en esta primera parte con la Tragedia por ser (como dice Aristoteles) Poema superior a los demás, en la segunda pasaremos a la Epopeia por tener este lugar i ser entrambas a dos imitación de la action de personas illustres y finalmente en la tercera parte descenderemos a tratar de la Comedia como Poesía inferior a las dos por ser imitacion de acción de personas particulares.»

vino a considerarse lo dramático en general como equivalente en valor a la narración épica, contribuyendo a ello la gran popularidad del género, ayudada por la influencia de la teoría aristotélica.

2. VENTAJAS PEDAGÓGICAS DE LA POESÍA DRAMÁTICA.

Los versos 180-182 de la poética de Horacio señalaban el mayor efecto producido por lo representado, que se desenvuelve ante los ojos mismos del espectador: «Segnius irritant animos demissa per aurem quam quae sunt oculis subjecta fidelibus, et quae ipse sibi tradit spectator.»

Para Platón y para Santo Tomás de Aquino, para la filosofía griega y la teología medieval, la representación es entretenimiento para la gente baja. La *sophrosyné,* la armonía de los elementos, es perturbada por los movimientos del ánimo suscitados por la representación. Sólo la calma y la contemplación dan acceso a lo divino; en ellas estriba la perfección, tanto en la filosofía griega como para Santo Tomás de Aquino. Platón proscribió todas las artes amigas del movimiento. Aristóteles, en su *Poética,* procede a su rehabilitación. Por la preferencia que da a la tragedia por encima de la epopeya, el capítulo 26 representa para el siglo XVI una revolución de la concepción misma del arte dramático en general, de sus funciones estéticas y ético-culturales.

El movimiento de los afectos, criticado como defecto por la antigüedad y por la Edad Media, podía ser provechoso desde el punto de vista pedagógico, convirtiéndose así en ventaja.

Siguiendo a Quintiliano, Nebrija pone de relieve que la recitación de los actores llega a oídos hasta del pueblo más bajo, el que no va nunca a las bibliotecas, pero sí al teatro [8]. Vives, en su *De arte dicendi liber III,* discute el teatro desde el punto de vista pedagógico [9]. Tanto en él como en Nebrija se perfila ya una actitud que había de dominar todo el siglo XVI, desempeñando un papel decisivo en la evolución de la

---

[8] *Artis rhetoricae compendiosa coaptatio ex Aristotele, Cicerone et Quintiliano. Antonio Nebrissen concinnatore,* 1515 (Bibl. Nac. Madrid, R/1775).
De Pronuntiatione, Giiii:
Documento sunt vel scaenici actores: qui et optimis poetarum tantum adiiciunt gratiae: ut nos infinite magis eadem illa audita: quam lecta delectent: et vilissimis etiam quibusdam impetrent aures: ut quibus nullus est in bibliothecis locus: sit etiam frequens in theatris quod si in rebus quas fictas esse scimus et inanes; solicitudinem afferat: quanto plus valeat necesse est: uti et credimus.
Véase Quintiliano, *De institutione oratoria,* lib. XI, cap. III, para. 4.
[9] Ed. 1555, pág. 146: «At vero quoniam theatrum ex promiscua constat turba, viris, mulieribus, virginibus, pueris, puellis, animis rudibus, teneris, et ad corrumpendum obnoxiis, quantum scelus est venenum inter illos spargere? Ea propter scenicae fabulae proponant sibi tanquam album, commendationem virtutis, insectationem vitiorum etc.»

nueva comedia española y asegurando en definitiva el predominio del término «comedia» en España. La posibilidad de convertir el teatro en institución moralizante había sido aprovechada en particular por los jesuitas. Así como durante todo el Medioevo las estatuas y los bajorrelieves de las catedrales habían servido para ilustrar a la gran masa del pueblo inculto con respecto a las verdades de la fe, el teatro podía utilizarse ahora en pro de la Contrarreforma. La forma y la estructura de la comedia clásica no son más que un recipiente, un vaso que se llena ahora con mejor doctrina. Además, la comparación entre las artes plásticas y la poesía era corriente desde Horacio, Aristóteles y Plutarco y vino a desempeñar un papel no despreciable en la defensa de la comedia española durante el siglo XVII. Esta situación explica asimismo la frecuente comparación que siguió haciéndose aún más adelante entre el drama y el sermón. Este, por su parte, tomaba del teatro lo útil y aprovechable para sus propios fines, o sea la manera de lograr el mayor efecto posible mediante la aplicación de técnicas de presentación, de dicción e incluso del gesto. Ya Nebrija había recomendado a los oradores en general que tomasen las representaciones teatrales como ejemplos de *pronuntiatio* eficaz [10].

Todo esto hay que tenerlo en cuenta para la interpretación correcta de muchos de los dramas del Siglo de Oro de la literatura española —y no sólo de los autos sacramentales o de las comedias a lo divino, que tenían de todos modos como modelo la Biblia o las leyendas de santos—, así como para comprender la evolución de la comedia española en general, que se caracteriza por haber deliberadamente aprovechado las posibilidades del medio dramático como elemento de formación religiosa, ética e incluso, con Lope de Vega, netamente artística, del gran público, en vez de circunscribirse a un teatro clásico para minorías. Ello significa que en España la realización poética de la nueva ordenación estética enunciada por la teoría abarcó efectivamente amplios sectores del público.

Cuando Salas escribe que el drama es un «Arte primera» [11], refleja con ello no sólo la influencia de la «comedia nueva», sino también el hecho de que estaba familiarizado con la teoría de Aristóteles. La «comedia nueva» contribuyó en España a la aceptación del nuevo orden de los géneros dramáticos, que encontraba justificación teórica en la *Poética* de Aristóteles.

Dicha *Poética* (XXVI, 1462a 12-1462b 15) ofrecía asimismo excelentes argumentos para poner de relieve el aspecto pedagógico del teatro. Si se concibe la *Poética* de Aristóteles, como lo hace A. Gudemann, como «protesta silenciosa» contra Platón, se justifica perfectamente tal interpre-

---

10 Véase nota 8 del presente capítulo.
11 *Op. cit.*, Introducción, p. 8.

tación [12]. Desde este punto de vista, pues, la argumentación de Rizo en la introducción de su poética no es ni mucho menos tan absurda como pueda parecerlo a primera vista: como «filósofo moral y civil», Aristóteles ha tratado solamente de los géneros que son de utilidad para el Estado, o sea la tragedia, la epopeya y la comedia. Las formas menores, como la égloga, la elegía y la sátira, son consideradas, siguiendo una tradición que encontramos aún en Boileau, como *progymnasmata* de la poesía [13].

3. LA COMEDIA COMO GÉNERO ESENCIALMENTE PEDAGÓGICO, PERO TAMBIÉN POÉTICO.

Lo que atraía a la gran mayoría del público era, desde luego, la comedia, por lo que había que recurrir, para defender este género «inferior» de poesía, a otros argumentos que diesen aún mayor relieve al elemento de *prodesse*. Tales argumentos se encontraban también en la antigüedad.

Escalígero concede gran importancia a la comedia, junto con la poesía satírica y didáctica, precisamente porque estos géneros se adaptan particularmente a la función de *prodesse,* o sea a la enseñanza provechosa. Pero también desde el punto de vista estrictamente poético ocupa para Escalígero la comedia un lugar muy elevado (contrastando paradójicamente con lo que nos dice sobre la épica): el primero y más importante [14]. ¿Por qué? Porque la materia cómica, de acuerdo con los antiguos preceptos, es enteramente inventada, y la libre invención es la más bella y más elevada característica del quehacer poético, la que lo distingue esencialmente de toda otra actividad. Esta teoría es posible que tenga su fuente en los *Prenotamenta* de José Badio, en los que se lee:: «Unde... ad primum artificum pertinet, scient quod sicut deus omnia ex nihilo creavit: ita poetae maximè comici ex argumento hoc est materia rei non gestae: sed quae geri potuit opus suum tam subtiliter construunt: ut quicumque ipsum legerit rem gestam et non fictam continere putet» [15].

---

[12] *Op. cit.,* p. 27.
[13] Mártir Rizo, *op. cit.,* fols. 1 ss.:
Para esto es necessario saver, que el como Philosopho moral y civil con summo acuerdo no atendió a reducir todas las composiciones hechas en verso como partes del arte poetica que no reconocen sus reglas y los principios de la Philosophía moral y civil de los legisladores de las Republicas para benefficio comun, y que por esto no podían incluirse debaxo del nombre de arte... pero las Epigrammas, Elegias, Odas y otras semejantes composiciones que no pueden aiudar comunmente a lo publico... las pequeñas poesías, antes son ciertas disposiciones para adquirir el habito del Poema heroico, Tragico y comico que verdaderamente provenientes de habito poetico.
[14] Véase Escalígero, *Poetices libri septem.*
[15] *Op. cit.,* I. 1.

Esto explica también por qué el género dramático representa para Carvallo el género poético por excelencia. Precisamente en los capítulos dedicados a la comedia y a la tragedia, Carvallo alega con frecuencia la autoridad de Badio. No es, pues, que rompa por iniciativa propia con la jerarquía de los géneros establecida en el siglo XVI [16]. Su clasificación de la poesía se basa en el sistema de Diomedes, partiendo de la *narratio* y abarcando con ello toda la materia literaria. En ningún género tenían tan preponderante papel la *inventio* y la *imaginatio* como en el drama, lo que significa que la actividad del poeta presentaba en este género un aspecto de creación particularmente acusado. No importa que se incluya también la tragedia. Según antiguas fuentes (Donato-Evancio, así como Prisciano e Isidoro de Sevilla) [17], la tragedia también es una «fábula» en el sentido de que es una ficción. La evolución de la teoría y de la práctica en Italia, así como el Pinciano mismo, habían enseñado que la definición que exige que la tragedia narre *res gesta* no era una regla incontrovertible. Por otra parte, había la autoridad de Aristóteles [18].

4. LA TRAGEDIA Y LA COMEDIA.

En lo que se refiere a la práctica, había diversidad de opiniones en España. Cristóbal de Mesa, en particular, lamenta en sus *Rimas* el fácil éxito de la comedia, mientras queda abandonado el género heroico noble, sobre todo la épica: «Reynan comedias, reynan tonadillas y todo lo demás está en silencio» [19].

---

[16]   Menéndez y Pelayo, *op. cit.,* II, pág. 221; Vilanova, *op. cit.,* pág. 618.
[17]   *Thesaurus graec. antiq.* Gronoviae 1735 (Bibl. Nac. Madrid, 1/21374). *Evanthii et Donati / De / Tragoedia et Comoedia / Commentatiunculae ... De Fabulorum, Ludorum, Theatrorum, scenarum ac scenicorum antiqua consuetudine libellus etc.* «Fabulae generale nomen est Tragoediam, Satiram, et Comoediam in se complectens. Estque Fabula, narratio quaedam conficta, et demissiore plerumque stylo ac versibus conscripta, ad oblectationem auditorum.» Véase también Luis Vives: «scenicae fabulae». Nota 9 del presente capítulo.
[18]   Aristóteles, *Poética,* cap. IX, 1451 b, 15-26.
[19]   *Rimas de Cristoval/ de Mesa / A Don Alonso de / Çuniga y Sotomayor, Duque de / Bejar,* etc. ... / *En Madrid, por Alonso Martín / Año 1611* (Bibl. Nac. Madrid, R/1598), fol. 145.
A Juan de Velasco, Condestable de Castilla:

> Solo tienen valor Plauto y Terencio,
> Reynan comedias, reynan tonadillas,
> y todo lo demás está en silencio.
> Aunque hagan heroycas maravillas,
> No estimaran a Homero, ni a Virgilio.
> Porque no cantan coplas redondillas.

Cf. *La Restauración / de España / De Christóbal de Messa. / Al Rey don Felipe / Tercero nuestro Señor / Año 1607. / En Madrid Con privilegio.* 1604 (Biblioteca Nac. Madrid, R/4684).

También Lope de Vega, por otra parte, quiere asegurar a la tragedia un lugar importante entre los géneros dramáticos. Reconoce la superioridad del estilo trágico por encima del cómico tal y como se define en las teorías. Así escribe, pues, en la dedicatoria de *Las almenas de Toro* a Guillén de Castro [20]: «La Comedia imita las humildes acciones de los hombres, como siente Aristoteles, y Robortelio Utinense comentandole: At vero Tragedia praestantiores imitatur, de donde se sigue clara la grandeza y superioridad de estilo.» También en lo que se refiere a la debatida cuestión de la prioridad histórica se puede conceder el primer lugar a la tragedia [21]. No toda pluma se atreve a la tragedia, mientras que la comedia se considera a menudo más fácil y abierta a todo y a todos porque su «argumento» es una «fábula» escrita en estilo vulgar. Es precisamente por esta razón que consigue el aplauso del «barbaro vulgo», aunque sin merecer el del arte.

Es en este sentido que hay que interpretar la despectiva observación de Lope sobre la comedia: «y al humilde estilo de la comedia se da licencia (donde el barbaro la tiene para mayor aplauso) a qualquiera de los que juntan consonantes en quentos imposibles». De tales comedias, de «quentos imposibles», poco quiere saber Lope —al igual que otros famosos autores de comedias de su tiempo, como, por ejemplo, Pérez de Montalbán, si hemos de creer lo que dice Pellicer en su *Idea de la comedia de Castilla* [22]. Lo que se censura en ambos textos es la comedia que falta contra las reglas del arte, no por no ser una *comoedia* en el sentido clásico, sino por falta de verosimilitud, con la consiguiente violación del *decorum* esencial. Las «reglas» siguen, pues, teniendo vigencia, pero

A los lectores: «apruevan bien el estilo Lirico, y Comico, casi ninguno se atreve a emprender la magestad de la Epopeya.»
Cristóbal de Mesa, *El Patrón de España,* 1612 (Bibl. Nac. Madrid, R/5455), página 95: «De los tres estilos, tiene el divino Platon por mas perfecto el de la Epopeya de una accion de uno, y Aristoteles el de la Tragedia ... bien me bastara a mi aver en España començado a poner en forma el Poema Epico conforme a los preceptos del Arte, sin aver de escrivir Rimas. Pero como si ya la Poesia fuera oficio mecanico, segun la hazen los que venden tantas comedias...»

[20] Lope de Vega, *Comedias,* parte XIV (Madrid, 1620), fol. 218 v. ss; *Las Almenas de Toro, Comedia Famosa de Lope ... Dirigida a Don Guillén de Castro, Cavallero Valenciano* (Acad. VIII, 79).

[21] Véase Robortelli (Robertello), *Explicatio eorum omnium quae ad comoediae artificium pertinent.* Lope de Vega conocía la *Explicatio* según se desprende tanto de la dedicatoria de esta comedia, como también del *Arte nuevo de hazer comedias* (véanse los comentarios al *Arte nuevo* de Morel Fatio, *Bulletin Hispanique,* 3 [1901], páginas 265-405).

[22] José Pellicer, *op. cit.,* pág. 150: «Supo que los Actos donde se introduzen apariencias, y tramoyas, son Fabulas, y no comedias. Porque naturalmente no pueden volar cuerpos humanos, ni montes, ni peñas, que es sacar de su centro los compuestos, y tenerlos violentos en elemento ageno...»
Este tema recurre constantemente en la literatura, en particular a fines del siglo XVI y en la segunda mitad del XVII. Se podrían citar también otros pasajes de Lope. En este aspecto están de acuerdo los representantes del llamado «teatro nacional» con sus adversarios, como, por ejemplo, Suárez de Figueroa (*Pasagero*).

5

con la necesaria adaptación, en la comedia española, del género dramático
a las necesidades y circunstancias de la época.

5. ACEPTACIÓN DEL GÉNERO DRAMÁTICO Y DE LA COMEDIA ESPAÑOLA
   COMO IGUALES EN VALOR A LOS DEMÁS GÉNEROS.

Los preceptistas posteriores al Pinciano, que habían vivido el florecimiento de la poesía dramática, consideraban la comedia, con las palabras
de Cascales en sus *Tablas poéticas:* «lo mas praticable que tenemos de
la Poesía, y adonde más exercitados están los poetas españoles» [23]. Más
adelante, Cascales escribió una carta entusiasta al Apolo de España, Lope
de Vega, «en defensa de las Comedias y representación de ellas» [24]. En
este género no había nación que superase a la española en inventiva e ingenio. Carvallo declara que la comedia española está compuesta con «divina traza» [25]. González de Salas considera la poesía dramática como arte
primera y, en particular, la comedia española, como una de las especies
dramáticas que se sitúan «en alto punto y perfección suma» [26]. Conseguido
el perfeccionamiento artístico de la comedia —tarea que Lope hizo muy
suya—, cuidando especialmente, por razones evidentes, sus aspectos retóricos, se la elevaba deliberadamente al mismo nivel que la epopeya. Y decir comedia equivale a decir en este caso *genus dramaticum,* puesto que
éste era el sentido del término «comedia» aun antes de Lope de Vega.

[23] *Tablas poéticas,* «Tabla Quarta de la Comedia», p. 350.
[24] *Cartas philológicas.*
[25] *Cisne,* cap. III, § 4, fol. 124 v.: «Y seria nunca acabar el querer dezir
los subtiles artificios y admirables traças de las comedias que en nuestra lengua
usan, especialmente las *que en nuestro tiempo hazen con tan divina traça,* enrique-
ciendolas de todos los generos de flores que en la poesia se pueden imaginar.»
[26] Salas, *op. cit.*

CAPÍTULO VI

LA DEFINICION DE LA TRAGEDIA Y LA COMEDIA

1. POLÉMICA CONTRA LA DEFINICIÓN MEDIEVAL.

Francisco Fernández de Córdoba, autor del *Examen del antídoto*, la conocida apología de la poesía de Góngora[1], incluyó en 1615, en su *Didascalia multiplex,* un capítulo intitulado «Comoediae ac Tragoediae differentiam aliam esse ab ea quae vulgo creditur»[2]. El capítulo se cierra con una apología de la comedia española que parece anunciar las demostraciones casi-filológicas que encontramos en textos compuestos poco más tarde[3].

Los esfuerzos de este autor demuestran lo decisiva que podía ser la influencia del descubrimiento de Aristóteles para la refundición de las teorías tradicionales. No se trata aquí solamente de una justificación *a posteriori* de la falta de reglas, ingeniosamente confeccionada con elementos procedentes de la misma teoría cuyas críticas se trata de desvirtuar. La realidad es que la *Poética* de Aristóteles, combinada con el preciso examen del teatro griego y latino que caracteriza la actitud crítico-literaria de principios del siglo XVII, ofrece mucho más que una simple base sobre la que asentar un rígido canon de reglas clásicas. Fue dicha poética, en efecto, la primera en abrir los ojos del estudioso a la función de la técnica dramática, al significado de la acción dramática y a sus múltiples posibilidades.

En lo que se refiere a la definición de la tragedia y la comedia, ninguna doctrina ha hecho gala de tan prolongada vitalidad, desde fines de la Edad Antigua, durante todo el Medioevo y hasta los más modernos comentarios del Renacimiento, como la que enseñaba que la diferencia entre la comedia y la tragedia consistía, principal si no exclusivamente, en el hecho de que el desenlace de la comedia era siempre feliz, mientras

---

[1] Véase Juan Hurtado y J. de la Serna y Angel González-Palencia, *Historia de la literatura española* (Madrid, 1949), pág. 507, «Góngora y la crítica». Asimismo J. de Entrambasaguas, *Estudios,* I, págs. 325, 452.

[2] Véase *Apéndice: Textos,* pág. 175. La *Didascalia multiplex* contiene algunos capítulos más sobre la poética, como el 19: «Quis prius carmina fecerit; Janus Parrhasius et Julius Caesar Scaliger reprehensi», y el 20: «Quis sit Poeticae finis: aliquot autorum conciliata loca.»

[3] Véase *Apéndice: Textos,* págs. 177 y ss.

que el de la tragedia tenía que ser siempre calamitoso. Esta teoría se basaba en el Libro III de Diomedes, pero fue luego formulada como requisito absoluto por autores como Celio Rodigino (cuyos *Antiquarum Lectionum Libros* seguían consultándose en España[4]), y como Gregorio Giraldo, Francisco Nausea, Florido Labino, Alejandro Carerio e incluso Julio César Escalígero y, en ciertos momentos, también Jasón Denores.

Cuánta había sido la vigencia de esta definición durante la Edad Media y a principios del Renacimiento, aun antes de que el descubrimiento del comentario de Donato en 1433 llamase de nuevo la atención sobre las comedias de Terencio y fomentase el estudio filológico de las mismas, lo demuestran los datos siguientes: en 1286, Juan Januense de Balbis, además de otros elementos adicionales para la distinción entre la comedia y la tragedia (como las *dramatis personae* y el estilo —elementos tan íntimamente ligados que es casi ocioso citarlos por separado—), anota precisamente la diferencia en el desenlace de la comedia y la tragedia[5]. El Marqués de Santillana, por su parte, tomó la distinción, bien de la tantas veces citada carta de Dante a Can Grande della Scala[6], o bien de los comentarios a la Divina Comedia, cuando escribía a la Condesa de Módica: «Comedia es dicha aquella [manera], cuyos comienços son trabajosos, e después el medio e fin de sus días alegre, goçoso, e bien aventurado, e de ésta usó Terencio... e Dante en el su libro; donde primero diçe aver visto los dolores e penas infernales, e después el purgatorio, e alegre e bien aventuradamente después el parayso»[7].

Al igual que Dante, también Juan de Mena, en su *Copilación en metro*[8], especificó el desenlace y el estilo como las dos propiedades características que distinguían a la tragedia de la comedia. Desde luego, las expresiones «comedia» o «tragedia» podían aplicarse en aquella época a cualquier poema épico, o incluso lírico[9], siempre que el contenido correspondiese a las condiciones indicadas, y no estaban ligadas en modo alguno al concepto de género dramático en el sentido moderno de la palabra.

Francisco Fernández, por el contrario, opina que la definición distintiva de ambos géneros no puede derivarse de tales accidentes (*acciden-*

---

[4] Véase, por ejemplo, Jiménez Patón en la muy difundida *Elocuencia española en arte.*

[5] Spingarn, *op. cit.*, pág. 66.

[6] Allan H. Gilbert, *Literary Criticism. From Plato to Dryden* (Nueva York, 1940), págs. 203-4. La fuente de Dante también es Diomedes. Véase G. L. Keil, I, páginas 478-88.

[7] *Obras*, ed. J. A. de los Ríos (Madrid, 1852), pág. 94.

[8] Fol. 2 r.: «El tercero estilo es comedia, la qual tracta de cosas baxas y pequeñas y por baxo e humilde estilo comiença en tristes principios y fenesce en alegres fines, del qual usó Terencio.»

[9] Irene Behrens, *op. cit.*, págs. 49 y ss. También W. Cloëtta, *Beiträge zur Literaturgeschichte des Mittelalters und der Renaissance* (Halle, 1890), I, pág. 36, y E. J. Webber, «Plautine and Terentian Cantares in Fourteenth Century Spain», *Hispanic Review*, 18 (1950), págs. 93-107.

tibus), sino, como ya lo había hecho Minturno [10], de la esencia misma de la tragedia y la comedia. Puesto que la esencia de todo género poético reside en la *imitatio actionis,* la característica esencial que distingue la comedia de la tragedia es la naturaleza de la *acción* misma. El teatro griego y el latino proporcionan ejemplos que parecen confirmar esta nueva concepción basada en la *Poética* de Aristóteles. ¿No concluían las *Nubes* de Aristófanes con el incendio de la casa de Sócrates, con las lágrimas del maestro y de los discípulos, no terminaban la *Asinaria* y el *Miles gloriosus* de Plauto con dolor y aflicción de los protagonistas, sin dejar por ello de ser comedias? ¿No eran, por ejemplo, el *Filoctetes* de Sófocles y las dos *Ifigenias* de Eurípides tragedias, a pesar de no concluirse con terror, espanto y dolor? (véase *Apéndice: Textos* pág. 177: *Rursus neque tanquam...*)

Ya el Pinciano había insistido en que las definiciones tradicionales de la tragedia y la comedia estaban lejos de declarar con precisión la esencia de ambos géneros y que eran incluso en parte erróneas (III, 9). Llega hasta a formular la revolucionaria declaración: «para mí muy poco hazen las autoridades no fundadas en razón» (III, pág. 20). La actitud del Pinciano en lo que respecta a la teoría correspondía a la de sus contemporáneos y sucesores, entre los que se contaba Lope de Vega. Correspondía asimismo al espíritu de la época —también Montaigne manifiesta un cierto grado de independencia ante las autoridades, cuando éstas parecen estar en conflicto con la razón y con el sentido común (o con una experiencia personal bien fundamentada) [11].

Según Aristóteles, la tragedia debe despertar compasión y emoción violenta, pero deleitable, en el espectador (VI, 1499b, 24-28). Explica cómo obtener este resultado en los capítulos sobre la estructura de la fábula trágica, puesto que *finis* y *forma* son inseparables —como lo enseñó también más tarde la escolástica—. El efecto que se persigue es lo último, el fin, en la ejecución de la obra, pero lo primero en la intención del poeta [12]. Naturalmente, no es sólo en el Pinciano [13] y en la *Dorotea* de Lope de Vega [14] que volvemos a encontrar éstos y análogos conceptos.

---

10 Saintsbury, *op. cit.,* II, págs. 55 ss.

11 Montaigne, *Essais. Texte établi et annoté par Albert Thibaudet* (ed. de la Pléiade, París, 1950).
I. Cap. XXV, pág. 168, «Nous sçavons dire: ...».
«Nous prenons en garde ...», I. Cap. XXVI, págs. 182-3; II. Cap. XII. En este mismo sentido, Pascal, *Fragment d'un traité du vide,* sobre la razón y la autoridad en las ciencias: «Dans les matières où l'on recherche seulement de savoir...»

12 Santo Tomás de Aquino: *Summa,* I-2m, I 1, 1m: «Finis etsi sit postremus in executione, est tamen primus in intentione agentis, et sic habet rationem causae.»

13 Pinciano I, pág. 208: «Sepa yo, señores, si soys servidos, deste fin desta arte; el qual, aunque es postrero en la execución, es primero en la pretensión, porque lo primero que se pretende de todo es el fin.»

14 Lope de Vega, *Dorotea,* V. 8.
«César: Pero en los Físicos dijo Aristóteles que el fin es lo primero en la intención y lo último en la ejecución.»

La consecuencia de todo ello es que la teoría de la tragedia y la comedia del Siglo de Oro se concentra principalmente en la elaboración de la forma, o sea, de la «imitación de acción», que, a su vez, se supedita completamente al fin. Por consiguiente, lo esencial era determinar con exactitud el fin que perseguían la tragedia y la comedia respectivamente. Desde este punto de vista, las definiciones y distinciones tradicionales entre ambas eran, efectivamente, superfluas. Una técnica dramática que a ellas se atuviera tendría que construir la obra partiendo no del centro, sino de la periferia. Las estructuras poéticas de los géneros trágico y cómico corrían el peligro de fosilizarse en las múltiples delimitaciones acumuladas por la tradición.

Hasta qué punto la nueva teoría se basaba también, sin embargo, en la tradición, lo demuestran comentarios y tratados modernos y muy difundidos como los de Escalígero y —antes y después de él— Minturno y Castelvetro, en los cuales lo antiguo y lo nuevo se encuentran paralelos y, a veces, fusionados [15]. El siglo XVI no llega verdaderamente a una interpretación de la poética aristotélica que, manejada con coherencia, hubiese podido conducir a una liberación del drama, sino que agrega más bien a lo aristotélico los elementos procedentes de autores tradicionales. Con ello, mucho que era ajeno a Aristóteles se eleva a rango de regla aristotélica.

2. La teoría tradicional.

Antes de que la influencia de la *Poética* de Aristóteles condujese a la elaboración de la técnica y la estética de los géneros dramáticos en el siglo XVI, existía ya una teoría bien completa de la tragedia y la comedia [16], que encontramos principalmente en los comentarios de los famosos filólogos Calpurnio, Juvenal, José Badio Ascensio, Benito Filólogo y Víctor Fausto, comentarios que en la segunda mitad del siglo XV abarcaban no solamente las comedias de Terencio, sino también las tragedias de Séneca.

En dichos comentarios —así como en los que les siguieron por el mismo camino en el siglo XVI— confluyen las ideas sobre el teatro de Donato-Evancio, como fuente principal, de Teofrasto, Suetonio y Diomedes, así como de Quintiliano y Cicerón. Los humanistas españoles de

[15] J. W. Atkins, *English Literary Criticism: The Renascence* (London, 1947), página 218. M. T. Herrick: *Comic Theory in the Sixteenth Century* (The University of Illinois Press, Urbana, Illinois, 1950). Introducción. Herrick: *The Fusion of Horatian and Aristotelian Literary Criticism. 1531-1555* (University of Illinois Press Urbana, Illinois, 1946). Introducción.
[16] Herrick, *Comic Theory.*

fines del siglo xv estaban familiarizados con estas teorías [17]. Es hecho conocido que Nebrija preparó una edición de las comedias de Terencio.

La práctica dramática de aquella época no dejó de sentir los efectos de esta preceptiva. De no haber conocido la nueva teoría dramática, así como las obras de Virgilio, Encina no hubiera llamado «églogas» a sus piezas de Navidad ni a las obras teatrales profanas que las siguieron. La *Celestina* demuestra conocimiento de Terencio y del teatro humanístico que florecía por aquel tiempo en Italia, a pesar de no ser obra «dramática» más que en el sentido épico, medieval, de la palabra. Ofrece, sin embargo, más acción y tensión dramáticas que las obras explícitamente designadas como tragedias o comedias a fines del siglo xiv y principios del xv. Este tipo de obra, a caballo entre la Edad Media y la Moderna, se resucita deliberadamente, pero por última vez, en la *Dorotea,* de Lope de Vega.

Torres Naharro [18] compone sus obras ateniéndose implícitamente a esas teorías, que el Pinciano recapitula una vez más en toda su prolija extensión, para resumirlas acto seguido en una nueva fórmula lapidaria. Con Torres Naharro, la comedia española adquiere forma moderna.

El Pinciano resume en la forma siguiente lo que se encuentra en los comentarios de Evancio-Donato y de las otras autoridades de la Antigüedad:

1) «La tragedia ha de tener personas graves [o sea, de elevado rango], y la comedia, comunes [o sea, de origen humilde y características típicas más bien que individuales].»

2) «La tragedia tiene grandes temores llenos de peligro, y la comedia, no.»

3) «La tragedia tiene tristes y lamentables fines; la comedia, no.»

4) «En la tragedia, quietos principios y turbados fines; la comedia, al contrario.»

5) «En la tragedia se enseña la vida que se deve huyr, y en la comedia, la que se deve seguir.»

6) «La tragedia se funda en historia, y la comedia, es toda fabula, de manera que ni aun el nombre es lícito poner de persona alguna.»

7) «La tragedia quiere y demanda estilo alto, y la comedia, baxo» (III, p. 19-20).

---

[17] Webber, *op. cit., Hispanic Review,* 18 (1950), págs. 93-107.
J. de Vallata, *Poliodorus,* ed. José María Casas Homs (C. S. I. C., Madrid, 1953).
«Carolus y Marcelinus Verardus 'Fernandus Servatus' (1493-94)», *Revue Hispanique,* 32 (1914), págs. 428-57.
«Carolus Verardus 'Historia Baetica' (1493)», *Revue Hispanique,* 47 (1919), páginas 319-82, y otros más.
[18] *Propalladia,* ed. Gillet, *op. cit.*

3. La nueva teoría.

Esta multiplicidad de distinciones tradicionales entre la tragedia y la comedia la resumió el Pinciano en una sola: «la risa». La comedia se distingue suficientemente de la tragedia por la risa que causa la acción cómica.

Juan de la Cueva, que sigue también en este punto los preceptos de la *Philosophía antigua poética,* da, por consiguiente, en su *Exemplar poético* la siguiente definición:

> La Comedia es retrato del Gracioso
> y risueño Demócrito y figura
> La Tragedia de Eráclito lloroso [19].

El punto de partida para la nueva definición de la comedia se encuentra en el pasaje V. 1449a, 31-36 de la *Poética* de Aristóteles. Los preceptistas tendían, por lo general, a completar la definición siguiendo el modelo de la definición de la tragedia que se encuentra en VI. 1448b, 24-28. El Pinciano escribe, pues: «Comedia es imitación activa hecha para limpiar el animo de las passiones por medio de deleyte y risa» (III, p. 17).

La fuente directa, sin embargo, hay que buscarla probablemente en el *Tractatus Coislinianus,* cuya definición de la comedia es, según Gudeman, una «parodia grotesca de la definición de la tragedia» y un «paralelismo estereotipado y, en parte, ridículo» [20]. Para los autores del siglo XVI, sin embargo, tenía que ser particularmente atractiva, puesto que constituía una aportación a los esfuerzos que, basándose en la nuevamente descubierta *Poética* de Aristóteles, se estaban haciendo por construir una teoría de la comedia paralela a la de la tragedia según Aristóteles. El primer comentarista en publicar una teoría de la comedia de esta naturaleza fue Robortelli con su *Explicatio eorum omnium quae ad Comoediae artificium pertinent* (1548). Por vez primera, para la comedia se da importancia fundamental a la acción y a su desarrollo.

Lo más importante es la aplicación del concepto de catarsis a la comedia, que el *Tractatus Coislinianus* formula así: δι᾽ ἡδονῆς καὶ γέλωτος περαίνουσα τὴν τῶντοιούτων παθημάτων κάθαρσιν. La idea de purificación, o purgación, la extiende el Pinciano, aunque no siempre en sentido aristo-

---

[19] *Juan de la Cueva* (Clásicos Castellanos, núm. 60, 1953), p. 166.
[20] Gudeman, *op. cit.,* pág. 145. Lane Cooper, *An Aristotelian Theory of Comedy* (Oxford, 1924).

télico, a toda la poesía: «Es el fin este universal de la poetica» (II, 311).
En la quinta carta de la *Philosophía antigua poética* subraya Hugo:

> y assi toda buena fabula deue perturbar y alborotar al ánimo por
> dos maneras: por espanto y conmiseración, como las épicas y trá-
> gicas; por alegréa y risa como las cómicas y ditirámbicas. Y deue
> también quietar al ánimo, porque, después destas perturbaciones, el
> oyente ha de quedar enseñado en la doctrina de las cosas que
> quitan la una y la otra perturbación. (II, 54).

González de Salas, en la parte inicial de su poética, se limita a observar que la comedia purga al espectador de afectos distintos de los
que caracterizan a la tragedia[21]. Cascales, al definir la tragedia y la
comedia, sigue más literalmente que el Pinciano el pasaje VI, 1449b, 24-28
de Aristóteles. La comedia es: «Imitación dramática de una entera y
justa actión humilde, y suave que por medio del passatiempo y risa
limpia el alma de los vicios» *(Tablas,* p. 351). Según Rizo, el fin de la
comedia es «corregir» determinados errores y acciones por la risa y el
solaz. Queda por demostrar en qué sentido comprenden todos estos autores el concepto de catarsis.

A pesar de que no faltasen en la teoría retórica disquisiciones sobre
lo risible y, aunque las preceptivas poéticas de fines de la Antigüedad
y del Medioevo hubiesen establecido una relación entre lo risible o ridículo y la comedia, lo cómico y lo jocoso no podían llegar a convertirse en elementos centrales de la comedia antes de que la definición
de ésta se hubiese elaborado análogamente a la de la tragedia según
Aristóteles. Escalígero había subrayado que lo importante era no tanto
la técnica y el tipo de acción, sino el resultado, la risa[22], pero, sin aban-
donar por ello la distinción tradicional entre tragedia y comedia de acuerdo con la condición de las personas, la calidad de la acción y el desenlace de la misma[23]. La teoría se libera solamente de modo muy gradual
(aunque sensible) de la tradición gramática de la Antigüedad y del Medioevo. Precisamente en España, la teoría ofrece una y otra vez rasgos
modernos y progresivos[24].

---

[21] González de Salas, *op. cit.,* cap. I: «Breve noticia Etymológica de la Tragedia, su comparación con la Epopeia, su Definición, i su División:
Es una imitación severa, que imita i representa alguna acción cabal, y de quantidad perfecta; cuia locución sea agradable, i deleitosa, i diversa en los lugares
diversos, no empero empleandose en la simple narración, que alguno haga; sino que
introduciendose differentes personas, de modo sea imitado la Accion, que mueva a
Lastima, y a Miedo, para que el animo se purgue de los affectos semejantes.»

[22] Herrick, *Comic Theory,* pág. 86.

[23] J. C. Escalígero, *Poetices libri septem,* lib. I, cap. VI (Bibl. Nac. Madrid,
2/20521): «Tragoedia, sicut et comoedia in exemplis humanae vitae conformata, tribus
ab illa differt: personarum conditione, fortunarum negotiorumque qualitate, exitu
quare stylo quoque differat necesse est.»

[24] Pero no sólo, como lo quiere Spingarn, en sentido romántico.

4. Las personas de la comedia y la tragedia.

En lo que se refiere al primer punto de la definición tradicional, o sea, que las personas de la comedia deben ser de condición baja y vulgar, el Pinciano hace observar que ello se desprende claramente de la breve definición que da de la comedia. Las personas serias ríen poco, «que el reyrse mucho es de comunes» [25]. Todo lo relacionado con la risa, con lo cómico y lo ridículo de la comedia —tanto los personajes dramáticos como los espectadores—, no puede ser más que de condición baja o media. Según Quintiliano, el *vir bonus* se distingue por dominar la risa, conservando su dignidad [26]. Tanto la Antigüedad como la Iglesia habían recomendado moderación en el reír [27]. También en el siglo XVI, la concepción del perfecto cortesano señala estrictos límites de urbanidad a la broma y a la risa [28].

La atribución de lo risible a la *gens anonyma* y de lo grave a personajes elevados como reyes, grandes señores, héroes y aun dioses, es efecto de la tradición recibida de la Antigüedad, y parece ser confirmada por Aristóteles [29].

Pero lo que la Antigüedad, lo que tanto Aristóteles como Platón habían distinguido, era lo «grave» de lo «ligero», el género elevado del cómico, sin que ello entrañase una división intencional en distintas clases sociales.

No cabe duda, sin embargo, de que los géneros más ligeros son también siempre los más populares. No es de extrañar, pues, que haya habido siempre tendencia a identificar lo ligero con lo popular en el sentido de categoría social, y a vincular estrechamente la comedia y su acción a este nivel. La nueva teoría del siglo XVI eleva esta tendencia a regla consagrada. Las fuentes inmediatas se encuentran en las definiciones de Diomedes y Donato-Evancio. También San Isidoro de Sevilla escribe en las *Etimologías* (VIII, 7, 6) que la tragedia trata de la historia de los reyes, de sus buenas y malas acciones, mientras que la comedia

---

[25] Pinciano, III, pág. 20.

[26] Quintiliano, VI, 3, págs. 28 y 35. Véase E. R. Curtius, *Europ. Lit. u. Lat. Mittelalter,* «Scherz und Ernst in mittelalterlicher Literatur.»

[27] Véase Platón, y Aristóteles en la *Etica a Nicómaco.* Ambos autores exigen moderación en la risa y en lo risible. La Iglesia mantiene una actitud análoga: Migne, *Patrologiae cursus completus,* Series Latina, 171, 1060 C:

Admittenda tibi ioca sunt post seria quadam
Sed tamen et dignis ipsa gerenda modis.

Véase E. R. Curtius, *Europ. Lit. u. Lat. Mittelalter:* «Die Kirche und das Lachen».

[28] Sobre el *Cortegiano,* de Castiglione, véase Erich Loos, *Analecta Romanica,* fascículo 2, págs. 198 ss.

[29] Aristóteles, *Poética,* II, 48 a, 17-18.

expone los actos de personas corrientes, enredos amorosos y, a veces, situaciones o acontecimientos moralmente reprensibles.

Esta clasificación tomaba evidentemente como modelos la tragedia greco-latina, la comedia de Terencio y las formas más bajas del drama latino.

También el Pinciano tradujo el χείρους (peores) aristotélico (véase Aristóteles, *Poética*, cap. II), siguiendo el modelo de los italianos, por *humiliores* y βελτίους (mejores) por *praestantiores* (véase Pinciano, II, 326-9), tal y como ya lo había hecho —por ejemplo— Alessandro Paccio al traducir la *Poética* de Aristóteles en 1536.

Según los preceptistas, las desgracias de una persona corriente eran menos capaces de despertar terror y espanto en el ánimo del espectador que la caída de un rey de la cumbre de su poder y su gloria. La caída del rey era algo más profundo y lastimoso y, por consiguiente, más impresionante.

También los personajes de la comedia eran conformes a los principios de los textos teóricos de la tradición medieval y al modelo que ofrecía la comedia latina. ¿Qué clase de hombre nos presenta el autor de la comedia? «El hombre vano, hablador, lisongero, glotón y a los demás vicios según lo eran, y aún algo más feamente», dice el Pinciano (III, 15), ya que la comedia presenta, según Aristóteles, los personajes en amplificación dramática. El mismo pasaje de la *Poética* aristotélica que acabamos de mencionar (cap. II), pasa ahora a aplicarse, de acuerdo con la evolución histórica, de la sátira dramática a la nueva comedia «impersonal» (véase Aristóteles, *Poética*, IX, 51, b, 11 ss.), como lo ilustraba en términos generales el comentario a Terencio. No se trataba ya de criticar, citándolas por su propio nombre, a personas que existían verdaderamente. «Peores» significaba ahora la representación dramática de tipos de lo vicioso. Al caricaturizar se borra el aspecto histórico de los personajes y se quita a la comedia el carácter ofensivo de la sátira.

No obstante, Lope de Vega mismo subraya —de acuerdo con las tradiciones teóricas y dramáticas de la Antigüedad— que toda comedia contiene elementos satíricos:

> pués ya en Italia, a esta mezcla de estilos se añadió otro, si bien en la comedia estuvo siempre incluso, pues en su lengua anda una impressa con este título:
>
> Tragisaty [!] ricomedia [30]
>
> que fuera, como se ve notable, a no estar la satira desde el tiempo de griegos, y Romanos en la Comedia (*Almenas de Toro*, en *Comedias*, Parte XV).

[30] Hay aún vacilación entre la ortografía con *i* y con *y*. Pero en el siglo XVI era también frecuente la confusión entre los géneros *sátira* y *satyros*.

La calidad de los personajes era determinante para el carácter de
la tragedia y de la comedia, puesto que de ella dependían necesariamente tanto la acción como el estilo de la obra. Si las personas de la
tragedia eran de calidad noble y rango real, mientras que las de la comedia eran gente plebeya, personas corrientes, la acción y el estilo no
podían, según la teoría, dejar de reflejar este hecho en cada caso. Es
decir, que aquélla debería representar acciones elevadas y ésta sucesos
cotidianos. El estilo sería —según Servio— *gravis* en el primer caso y
humilis en el segundo.

Según Donato-Evancio [31], la comedia debía evitar no sólo las alturas
de la tragedia, sino también lo bajo de la farsa. Los personajes de la
fábula serían preferentemente de la clase media y no de la más baja,
la plebe (véanse, por el contrario, Trissino y Castelvetro).

Minturno, en particular, se oponía a toda exageración en el uso de
personas de las clases más bajas. Los personajes de la comedia no debían
ser solamente criados, parásitos y bufones, sino más bien personas respetables y comedidas de la clase media; prueba de ello eran las come-
días de Terencio (véase Minturno, *De Poeta*, 24, 50, 280-1).

Por otra parte, la doctrina de que la comedia se caracterizaba por
la «risa» planteaba un cierto dilema: era improcedente —aun para Cascales— que las acciones de grandes hombres y personajes nobles pudie-
sen o debiesen despertar la risa. De convertirse en sujeto de burla, tales
personajes tendrían inevitablemente que sentirse afrentados, para que no
sufriese menoscabo la verosimilitud de sus acciones en la fábula dramática. Pero la afrenta exigiría satisfacción, lo cual confundiría el desenvolvimiento de la acción, conduciendo a un desenlace trágico (*Tablas*, página 356). Por otra parte, burlarse de un ciudadano honrado y respe-
table iba en contra de la moral (véase especialmente Rizo). Quedaban,
pues, como personas más idóneas para la comedia, la «gente baxa»:
«Que a lo sumo sean soldados, mercaderes; y antes de aquí abaxo que
de aquí arriba: officiales, truhanes, moços, esclavos, rameras, alcahuetas»
(*Tablas*, p. 354).

También el Pinciano, que niega en el segundo punto de sus argu-
mentaciones contra la teoría tradicional que sólo la tragedia pueda comprender mucho terror, sufrimiento e incluso muerte en el curso de su
acción, tiende en su definición de la comedia «ideal» a aproximarse notablemente a la farsa o —en términos de un género español— al entremés.

Ello se explica por la interpretación del ya citado ἡδονῆς καὶ γέλωτος
περαίνουσα en el sentido que sugerimos de una concepción de lo *ridiculum*
determinada por elementos sociales.

---

[31] *Thesaurus graec. antiq...* 1735. *Op. cit.*

«Pasatiempo» y «risa» tiene (y volveremos aún sobre ello más adelante en un capítulo reservado a lo cómico) la connotación de «burla», «donaire», «entretenimiento» en sentido netamente boccaccesco. Por consiguiente, pueden ser objeto de una acción «cómica» tanto las lágrimas de un amante bobo por la ausencia de su dama, como los engaños de pícaros y alcahuetas o el comportamiento de criados maliciosos. O amantes desdeñados, muertos de frío por las heladas calles de enero, suspirando ante la reja de la dama que duerme bien arropada en su blando lecho. Más aún: según el Pinciano, nada puede causar más regocijo que la muerte de personas que no son más que estorbos en el mundo, como, por ejemplo, una vieja regañona, un avaro decrépito y alcahuete (Pinciano, III, 23-4). A este respecto, es interesante notar que Ricardo del Turia, en su apología de las comedias de Lope de Vega, reserva lo «meramente cómico» al entremés [32], con lo cual se aproxima a una definición igualmente clásica de la comedia, a la que vamos a dedicar nuestra atención más adelante.

Basándose, por una parte, en su propia interpretación del pasaje V, 49a, 31-6 de Aristóteles y, por la otra, en materiales conservados de la Antigüedad, por ejemplo las comedias de Terencio, y tomando también en consideración ciertas teorías en que se enumeran los distintos géneros de comedias, tales como la *Palliata*, *Togata* o *Praetextata*, *Trabeata*, *Atellana*, *Tabernaria*, etc. (véase Donato, *De Comoedia*) —las personas de las comedias *togata* y *trabeata*, por ejemplo, eran patricios y ciudadanos perfectamente respetables—, Cascales se ve obligado a admitir, sin excesivo entusiasmo: «¿Sabeis con que passaría yo, y lo llevaría no mal? Con que la principal action sea de gente humilde, aunque los Episodios fuessen de Cavalleros illustres» (*Tablas*, p. 557).

Los dramas en que se mezclan ambas capas sociales los llama «comedias dobles» para no utilizar el desagradable término de tragicomedia. Así, pues, el *Anfitrión*, de Plauto, es una comedia doble: «aquella que lleva algunos príncipes y personas ilustres juntamente con los humildes, pero ha de tener sujeto cómico».

Se enfrentan dos concepciones distintas de la comedia. La más antigua se fundamenta en los comentarios a Terencio: la comedia se caracteriza principalmente por el desenlace risueño de la obra. Esta concepción permitía manejar una gama más amplia de personajes proceden-

---

[32] Ricardo del Turia, «Apologético de las Comedias Españolas», en *Norte de la Poesía Española* (Bibl. Nac. Madrid, R/12280), Valencia (1616).

«Y assi mismo en aquel breve termino de dos horas querrian ver sucesos comicos, tragicos, y tragicomicos (dexando lo que es meramente cómico para argumento de los entremeses que se usan agora).»

Impreso en: I. Schack, Apéndices, págs. 52-6.

2. Mesonero Romanos, *Dramáticos contemporáneos de Lope de Vega*, tomo I, BAE, XLIII, XLV.

3. Morel-Fatio, *Bulletin Hispanique*, 4 (1897).

tes de distintas clases sociales. Ante ella se eleva una nueva concepción
cuya capacidad fundamental para renovar la comedia queda muy menos-
cabada por una interpretación de la risa, lo cómico y lo ridículo estrechamente vinculada a un cierto clima moral e intelectual de la época,
que tiende más bien a restringir que a liberar la comedia. Entre ambos
extremos encontramos innumerables matices en la concepción de la tragedia y de la comedia, que no dejan de tener importancia para la com-
prensión de la práctica dramática.

5. MATERIA DE LA ACCIÓN EN LA TRAGEDIA Y EN LA COMEDIA.

Ante la nueva teoría de la comedia, que hacía de lo risible el eje
mismo de su definición, el Pinciano rechazaba la frase de Diomedes:
«Comedia est privatae civilisque fortunae sine periculo vitae comprehen-
sio». Como ya se ha indicado más arriba, mantenía que la comedia podía
—sin menoscabo de la pureza de su estilo— contener elementos de terror, lágrimas y muerte que, sin embargo, no despertaban en el espectador dolor ni compasión, sino por lo menos satisfacción, cuando no regocijo. Trissino (Poética, 2, 30v, págs. 563 ss.), por el contrario, había de-
fendido la opinión de que la comedia podía representar tumultos y
conmociones, pero no heridas ni muertes, y que debía concluir siempre
en paz y contento, con matrimonios y reconciliaciones.

¿No demostraba, sin embargo, lo contrario más de una comedia de
la Antigüedad?

Al examinar el comentario a Terencio de Donato, se observa que no
era, en realidad, siempre fácil trazar la línea divisoria entre los elementos trágicos y los cómicos en la comedia, y que ello exigía del crítico
un instinto muy seguro de lo trágico y lo cómico. Horacio había ya con-
cebido en su ars poetica (vv. 93-6), que la comedia podía, en ciertas
circunstancias, elevar la voz con pasión, al estilo de la tragedia, pero sin
permanecer demasiado tiempo a ese elevado nivel. Lo trágico se toma
aquí en su verdadero sentido, que difiere del que le da el Pinciano en
su Epístola IX. En lo que se refiere a la comedia, aun lo trágico se
presenta, para el Pinciano, con aspecto «cómico». Donato había dado
aún otro sentido al término «cómico»: el estilo trágico del lenguaje
—dice— se atenúa en sentido cómico cuando es el amor la causa del
sufrimiento. El amor era materia reservada a la comedia, y no tenía cabida en la esfera de lo patético como el terror, el espanto, el aborre-
cimiento, el odio y la compasión, que eran las emociones provocadas
por los temas trágicos fundamentales del dolor, el sufrimiento y la muerte, especialmente muerte violenta. Según Rizo, la materia esencialmente
cómica es «materia agradable, ridiculosa, amorosa», en la que la substancia
de la acción consiste en «amores, engaños de amantes y criados».

Si aún la comedia podía, al igual que la tragedia, contener delitos, conspiraciones, peligros y sucesos imprevistos de carácter adverso, no es de extrañar que el Pinciano, al igual que Lazare de Baïf (1537) [33], llegue a la conclusión de que la tragedia ha de ser tal «que fabula y episodios han de ser llenos de calamidades y desventuras» (Pinciano, II, cap. 8). Definición del género que coincide a la perfección con las características de las tragedias de Séneca.

También los «amores» vinieron, sin embargo, de manera indirecta a agregarse a la materia de la tragedia. El Pinciano defiende la idea (procedente de la *Poética* aristotélica) de que una epopeya contiene materia para toda una serie de tragedias. Así como en los comentarios se toman las epopeyas homéricas como modelos para la tragedia y la comedia, en el Pinciano se considera la novela de Heliodoro como modelo para la poesía dramática. Los dos géneros, drama y epopeya, se distinguen solamente por el hecho de que el autor toma directamente parte en uno de ellos, mientras que en el otro se disimula detrás de sus personajes. Además, guerras y batallas son más aptas para narradas en la epopeya que para representadas en la escena. Al preguntarle el interlocutor a Fadrique de qué batallas podía hablarse en la epopeya de Leandro y Hero, éste contesta: «Los amores de Leandro y Hero más eran para trágica que para épica, y por falta de poderse representar, aquel acto trágico se convirtió en épico» (III, 145 ss.). Las muertes de Marco Antonio y Cleopatra son también materia de tragedia (II, 348) [33a].

El Pinciano y Salas, igual que Giraldi Cinthio [34], hacen caso omiso de la regla, según la cual la materia de la tragedia debe ser histórica, y la de la comedia, ficticia. Con ello, se encuentran estos preceptistas en conflicto con el Tasso, que prescribe en sus *Discorsi* la historia como argumento para la epopeya y la tragedia.

Los efectos cómicos o trágicos de la obra dramática dependían enteramente de la estructura de la acción. Una vez más nos sorprende el

---

[33]   B. Weinberg, *Critical Prefaces of the French Renaissance* (Northwestern University Press, Illinois, 1950), pág. 73: «Lazare de Baïf (1537), Diffinition de Tragedie: Tragedie est une moralité composée des grandes calamitéz, meurtres et adversitez survenus aux nobles et excellentz personnaiges».

[33a]   Cf. Salas, pág. 82: «También tienen lugar en la tragedia las passiones de el amor».

[34]   Pinciano, III, 28: «Ni la sexta diferencia es cierta siempre, porque la flor de Agathón alabada de Aristóteles, y la Historia de Heliodoro, tan loada de todos, no tuuieron fundamento en verdad alguna».
Salas, *Poética*, págs. 31 ss. «Fabula: si debe ser verdadera o bastará fingirla verisimil: ... que este es ridículo cuidado, pues es cierto, que en las Tragedias de mas verdadera Fabula, i por essa raçon mas conocida, concurren muchos oientes que la ignoran... Mas los ilustres Poetas Italianos, que después se atrevieron a la grandeça Tragica, dexo jo ahora el inquirir si con felicidad, por la maior parte eligieron la Ficcion de las Fabulas... De la misma suerte Juan Baptista Giraldo escribio algunas Tragedias Italianas de Fabulas fingidas, i otros que no nombro...»
Giraldi Cinthio, véase Herrick, *Comic Theory*, pág. 82.

Pinciano por su modernidad (véase III, p. 27). El desenvolvimiento de la acción de la comedia se asimila por completo al de la tragedia. Ambos géneros dramáticos empiezan desde el principio de la obra a formar gradualmente el nudo, hasta llegar al punto culminante, la catástrofe. La diferencia estriba sencillamente en que en la tragedia, al complicarse las situaciones aumentan el terror y la compasión, mientras que en la comedia la creciente tensión del enredo intensifica el ímpetu cómico. En su *Arte Nuevo,* Lope de Vega también recomienda este tipo de estructura de la acción para la «comedia».

6. LA DEFINICIÓN DEL DRAMA COMO «IMITATIO VITAE».

Había, además, otra razón que se oponía a que se aceptase totalmente la fórmula de Diomedes de que la comedia no debía contener ningún peligro mortal. En efecto, la comedia debía representar *toda* la vida cotidiana, comprendidos sus peligros, puesto que, según Cicerón, es una *imitatio vitae, speculum consuetudinis, imago veritatis,* o sea, en una palabra, un *speculum vitae* como dice Livio Andrónico. Ambas definiciones ejercieron, por mediación de los comentarios a Terencio, influencia decisiva en la concepción de la comedia y, en particular, de sus fines estéticos y éticos (concebidos como *causa finalis*). Su aplicación se extendió también a la tragedia y aun a toda la poesía. En la literatura española se cuentan entre las más conocidas y comúnmente citadas [35]. Lope

---

[35] En el *Quijote,* I, cap. 48, se observa la contaminación de la fórmula de Cicerón: «Imitatio vitae, speculum consuetudinis, imago veritatis», con la de Livio Andrónico: «Speculum vitae». Con respecto a la observación que hace Rodríguez Marín sobre esta cuestión en su comentario del *Quijote,* cabe corregir que Rey de Artieda no es el primero en definir la comedia en estos términos y, por consiguiente, no es la única fuente posible de la definición que se encuentra en Cervantes. Ya Spingarn llamó la atención sobre la concordancia entre la definición de Cervantes y la que se encuentra en el prólogo del *Arzigoglio* de Lasca: «That comedy should be the truth's image, the example of manners, and the mirror of life» (Spingarn, *op. cit.,* págs. 104-5). Esto lo escribía Lasca antes de Cervantes y de Rey de Artieda. También Pedro Pablo Acevedo (1565) escribió en el *Argumento* de su *Comedia Caropus:* «Ser de la humana vida una imitación y un espejo, do se ve lo que acá pasa, y una imagen de la verdad representa» (en García Soriano, *El teatro humanístico en España.* Madrid, 1950, página 50).

Juan de la Cueva: *Epistola Dedicatoria a Momo:* «Pues la comedia es imitación de la vida humana, espejo de las costumbres, retrato de la verdad» (*Comedias y Tragedias* (1583), Bibl. Nac. Madrid (1588), R/12349, pág. 4).

Para Cervantes, véase ed. Rodríguez Marín, vol. III, págs. 356-7: «Porque habiendo de ser la Comedia, según le parece a Tulio, espejo de la vida humana, ejemplo de las costumbres y imagen de la verdad».

Rey de Artieda: *Discursos, Epistolas y Epigramas,* Zaragoza (1605). Segunda parte. *Carta al Ilustrissimo Marques de Cuellar sobre la Comedia,* fol. 87: «Es la Comedia espejo de la vida su fin mostrar los vicios y virtudes, para vivir con orden y medida» (Bibl. Nac. Madrid, R/2285).

También Lope de Vega dice, al concluir el *Arte Nuevo:* «Humana cur sit speculum

pudo basarse en ellas en el *Arte Nuevo* al decir que la comedia mezcla lo alegre con lo triste porque sólo así se refleja la «verdad» de la vida. Hay en Lope una concepción estética de la *imitatio vitae* que habrá que examinar más de cerca.

Siempre que se subraya y defiende la utilidad de la comedia, como, por ejemplo, en la poética de Carvallo y en la Epístola III de Cascales al Apolo de España, Lope de Vega Carpio, los argumentos proceden por lo principal de los comentarios de Donato y de Servio, que daban particular relieve a la función didáctica de la comedia. Esta concepción podía fundamentarse con otro pasaje de Cicerón (*pro Sexto Roscio Amerino*, 16, 47) que dice que el autor de comedias representa nuestras costumbres encarnadas en otras personas, poniéndonos con ello ante los ojos una imagen viva de nuestra vida cotidiana. El fin de esta caracterización es, según Servio, permitirnos reconocer en ella nuestros propios defectos y corregirlos. Sirve para hacernos ver los ejemplos a seguir, y los que hay que evitar.

Badio, la fuente de Carvallo, ve de modo análogo en la tragedia un ejemplo de la debilidad y la insuficiencia de las acciones humanas (*Praenotamenta*, IV). Esta concepción, ayudada por la creciente influencia de Séneca, fomentada por círculos eclesiásticos [36], orientará más tarde las

comedia vitae», y lo repite en las comedias *El Castigo sin Venganza* y *El Acero de Madrid*:

> No en balde se inventaron las comedias
> Primero en Grecia que en Italia y Roma
> Allí se ven ejemplos y consejos
> Porque son de la vida los espejos.

Cascales, *Tablas*, pág. 385: «Esta [comedia] mira principalmente a las costumbres, y es un espejo de la vida humana».

Véase también Weinberg, *op. cit.*, pág. 187, sobre Jacques Grévin: Introducciones al *Théâtre* (1561): «Car comme disoit Andronique, la comedie est le mirouer de la vie journalière». Según Donato (*Commentum Terenti*, ed. Wessner, Teubner, Leipzig, 1902), I, 23: «Et comoediam et tragoediam et togatam primus Liuius Andronicus repperit. aitque esse comoediam cotidianae uitae speculum». Véase también Badio Ascensio (ed. Marion, Lyon, 1517), fol. b. iij.

[36] Sobre las tendencias del teatro de los jesuitas y sus teorías, véase J. Müller, *Das Jesuitendrama in den Ländern deutscher Zunge vom Anfang (1555) bis zum Hochbarock (1665)*, 2 vols. (Augsburgo, 1930), y J. Bielmann, «Die Dramentheorie und Dramendichtung des Jakobus Pontanus, S. J., 1542-1626», *Lit. Wiss. Jb. der Görres Gesellsch.*, 3 (1928), págs. 45-85.

Véase también Possevino (1593).

Cascales cita al P. Martín Delrío, S. J., al que también se refiere González de Salas:

> Martini Antonii Delrii, ex Societate Jesu, Syntagma Tragoediae Latinae in tres partes distinctum. Parte prima continentur Prolegomenon libri III silicet: De Tragoedia liber I. De L. Ann. Senecae vita et scriptis liber I. De versibus Tragicis, maxime Senecae, liber I. Fragmenta veterum Tragicorum. Opiniationes in eadem. Parte secunda: L. Aen. Senecae Tragoediae novem. Incerti auctoris, Octavia. Adversaria in has Tragoedias, olim excusa, sed nunc emendata. Parte tertia. Commentarius novus in easdem, et Indices totius Syntagmatis. Antuerpiae, Ex officina Plantiniana 1593.

realizaciones del teatro español del siglo XVII. Esta idea de la utilidad moral es tan fuerte, que se combina con la definición aristotélica de la tragedia, pudiendo Herrick llegar a hablar de una fusión de la *catarsis* con el *prodesse* horaciano. Pero ello comprometía, cuando no anulaba, lo esencialmente trágico de la tragedia. Sólo así se comprende que se describa precisamente la comedia como género «moral»: en ella se podía efectivamente, al contrario de lo que sucedía en la tragedia, perseguir la utilidad moral sin menoscabo de una exigencia estética, si bien aun aquí surgió nuevamente un conflicto con el nuevo modo de entender la pureza de estilo del género cómico, que se acababa de definir por analogía con la tragedia [37]. Por más que algún autor italiano se aproxime a una concepción puramente estética de los géneros dramáticos, los grandes, como Minturno, Trissino, Escalígero y Castelvetro no dejan, sin embargo, de subrayar la utilidad moral (como lo hace en España, sobre todo, el Pinciano). Es interesante, a este respecto, trazar un paralelo entre la definición de la tragedia de Sir Philip Sidney y la de Rizo [38].

Una nueva edición de esta obra se publicó en 1620 en París por Billaine.

Véase Cascales, *Cartas Philológicas* (Clas. Cast. No. 117), pág. 52.

Para ilustrar su poética, Salas cita las *Troyanas* de Séneca. Había iniciado la traducción de esta tragedia, en colaboración con Quevedo.

La aceptación de la fórmula *vita = comedia* y *comedia = vita* y, con ella, la evolución del tema del «gran teatro del mundo» están estrechamente vinculadas con esta tendencia.

Véase A. Valbuena Prat, prólogo a su edición de *Calderón de la Barca, Autos sacramentales* (Clas. Cast. No. 69, Madrid, 1924). También las observaciones sobre el teatro de Calderón en *Hist. general lit. hisp.*, vol. III.

Además, A. Vilanova, «El tema del Gran Teatro del Mundo», *Boletín de la Real Academia de Buenas Letras,* Barcelona, 23 (1950), fasc. 2, págs. 153-88.

[37] Todos los preceptistas coinciden en aplicar especialmente a la comedia el calificativo de *morata,* subrayando que su materia es más bien la ejemplaridad ética que lo patético. Por lo tanto, en ella el bien debía ser recompensado y castigado el mal. Así vemos que Cascales, en sus *Tablas* (pág. 385), estima que las *sentencias* son particularmente aptas para la comedia, por ser buenos avisos procedentes de personas sabias y experimentadas.

Badio Ascensio (*op. cit.,* cap. 24) había escrito: «et precipue comici possunt enim plurimum bonis moribus». También Luis Vives estimaba la comedia instrumento particularmente apto para la instrucción del público.

Esta definición de la comedia adquiría siempre gran importancia cuando se trataba de defender al teatro, como vemos en Carvallo *(Cisne)* y sobre todo en las *Cartas philológicas* de Cascales (Clas. Cast. No. 117, epist. III, pág. 38 ss.). Ahí se habla, invocando el nombre de Aristóteles (!) de «el merecido castigo que del cielo tienen las desgracias».

[38] Rizo, *op. cit.,* fol. 6v.: «Es pues la Tragedia imitaçion por representacion de una action maravillosa cumplida y sufficientemente grande, de personas illustres, medianas entre buenas y malas en los hierros humanos por alguna orribilidad que començando por el alegria fenezca en la infeliçidad en el espaçio de un dia, compuesta con palabras realçadas y graves i con versos sueltos Endecasilabos o lo mas comun de siete o de cinco sillabas o con entrambos a dos interpuestos, y en los choros con cançiones. para correjir los oientes con deleite que naçe de la imitaçion i de la representaçion, del terror y de la misericordia y para *haçerlos aborreçer la vida de los tiranos y mas poderosos.*»

Sidney: «So that the right use of Comedy will (I think) by nobody be blamed, and much less of the high and excellent Tragedy that opens the greatest wounds and

7. EL ESTILO DEL GÉNERO DRAMÁTICO.

En lo que se refiere al estilo de la comedia, se aceptaba generalmente la idea tradicional de que debía ser *humilis,* y el de la tragedia, *grandis* o *gravis.* Cristóbal de Mesa formula la teoría corriente:

> *Ay tres estilos, alto, mediano, ínfimo,*
> *Usa el sublime el Epico, y el Tragico,*
> *Y es el humilde siempre propio al comico.*

(Véase Apéndice, p. 167).

Para el Pinciano, esta distinción de géneros dramáticos, según sus estilos, forma también parte de la nueva definición de la comedia. Lo que provocaba la risa eran precisamente las acciones corrientes y vulgares de personajes plebeyos. Para mantener el decoro era necesario que estas personas se expresasen en estilo sencillo y sin adornos:

> Porque es anexo el estilo a la persona que habla: que, si en la comedia es persona común, y en la tragedia, graue, como es dicho, claro está que el désta ha de ser estilo graue, y el de aquélla, humilde. (III, 28).

La observación de que el estilo depende de la persona que habla, sin embargo, entraña un elemento dinámico que puede conducir en ciertas circunstancias a desarticular la ordenación en *humilis, mediocris* y *gravis* o *sublimis,* a saber cuando las personas de la comedia ocupan posiciones más respetables en la sociedad, como, por ejemplo, en las *comoediae palliata, trabeata, togata.*

Naturalmente que aun estos tipos de comedia se mantendrían a distancia del elevado patetismo de la tragedia, pero su estilo no permanecería a un nivel uniformemente humilde.

---

showeth forth the ulcers that are covered with tissue; *that maketh kings fear to be tyrants and tyrants manifest their tyrannical humours.*»

Véase *Romanische Forschungen,* 67, fasc. 1/2, pág. 194 (Reseñas). En esa reseña llamé la atención sobre la siguiente cuestión: Juana de José Prades, en su *La teoría literaria* (véase la bibliografía), supone que un manuscrito que cita: I. *Defensa de la Poesía,* 60 fols. (Bibl. Nac. Madrid, Ms. 3908), es un texto anónimo de la época de Carlos V. En realidad, se trata de la traducción española de la *Defence of Poesie* de Sir Philip Sidney. Por consiguiente, el manuscrito no puede ser anterior al período 1576-83, o sea, del reinado de Felipe II. La *Defence of Poesie* se imprimió como obra póstuma en 1598. La caligrafía del manuscrito español es manifiestamente obra de Juan de Bustamante. No está claro, por el contrario, si es también Bustamante el autor de la traducción. Véase a este respecto: Klemens Newels, «Eine spanische Übersetzung der Defence of Poesie von Sir Philip Sidney», *Anglia,* 72, 4, págs. 463-6.

Es gracias a esta clasificación tripartita que la comedia española (en el sentido de «drama» en general, desde luego) satisface la exigencia de ofrecer un «estilo puro, claro, fácil» [39], como característica general. Esta condición se formula explícitamente en la ya citada *explicatio* de Robortelli, en la sección relativa a la dicción. Pero esta consecuencia práctica de una teoría no casa ya estrictamente con el sistema de ordenación estilística a tres niveles. La «llaneza» vino a considerarse como esencial para toda poesía, y fue utilizada para atacar el gongorismo y el cultismo.

No sólo el decoro de las personas podía exigir en ciertos casos que el estilo se saliese de los límites prescritos para la comedia, sino también lo que se llamaba διάνοια, de acuerdo con la *Poética* aristotélica y siguiendo la tradición retórica. Su función consiste precisamente —no sólo en la oratoria forense, sino también en la teatral— en expresar con la mayor perspicuidad las intenciones y los sentimientos del que habla.

Las consecuencias que ello tiene para el drama las describe Horacio en su *ars poetica,* en un pasaje que, junto con la *explicatio* de Robertello y el comentario de Donato, proporciona los elementos fundamentales para la sección que Lope dedica al decoro de la comedia y sus personas en su *Arte nuevo.* Dice Horacio:

> *Versibus exponi tragicis res comica non vult.*
> *Indignatur item privatis, ac prope socco*
> *Dignis carminibus narrari coena Thyestae.*
> *Singula quaque locum teneant sortita decenter.*
> *Interdum tamen vocem Comoedia tollit;*
> *Iratusque Chremes tumido delitigat ore:*
> *Et Tragicus plerumque dolet sermone pedestri.*

(Vv. 89-95).

---

[39] Lope de Vega, *Arte Nuevo:* «Diónos exemplo Aristides retórico / Porque quiere que el cómico lenguaje / Sea puro, claro, fácil.» Cervantes, *Quijote,* II, cap. XXVI: «Muchacho, no te metas en dibujos..., sigue tu canto llano y no te metas en contrapuntos, que se suelen quebrar de sutiles.»
«Llaneza muchacho: no te encumbres, que toda afectación es mala.»
Desengaño de amor en Rimas del licenciado Pedro Soto de Rojas, 1623 (Bibl. Nacional Madrid, R/7806).
«Discurso sobre la Poetica: Locucion propia y figurada se entiende, que de tal manera se adorne con los tropos, metaforas, translaciones, y figuras, que no esten mas sobre otras haziendo carga al oydo: que si ha de ser deleytado, mal lo sera con asperezas y duras locuciones, y si ha de ser persuadido como podrá el Castellano si le hablan en Griego. Contra esto, lo primero... natural, Ciceron, Horacio, san Pablo en quanto escrive, que procuró ser entendido de todos, y san Agustín en el libro de Doctrina Christiana.»
Sin entrar en detalles de la polémica entre Lope, Góngora y Jáuregui, los debates sobre el cultismo y lo mucho que se dijo y escribió a este respecto, quisiéramos solamente llamar también la atención sobre Barreda *(op. cit.),* fols. 134, 135v. y 138v.

Cuando se trataba de persuadir o amonestar, era oportuno en la comedia hasta el estilo forense, inclusive «sentencias» y «conceptos» [40]. La aplicación de la διάνοια, junto con el decoro de la persona, crearon la variedad estilística de la comedia española, que trataba de conseguir una imagen lo más fiel posible de la realidad de la vida.

Además, el estilo debía estar siempre de acuerdo con la situación. En la literatura española se observa con frecuencia que «estilo cómico», «estilo trágico», etc., no son equivalentes a comedia, tragedia, etc., sino que se refieren en cada caso a una situación o acción concretas dentro de cualquiera de los géneros, que corresponde por su contenido inmediato a la definición clásica de la comedia, de la tragedia o de la epopeya. Ya Cascales había observado que un soneto, según la materia de que tratase, podía ser heroico, cómico, trágico, epigramático («agudo, si la materia fuere jocosa»), satírico («será licensiosa en palabras, y sentencias») (*Tablas*, págs. 444-5). La epopeya, en particular, podía adaptarse a la multiplicidad de materias sin salir del género (*Tablas*, pág. 292 ss.). Por aquel mismo tiempo escribía también Cervantes en el Quijote: «La escritura desatada de estos libros [de caballerías] da lugar a que el autor pueda mostrarse épico, lírico, trágico, cómico» (I, cap. 47) [41]. También la comedia abarca, según Barreda, el «orbe perfecto de la Poesía» [42]. Pellicer, por su parte, dice lo siguiente sobre el estilo de las comedias de Montalbán:

> El estilo que Montalbán guardó en sus Comedias fue propio. Y aunque a mi ver este Poema no le tiene determinado, halló en esto mayor excelencia, por admitir un compendio de los tres estilos, Tragico, Lirico, y Heroico, en el Tragico se representan Muertes,

[40] Lope, *Parte Decimoquinta* [de las comedias] (Madrid, 1921). Prólogo: «Luego esta es su lengua [la natural y clara], que aunque confiesso las figuras Retóricas a los que hablan, aunque sea en las calles, plaças y tiendas, no a lo menos las transposiciones, las locuciones inauditas y las metaforas de metaforas: y si alguna vez se levanta el Poeta algo más de la imitación en alguna narración o soliloquio, o ya es extasis de la fertil vena, o mayor deleyte del que escucha docto, y bien intencionado agradece.»

Del mismo Don Carlos Boyl, a un licenciado que deseavá hazer Comedias. Romance. (Bibl. Nac. Madrid R/12280):

«El lenguaje el mas castizo, / y un pensamiento, o sentencia, / entre quatro redondillas / bien se escucha, y mejor suena, / porque dezir de ordinario / tras una, y otra quimera, / uno y otro pensamiento, / cansa al gusto, y no se lleva. / Y en ocasion de apretar / un paso de mas alteza, / no se logra la costumbre / cansada de oyr sentencias.»

[41] Véase también *Persiles*, III, 15: «y lo que en él les sucedió, nuevo estilo y nuevo capítulo pide».

[42] *Op. cit.,* «que las comedias que oy gozamos dichosamente, son un orbe perfecto de la Poesía, que encierra y ciñe en si toda la diferencia de poemas, cuyas especies, aun repartidos, dieron lustre a los antiguos... De manera que en nuestros tiempos no puede ser perfecta la comedia que no coronare toda la poesía» (folios 125 v.-126).

Desdichas, Infortunios, Adversidades; y se refieren Pavores, Miedos, Sombras, Sueños, Ilusiones y Fantasias...

En el estilo Lirico tienen su lugar los Amores, las Ternuras, las Quexas, Satisfaciones, Zelos, Disculpas, Agravios, Desconfianças, Favores, y Desprecios, de que constan muchos ramos principales de la Comedia...

En el Heroico tienen su lugar devido las Hazañas, las Acciones justas, y depravadas, las Virtudes y Vicios. En el se hazen las Geografías universales de la Tierra: las Cosmografías del Orbe, tanto Elementar, como Etereo: las Hidrografías del Oceano; las Corografías de Provincias Generales y las Topografías de Ciudades particulares. En el se incluyen las Descripciones de Hombres, y de Brutos, de todas especies, de Aire, Fuego, Tierra y Agua. De las cosas inanimadas, como Naves, Edificios, Galas, Armas, Rayos, Exalaciones, y casi los mas de los Meteoros a quien no constituye Alma vegetativa: y los animados, como Plantas, Arboles, Flores, Insectos, y Testaceos [43].

A este «estilo heroico» correspondían los metros: octavas, canciones, silvas y romances; al «estilo trágico», la composición elegíaca —o sea, tercetos («que estableció para los escritos Funebres Garcilaso»), además de octavas, canciones, silvas y romances, y al «estilo cómico», correspondían décimas, endechas, liras, quebrados, glosas y sonetos, y, además, romances, metro que parece aceptado en todos los estilos.

Con ello hemos llegado ya a la definición de la «comedia española».

---

[43] Es interesante observar que también Pellicer engloba bajo el *estilo heroico* los elementos que ya conocemos por la clasificación de los géneros de Carvallo, por ejemplo. Sabemos que dicha clasificación se basaba en el esquema de Diomedes. Podríamos establecer aquí una relación con las materias de que trata Lope de Vega en sus comedias y en su obra en general. Hay tendencia a dejar de lado, en Lope, las disquisiciones «cultas» (que Pellicer incluye en el estilo heroico), considerándolas como mero lastre poético, pero habría que tener en cuenta que reflejan la prolongación de la influencia de una teoría literaria medieval. El texto citado se ha tomado de la poética de Pellicer (*op. cit.*) fol. 148 v.

Capítulo VII

LO COMICO

1. Tratados de la Antigüedad y del Medioevo sobre lo «ridiculum».

Vamos a examinar ahora de qué modo se provocan, según los preceptistas, la risa y el llanto, o, mejor dicho, los binomios «alegría y risa» y «terror y compasión», que caracterizan respectivamente la nueva comedia y la nueva tragedia.

Así como en la *Poética* de Aristóteles se enumeran las acciones aptas para mover al espectador a terror y compasión, en las poéticas españolas (como en las italianas que las precedieron) se encuentran compilaciones de las materias susceptibles de provocar risa en el espectador.

Ya a fines del siglo xv y principios del xvi existían tratados sobre la risa [1]. Piénsese solamente en el *De Sermone*, de G. Pontano, el *De Risu* en las *Antiquae Lectiones* (1516) de Celio Rodigino y el *Cortegiano* de Castiglione. Todos ellos autores muy conocidos, que es extraño no encontrar mencionados en los estudios históricos de Herrick sobre lo ridículo en la teoría de la comedia del siglo xvi [2]. Rodigino estudia la risa desde el punto de vista filosófico, mientras que Castiglione formula preceptos para su utilización práctica en la conversación, que tanta importancia tenía en la vida social del Renacimiento [3]. En las poéticas se trataba de analizar la risa con relación a la acción dramática. El punto de partida de estos tratados sobre la risa era la definición que se encuentra a principios del capítulo V de la *Poética* de Aristóteles. En efecto, la risa pasa a ocupar un lugar central en la consideración de la comedia, llegando a convertirse en el concepto fundamental de la misma, solamente cuando se vuelve a descubrir y se llega a conocer generalmente dicha poética. Cabe preguntarse cuáles eran las otras fuentes de la Antigüedad que se habían utilizado para tratar de lo cómico y lo ridículo antes de que se volviese a conocer la estética aristotélica, puesto que no cabe duda de que la segunda mitad del siglo xvi no hizo nada totalmente

---

[1] Véase también Petrarca, *Rerum memorandarum libri*.
[2] M. T. Herrick, *Comic Theory*, págs. 37 ss.
[3] E. Loos, «Il Cortegiano von Castiglione». *Analecta Romanica*, fasc. 2.

inaudito al poner en relación la comedia con los conceptos de lo ridículo y lo cómico. Lo *ridiculum* se discute, por ejemplo, en las retóricas de Cicerón y de Quintiliano y se le encuentra ya en Platón y en la *Etica a Nicómaco* de Aristóteles.

Se puede creer con Herrick que las observaciones de Aristóteles sobre la comedia vinieron sencillamente a sumarse a una teoría ya elaborada con anterioridad. También se puede hacer una distinción más sutil y opinar que, al comentar la *Poética* aristotélica, los autores aprovecharon, para ampliar y completar los conceptos que en ella encontraban, todas las teorías sobre la poesía que les eran conocidas y que habían sido transmitidas desde la antigüedad. En todo caso, lo importante para la interpretación de los tratados que conocemos es identificar las fuentes, los autores de éstas, y, si se trata de fuentes modernas, determinar en qué fuentes antiguas se basan a su vez. Sólo procediendo de este modo podremos poner de manifiesto los distintos matices de las diversas teorías. La suma de estas fuentes, junto con la aportación personal del autor —y la selección de fuentes es ya una aportación personal—, tienen como resultado nuevas teorías con características bien individuales. No está siempre justificado el escepticismo con que corrientemente se miran las acumulaciones eclécticas de citas de autores de la Antigüedad. Pocos textos hay cuya lectura exija mayor paciencia y más discernimiento que éstos.

2. Definición de la risa.

La definición aristotélica de la comedia en el capítulo V de la *Poética* especifica que el objeto de ésta es μίμησις φαυλοτέρων, si bien no debe abarcar lo peor en su totalidad, sino solamente lo que tiene de ridículo. Leemos igualmente en IV, 1448b, 37, que la comedia no es representación de lo que merece crítica y reproche (φόγος), sino sólo de lo ridículo. Produce efecto ridículo una deformidad, una falta que no despierte compasión. Como único ejemplo menciona Aristóteles la deformación de las facciones que da a la cara aspecto de máscara (V, 1449a, 35). Lo feo, lo deforme e imperfecto puede, pues, ser causa de risa. La estética de lo cómico en las poéticas españolas de los siglos XVI y XVII se funda también en esta misma idea. Lo que ofende contra la proporción, la belleza, la armonía y el decoro resulta ridículo y cae en la esfera de lo cómico. A este respecto, es importante determinar qué interpretaciones se dieron a los conceptos de la definición aristotélica que encontramos al principio del capítulo V y ver cómo y con qué teorías fueron ampliados estos conceptos, cuya brevísima formulación deja amplio margen a las interpretaciones personales.

Según la interpretación de Gudeman, cuando Aristóteles habla de μίμησις φαυλοτέρων y, en general, de la comedia, «no piensa en la fealdad del carácter o de la ψυχή, sino sólo en la del cuerpo, como γελοία». Pero esto excluiría de antemano una interpretación moral de la *causa finalis* de la comedia. No lo entienden así las poéticas de los siglos XVI y XVII. En ellas, y probablemente por influencia de la filosofía platónica (aunque Gudeman niega que tuviese ningún efecto sobre lo que dice Aristóteles de la comedia y de lo ridículo), se da licencia tanto a la fealdad corporal como a la espiritual, considerándose ambas clases de *deformitas* como materia idónea para la comedia.

En lo que se refiere a la fisiología de la risa, que Madio, por ejemplo, discute en su tratado *De Ridiculis* (1550) [4] (obra, sin embargo, no consagrada particularmente a la poesía dramática), no encontramos ninguna referencia explícita a este tema en las poéticas españolas, y muy poco sobre la psicología de la risa: «Es la Risa *un cierto movimiento del animo con deleyte* por algún defecto que aia en otro.» ¿Podría ello quizá ser indicio de que se consideraba la risa —de acuerdo con la definición de la comedia que encontramos en el *Tractatus Coislinianus*— como un *afecto* alegre, de cuyo exceso había que limpiar al espectador, de acuerdo con las antiguas concepciones? (*Etica* de Aristóteles, y también Platón).

Según Rizo, la risa es, fundamentalmente, consecuencia de la envidia y la maldad: «Procede la risa de imbidia y maldad como de su primer principio, viendose comunmente entre los hombres alegrarse con las faltas y defectos de los otros, y reírse y alegrarse por ello» (*op. cit.*, fol. 50).

El que se ríe se alegra de las faltas y los errores de los demás: es un regocijo malicioso. Cascales dice que la risa es maliciosa, aguda, ingeniosa (*Tablas*, pág. 388), epítetos que no encontramos en el Pinciano. En éste, lo cómico de la comedia existe por sí mismo, por el regocijo y la alegría que provoca, que para él no parecen tener nada que ver con la malicia ni con el ingenio. También el Pinciano subraya, desde luego, la virtud depuradora de la risa, pero los adjetivos con que Cascales y Rizo califican su concepto de la risa dan mucho más peso a la finalidad de enmienda y corrección que ésta persigue. Aun en la filosofía moderna de un Bergson se atribuye este efecto a la risa [5].

El placer que provoca la risa se distingue, según Rizo, del que causa el contacto con la belleza y la armonía [6], y, según Cascales, del contento

---

[4] Herrick, *Comic Theory*, pág. 41.
[5] Henri Bergson, *Le Rire, Essai sur la signification du comique* (Presses Universitaires de France, París, 1950).
[6] Trissino define la risa de modo parecido en *La Poetica*, 2 vols. (Venecia, 1529-63). Dice que el deleite que produce la risa es «sensual» (fisiológico). Procede, bien directamente de los sentidos, bien del recuerdo o de la expectativa de sensaciones del tacto, olfato, sabor, etc. No todos los deleites causados por los sentidos están relacionados con la risa. La contemplación de una mujer hermosa, de una joya

que recibimos cuando encontramos a un amigo, o nos envían algún regalo, o hallamos buenos a nuestros hijos y mujer (*Tablas*, pág. 388) [7], y se distingue precisamente por fundarse el placer de la risa en la *turpitudo et deformitas*. En este punto están concordes los tres preceptistas: el Pinciano, Cascales y Rizo (Salas se ocupa exclusivamente de la tragedia):

> El Pinciano: 'La Risa tiene su asiento en fealdad y torpeza' (III, p. 33).
> Cascales: 'Es la risa fundada en la fealdad y torpeza agena' (*Tablas*, p. 388).
> Rizo: 'Lo que nace de disconveniencia y disformidad es risa' (folio 50).

Esta fundamentación de la risa, así como la fórmula *turpitudo et deformitas*, procede del *De Oratore* de Cicerón (II, 58, 236) [8] más bien que de la definición de Aristóteles (cap. 5). Como puede verse, el Pinciano traduce la frase ciceroniana por «fealdad» y «torpeza». Cascales le sigue en ello, siendo por lo demás evidente que tomó esta fórmula de la risa (*Tablas*, pág. 388) del mismo Pinciano, particularmente habida cuenta de que le cita entre las autoridades que han tratado de la risa. Rizo, por el contrario, habla de la «disconveniencia y disformidad» que provocan la risa en la comedia, mientras que en otro pasaje sustituye el latinismo «disformidad» por la expresión castellana corriente de «fealdad». En todo caso, evita la voz «torpeza», y creemos lícito suponer que no lo hace sin tener sus razones. *Disformidad, fealdad, deformitas*, se refieren principalmente a la fealdad corporal, pero pueden también tener el sentido de fealdad espiritual y moral, como lo tienen *turpitudo* y torpeza, con la diferencia de que *torpeza*, por lo menos, insistía más en este último significado en el

---

preciosa, la armonía de la música son causa, para Trissino, más bien de admiración que de risa. El pasaje correspondiente de Rizo dice:
  Es la Risa un cierto movimiento del animo con deleyte. Diferenciase del deleyte porque este nace también de deleyte y hermosura. Mas lo que nace de desconveniencia y disformidad es risa, y así si viesemos una mujer hermosa y si oiesemos un instrumento sonoro de musica, o si oliesemos, gustasemos o si tocasemos alguna cosa que nos fuese agradable incontinente reciviriamos deleyte, pero no nos moviriamos a risa, por estar siempre la risa acompañada con el deleyte, y por no estar el deleyte siempre acompañado con la risa. (fol. 50 r/v.).

[7] La distinción que formula aquí Cascales entre el *contento* que causa la risa «cómica» y el que produce el encuentro con amigos, etc. («No tomo yo aquel contento que recibimos quando encontramos a nuestro amigo, o hallamos buenos a nuestros hijos, y mujer, o quando nos enbían algun presente»), se encuentra ya expresada de modo parecido en Castelvetro, *La Poetica d'Aristotele vulgarizzata, et sposta* (Basilea, 1576). Castelvetro distingue entre la risa «cómica» y la «afectiva».

[8] «Locus autem et regio quasi ridiculi... turpitudine et deformitate quadam continetur. Haec enim ridentur vel sola vel maxime quae notant et designant turpitudinem aliquam non turpiter».

uso corriente del lenguaje de la época [9]. De acuerdo con ambas fuentes, Aristóteles y Cicerón, la risa se funda, pues, en la *fealdad*.

Aristóteles hace observar que el dolor y la compasión resultan en menoscabo de la risa (idea que encontramos también en Bergson). Tanto el Pinciano como Cascales y Rizo declaran que no hay que reírse ni de personas miserables y desgraciadas ni de aquellas que disfruten de alta reputación y consideración. Según Rizo, el pecado no ha de ser objeto de risa, sino de castigo. Estas tres salvedades a lo risible, que revelan la influencia de consideraciones morales y éticas mucho más que la de una penetración filosófica de la materia —ya que tales distinciones no parecen en modo alguno factibles a la luz de las más recientes teorías sobre la risa y su función—, proceden de la retórica de Cicerón (*De Oratore*, II, 237). Rizo enumera las tres categorías de materias no risibles, y las encontramos también en la traducción hecha por Boscán del *Cortegiano* de Castiglione, quien se había apoyado principalmente en Cicerón para su definición de la risa y de lo ridículo [10]. Al igual que Rizo, también el Pinciano menciona el *Cortesano* de Boscán, que dice haber consultado, junto con «otros libros», cuyos autores desgraciadamente no cita, sobre la «risa pasiva», o sea cuando el que se burla de otro se encuentra de pronto convertido él mismo en objeto de burla y risa (III, 73) [11]. Pero la relación más estrecha con Boscán la encontramos, más bien que en el Pinciano, en Rizo. En el *Cortesano* se trata de la risa como elemento de la conversación cortesana, mientras que el Pinciano escribe, como lo subraya él mismo explícitamente, sobre la risa en la comedia.

3. CÓMICO RÚSTICO Y CÓMICO URBANO.

En Boscán se habla de «desproporción» o «diformidad» en el sentido de cosas que son, de por sí, improcedentes o indecorosas, pero en modo

[9] Herrick, *Comic Theory*, pág. 38: «The Greek word for 'the ridiculous' (τέ γελοῖον) was translated into Latin as 'ridiculum'; the Greek word for 'ugly' (αἰσχρός) as 'turpis'. Cicero made 'turpitudo' the basis of the risible.»

[10] Boscán: *El Cortesano*, ed. *Revista de Filología Española*. Anejo XXV (1942), parte II, 5, pág. 167: «Así que lo que conviene en esto es reírse de las tachas de las personas, ni tan afligidas que muevan compasión, ni tan malas que merezcan pena de muerte ni tan poderosas que un pequeño desabrimiento suyo baste a hacer gran daño.»

La bibliografía de la literatura que trata de las fuentes antiguas de la teoría de lo risible incluye: Ernst Walser, *Die Theorie des Witzes und der Novelle nach Jovianus Pontanus* (Estrasburgo, 1908); E. Arndt: *De Ridiculi doctrina rhetorica*, disertación (Bonn, 1904); M. T. Herrick, «The Theory of the Laughable in the 16th Century», *Quart. Journ. of Speech*, 35, págs. 1-16. Para más detalles, véase asimismo F. Schalk, «Das Lächerliche in der frz. Lit. des Ancien Régime», *A. G. für Forschung des Landes Nordrhein-Westfalen*, fasc. 19 (sesión del 17 junio 1953), página 17, nota 13. Además, E. R. Curtius, *Europ. Lit. u. Lat. Mittelalter*, Exkursus IV.

[11] Los «otros libros» cuyos autores no menciona el Pinciano son probablemente Cicerón, *De Oratore*, II, 60, 245, y quizá también Madio y Castelvetro. Véase Herrick, *Comic Theory*, págs. 46 ss.

alguno —tampoco en sentido moral— malas [12]. Es el mismo sentido que Rizo da a estos términos. En general, hay muchas correspondencias entre Boscán y Rizo en el concepto de lo cómico. En su poética, Rizo hace resaltar que el autor de la comedia debe guardar «urbanidad y criança» (fol. 49v) en la acción cómica. Hay un pasaje en particular en la sección que trata de la composición de la «perfectissima comedia» (como la llama él mismo) que presagia ya aquellos versos de la *Poética* de Boileau, en los que se preconiza una comedia libre de elementos bajos y vulgares:

> *Mais son emploi n'est pas d'aller dans une place,*
> *De mots sales et bas charmer la populace,*
> *Il faut que ses acteurs badinent noblement* [13].

Veamos lo que dice Rizo:

> Mas aunque la comedia esté fundada en lo ridículo con todo esso no deve exceder mucho la graciosidad pero devesele atribuir conforme los terminos de la urbanidad de las personas particulares que viven con alguna civilidad como son muchas de Menandro traducidas algunas dellas de la lengua griega en la latina por Terencio.

He aquí un pasaje que tiene no pocos puntos de contacto con las conocidas líneas de la *Poética* de Boileau, en que éste critica las comedias de Molière (Chant III, v. 393 ss.), y también con el *Discours sur Théophraste* de La Bruyère [14]: «le comique, je dis celui qui est épuré des pointes, des obscenités, des équivoques, qui est pris dans la nature, qui fait rire les sages et les vertueux.»

Parece, pues, manifestarse en Rizo una cierta evolución en la concepción de lo cómico análoga a la que encontramos, especialmente en el siglo XVII, en la literatura francesa y en la vida de sociedad en general. Es el movimiento que va de la concepción de lo cómico de un Rabelais a la más depurada de un Boileau [15]. La comparación con el Pinciano es particularmente instructiva. Según Rizo, el modelo para la comedia ha de ser Terencio: lo cómico no es obstáculo al ingenio y a la elegancia. El Pinciano, por el contrario, insiste en que la risa tiene su asiento en «fealdad y torpeza» (III, 33). Mientras que Rizo evita hasta la palabra «torpeza», escribe el Pinciano:

---

[12] Boscán, *op. cit.*, pág. 166: «consiste en una cierta desproporción o diformidad... vereis que casi siempre aquello de que nos reímos es una cosa que en sí no conviene, y con todo esto no está mal».
[13] Batteux, *Les Quatre Poétiques,* vol. II (París, 1771), v. 405 ss. pág. 56.
[14] La Bruyère, *Oeuvres compl.*, ed. de la Pléiade (París, 1951), pág. 26.
[15] Véase F. Schalk, *Das Lächerliche in der frz. Lit. des Anc. Rég. (op. cit.).*

y dexando lo urbano dicho y lo venusto, que ansí dizen los dichos y hechos cortesanos y discretos y agudos que no producen risa, tratemos de solo aquellos que la crían y fueron dichos salados de algunos porque ansí como lo salado da sed, estos la dan de escuchar.

Lo cómico abarca también lo burlesco, aun lo obsceno, elementos que han ejercido en realidad desde siempre una atracción particular sobre la mayoría de los auditores y espectadores. En repetidas ocasiones manifiesta el Pinciano que el ingenio artificioso y agudo es desde luego muy cortesano, pero produce poco efecto cómico (III, 55-6). Formula, por consiguiente, una distinción entre dos clases de estilo cómico. El primero es el del ingenio urbano y apto para oído de reyes, mientras que el otro, por contener cosas indecorosas, no debe representarse en presencia de reyes y señores. Sin embargo, en otro pasaje dice que el que quiera tratar de la risa tiene que aceptar el hecho de que la materia misma se funda en «fealdad y torpeza». Esta es la razón por la cual en la dedicatoria de la obra pide al Conde Kevenhiler de Aichelberg que deje de lado los *lugares* de lo cómico en la misma, o sea la Epístola IX, que trata de la comedia, y especialmente el fragmento cuarto, por no convenir a oídos patricios:

> Suplico a V. S. si algún día hiziere a esta obra digna de sus oydos, los abstenga de la epístola nona y especialmente del fragmento cuarto della, cuya materia es ridícula y más conveniente a orejas populares y cómicas que no a las patricias y trágicas, quales ser deven las de los Príncipes y grandes señores y quales son las de V. S. etc. (I, 6).

A pesar de ello se lee más adelante, en la respuesta a la Epístola IX, que todo es puro para el puro (III, 85). En realidad, no se priva de repetir cuentos y dichos «salados», de los que tampoco se priva Cascales.

A este respecto no dejan de tener interés algunas observaciones de estos dos preceptistas sobre la forma de presentar decorosamente lo vulgar u obsceno:

> Y assi las cosas no honestas que alguna vez se refieren se declaren con voçes ambiguas y que signifiquen otra cosa mas de lo que muestran exteriormente y la deshonestidad que se manifiesta sin fealdad de bocablos lo qual consiguió felizmente el Bocacio. (Rizo, *Poética,* fol. 55).

> Y que lo ridiculo que proçede por desenboltura, resulte antes por relacion de algun Mensajero de la constitucion de la fabula que actualmente del aparato y de la representacion (Rizo, *Poética,* folio 58).

O sea que lo ridículo, lo torpe, no deberán, por lo menos, presentarse materialmente en la acción escénica. Cascales aconseja:

> La ambigua y dudosa, como es parte torpe, y parte honesta, obliga a procurar la benevolencia, con que lo feo se disimule, y lo honesto resplandezca. Esta es propia de los Comicos, y Tragicos, que tratan de cosas deshonestas y lascivas, mas cubriendolas con un cortes artificio estudian en engañar, y atraer a si las voluntades *(Tablas,* p. 254).

La concepción del Pinciano tiende hacia la farsa de Molière: es la comicidad de los entremeses de un Lope de Rueda, y el Pinciano menciona, en efecto, entre los ejemplos de obras que mueven a risa, las conocidas *Aceitunas,* que de tanta popularidad gozaban entonces. Esta comicidad grosera está aún lejos, desde luego, de la más depurada de la *haute comédie,* pero en el Pinciano encontramos ya, en embrión, todos los elementos esenciales de esta última. Es también característico de la farsa el hecho de que se mencionan la imitación visual y el movimiento como medios cómicos.

4.   MEDIOS PARA CONSEGUIR EL EFECTO CÓMICO.

¿Cuáles son los criterios para la ordenación del material cómico? Cicerón, en el *De Oratore,* había ya hecho observar la dificultad de articular los elementos risibles (γελοία) en un sistema. Los preceptistas insisten también en esta dificultad, y el Pinciano se jacta de ser más completo en sus explicaciones sobre el «discurso cómico» que Quintiliano (III, 86). Y lo es, en efecto, puesto que añade un apéndice sobre los *conceptos,* siendo así el primero, bien antes de Gracián (a quien Curtius concedía la primacía [16]), en ocuparse sistemáticamente de esta materia. Según dice él mismo, se apoya principalmente en la retórica de Aristóteles y la de Cicerón, así como en la *Institutio Oratoria* de Quintiliano, cuya forma de presentación de los *loci* cómicos sigue, igual que los demás preceptistas. Aun sustituyendo ejemplos más corrientes y conocidos de sus lectores por los originales, se atiene a la subdivisión de la materia en *dicta et res* [17], en «palabras y obras». Cascales, por su parte, dice que la materia de la comedia

---

[16]   E. R. Curtius, *Europ. Lit. u. Lat. Mittelalter,* pág. 299. Pinciano, III, pág. 68. Rizo, fol. 51 r/v.
[17]   Herrick, *Comic Theory,* págs. 43 ss.: «Thus the division of the risible into things (res) and words (dicta) that characterized the theory of both Cicero and Quintilian had to be retained... [Nota 13, pág. 44]: This division into 'res' and 'dicta' also governed the theory of laughter in the 'tractatus Coislinianus' and in John Tzetzes' treatment of comedy. See Cooper, 'An Aristotelian theory of Comedy with an adaptation of the poetics and a translation of the Tractatus Coislinianus', New York 1922.»

comprende «la fealdad, y torpeza agena assí de cosas como de palabras» (*Tablas*, pág. 388), englobando en el concepto de «cosas» también las acciones, puesto que cita también acciones de efecto cómico.

Hablando de esta misma cuestión, Rizo se refiere, además de los «muchos hombres doctissimos» de su tiempo que han tratado de la risa y de lo cómico, y que desgraciadamente no nombra, muy particularmente a Lope de Vega, «único milagro en esta parte de España»[18]. En él encontramos, nos dice, como en Terencio, Plauto, Boccaccio, el *Cortesano* y Cicerón, mucho material para la comedia y numerosos ejemplos cómicos, que no se prestan fácilmente a una clasificación[19].

Cascales es el único en citar sobre todo fuentes italianas para la definición de la risa y de lo cómico, así como de las materias que le corresponden. Aparte de la versión latina de la *Poética* de Aristóteles hecha por Robertello, menciona a los preceptistas italianos más conocidos, como A. Riccobono, Vicencio Madio, Castelvetro, Trissino y Minturno. No hace suya, sin embargo, en su totalidad ninguna de las teorías de dichos autores sobre la risa (vg., Trissino), sobre el *modus operandi* de la comedia para depurar los afectos (vg., Minturno) o sobre el asunto de la misma (vg., Robortelli). Aunque Cascales esté de acuerdo con los preceptistas italianos en diversos puntos, como por ejemplo con Madio en lo que se refiere a la división de la materia cómica en «cosas del cuerpo, o del ánimo, o extrínsecas», y a la subdivisión de cada una de estas categorías en cosas «verdaderas, fingidas o fortuitas»[20], ello no redunda en perjuicio de su propia concepción de lo cómico y de lo ridículo. En ninguno de los preceptistas españoles encontramos, como en Trissino, Madio y Riccobono, la *admiratio* como elemento cómico además de la *turpitudo*. Los ejemplos de los *dicta* en Cascales están entresacados, según lo indica él mismo, de los textos de Plauto y de Terencio.

[18] Rizo: «y de otros muchos lugares los quales porque son ynfinitos y no se pueden reducir facilmente debaxo de la distinción del arte, me remito a lo que assí en universal y confusamente han dado por precepto Marco Tullio, el Cortesano, y lo que después ha seguido el Boccaccio en la sexta y octava Jornada de su Decameron, y Plauto y Terencio y muchos hombres doctissimos de nuestros tiempos y particularmente nuestro insigne Lope Felix de Vega Carpio único milagro de esta parte de España» (fol. 51 r/v.; ed. Newels, pág. 89).

[19] ¿Cómo se compaginan estos elogios con la crítica que hace de la *Jerusalén conquistada* en el capítulo sobre la epopeya? Véase en particular Menéndez y Pelayo, *Hist. id. est.*, vol. II, pág. 209, y Entrambasaguas, *Estudios sobre Lope de Vega*, vol. I, págs. 292 ss. ¿Es posible que se trate aquí también de una ironía por parte del autor, como a menudo lo supone Entrambasaguas en casos análogos? (véase, p. ej., *op. cit.*, págs. 299 ss.).

[20] Cascales, *Tablas*, págs. 392-3: «La torpeza si es con dolor, provoca a misericordia; i assi el cómico solamente considera aquel vicio torpe, y feo que engendra risa. Siendo pues sin dolor, o son cosas del cuerpo, o del ánimo, o extrínsecas. Si del cuerpo, es de tres maneras; una es verdadera... fingida... fortuita» (igualmente para las otras dos categorías de lo risible); cf. Madio, *De Ridiculis* (Venecia, 1550), página 310 (cit. por Herrick, pág. 44).

El Pinciano distingue muy cuidadosamente entre *palabras* y *obras*. La fealdad corporal, los tropezones y caídas torpes (frecuentemente citados en los tratados), que son también expresión de fealdad, así como, en general, aquellas clases de gestos y movimientos que nos son hoy día familiares por muchas escenas del teatro de Molière, pero que el Pinciano toma de los modelos antiguos, todo esto son *obras:* «como la de un Hombre apassionado del miedo, que, por escaparse, se pone debaxo de una albarda; y otro, estimulado de la ira, que arroja el copo de estopa al que dessea matar; y del enamorado que anda sin juycio; y del avaro que saca el dinero de la tierra con grande afán y, después, voluntario se sepulta y entierra» (III, 43).

También las imitaciones o remedos que ejecutan los actores o bufones con movimientos del cuerpo, de los ojos, de la boca y las manos (III, 44) forman parte, para el Pinciano, de las *obras cómicas*. A éstas se limita Rizo en su enumeración de las *cosas cómicas*. En Cascales (*Tablas,* página 391) no queda claro si entiende por *cosas* u *obras* verdaderos movimientos corporales o solamente ciertas formas retóricas: «La risa que consiste en las obras es toda festiva narración, toda beso, toda burla sin pesadumbre; en la qual se pintan las costumbres, y actiones de los hombres. Entre otros muchos lugares para provocar a risa, que nace de las cosas es la similitud.»

Cascales da como ejemplo: «Semejante a la tierra es la ramera, que no puede sin muchos manejarse. Y semejante a la espina es la ramera, que a quien quiere que toca le haze daño.» A continuación se citan figuras como la «refutación», la «alusión», «retornar las palabras», la «conjetura» y la «fingida paciencia». Al tratar de la comicidad de las «palabras» o de los «motes que consisten en las palabras», o también de los «dichos», como los llama Rizo, y que juegan importantísimo papel en la comedia española, se utiliza hasta cierto punto el sistema de la retórica tradicional. Al tratar del «motejar», que juega a la vez con la forma y el sentido de la palabra —a diferencia de los «dichos» o las «sentencias», que no juegan más que con las ideas o los significados de las palabras—, se indican las posibilidades cómicas de los barbarismos *per adiectionem, detractionem,* etc., y de las faltas de estilo [21], como por ejemplo *medicusmendicus* y otros pares de este tipo utilizados por las personas de la comedia deliberadamente, por error o por ignorancia.

También formaban parte de los procedimientos cómicos, en los cuales demostraba Lope de Vega, según Rizo, particular maestría: «los rediculos que trahen del ambiguo, y del engañar lo que se espera, de la semejança, de la disimulacion, del Hyperbole y de otros muchos lugares».

---

[21] Cf. Heinr. Lausberg, *Elemente der literar. Rhetorik* (Munich, 1949), páginas 27 y 85.

Hay, prosigue Rizo, infinitos procedimientos cómicos, y siendo muy difícil ordenarlos sistemáticamente, se aconseja estudiar las reglas muy generales que dan Cicerón y Castiglione y estudiar su utilización práctica por Boccaccio, Plauto y Terencio (fol. 51 r/v.).

Pellicer, en su *Idea de la comedia de Castilla,* cuenta entre las «obras que sirven a la graciosidad» actos que irían en contra del decoro de personajes trágicos, como por ejemplo: comer en las tablas, desnudarse, cantar.

5. LO CÓMICO COMO DESPROPORCIÓN E IGNORANCIA.

La *ignorancia,* que es uno de los elementos de la «fealdad del alma» (según el Pinciano y Rizo) o de la «desconveniencia del ánimo» (según Rizo) —Cascales no le dedica particular atención—, es una magnífica fuente de efectos cómicos [22]. Rizo pone en relación con ella la «ynprudencia» y la «simplicidad». Para el Pinciano, y a juzgar por los ejemplos que cita, ignorancia significa desconocimiento, insipiencia, y es sinónimo de «simpleza». La ignorancia así definida tiene en el Pinciano una función cómica bien determinada, como puede verse por este ejemplo que da: cuando se cae una persona, el efecto puede ser cómico por dos razones distintas: por una parte, la caída entraña cierta descompostura corporal que, siempre que no cause daño a la persona, moverá a risa al espectador; por otra parte, las caídas se deben, por lo general, a torpeza o a falta de circunspección, o sea a una fealdad mental y espiritual, que el Pinciano llama precisamente ignorancia (III, 35). Pero aún hay más. Si además la persona, al caer, demuestra sentir miedo, que resulta injustificado a la luz de lo inofensivo de la caída, entonces es aún más completa la fealdad del alma. Se desprende de esta consideración que el mismo efecto o la idéntica emoción —en este caso, el temor— tienen efectos completamente distintos según ocurran en la tragedia o en la comedia. El temor resulta cómico cuando es injustificado. La persona que teme es cómica porque no se da cuenta de lo injustificado del temor que siente, o sea por ignorancia, como dice el Pinciano (véase III, 34 ss.). He aquí una teoría que habría podido dar pie a un fructuoso análisis del aspecto cómico de las pasiones, como base para una nueva teoría de la comedia análoga a la que inspiró luego la *haute comédie* del teatro clásico francés: la tragedia, al provocar terror y compasión en el espectador, tiene por objeto primordial depurarle de un exceso de dichos afectos, pero la relación entre carácter y pasión en las personas mismas de la fábula trágica se mantiene dentro de proporciones naturales (lo que las poéticas llaman proporción general o univer-

---

[22] Cf. Platón, *Philebus,* 48-9 ss., sobre la ἄγνοια.

7

sal de carácter y pasión), de modo que lo que excita principalmente los afectos del espectador es el desarrollo de la acción —aunque, desde luego, un buen actor desenvolviéndose en una representación bien lograda comunica al espectador los sentimientos del protagonista. En la comedia, por el contrario, el exceso de pasión se manifiesta en las personas de la fábula. Se observa en ella una cierta *desproporción* entre las pasiones y los caracteres, que se apartan de lo general y universal para caer en lo particular, con lo cual provocan la risa del espectador y le limpian del exceso de los afectos y disposiciones representados en la comedia. (Se recordará que en las poéticas se dice que la comedia purifica al espectador no sólo de alegría y risa, sino también de las pasiones. En vez de la catarsis se podría también definir como finalidad de la comedia el sentido ejemplar de los caracteres y las acciones, o sea la comedia como galería de ejemplos a seguir o a evitar en la vida real.)

Los escritos del Pinciano son los únicos que permiten llegar a conclusiones de tal precisión sobre la función de los afectos y de la risa. Siguiendo la interpretación lógica de la *Poética* aristotélica, la desproporción de la pasión, en la cual estriba la *falta* de la persona, y cuyo *castigo* es la risa, es procedimiento válido para la comedia, pero no para la tragedia. En esta última, y estrictamente de acuerdo con Aristóteles, no es el exceso de pasión en el protagonista lo que conduce a su desventura y ruina. Según el Pinciano, la persona trágica es más bien normal en sus pasiones, en el sentido de que es «como nosotros mismos» (ὅμοιον). En ello se diferencia de otros autores que cultivan la teoría y la práctica de la tragedia, como, por ejemplo, Corneille [23].

Las características naturales y, por consiguiente, a la vez verídicas y verosímiles de un viejo, y que observan el decoro del personaje son gran parsimonia, circunspección (por no decir morosidad), gravedad y sosiego. Así es, por lo menos, como se presenta al viejo en el género serio. Ello corresponde a la *regla* de la naturaleza del viejo y tiene validez universal. Pero la naturaleza hace excepciones. Puede haber viejos resueltos, precipitados, iracundos y enamorados. Esos serán materia para la comedia: «mas en cosas de burla y de passatiempo está muy bien pintar a un viejo de la manera que dezís aver visto, determinado, colérico, y aun enamorado, si queréis por dar más causa de reyr y más sal a la comedia» (Pinciano, III, pág. 82).

Lo que causa risa es lo improcedente del carácter, la desproporción: «mas si la quiere pintar ridícula y de passatiempo, pintarela en un hombre súbito y colérico, el qual dé que reyr con la demasiada desproporción» (II, 82). El contenido semántico del concepto estético de propor-

---

[23] Cf. Kurt v. Fritz, «Tragische Schuld und poetische Gerechtigkeit in der griechichen Tragödie», *Studium Generale,* vol. 8, fascs. 3 y 4 (abril, mayo 1955).

ción, del cual depende la determinación de lo cómico y de su materia correspondiente, se relaciona, para el Pinciano, con el concepto de la naturaleza. Es cómico todo lo que se aleja de la naturaleza, de lo verdadero y verosímil, en el sentido de lo regular, lo general y universal. Esta concepción de lo cómico o ridículo sigue teniendo vigencia en el teatro de Molière, y es precisamente lo que criticaban en él los que estimaban que el criterio de lo cómico debía ser, no la naturaleza —tanto en sentido ideal como real—, sino todo lo que peca contra la moral, o sea *le vicieux* [24]. Lo cómico y la risa debían fundarse en consideraciones éticas y morales. Esta exigencia se manifiesta también en otras poéticas españolas. Para Salas son materia de comedia la hipocresía, la vanidad y la mentira, tal y como las encontramos también en el *Tartuffe* de Molière (véanse también los *Charactères de Théophraste* de La Bruyère):

> Pero si descendeis al trato mas familiar de la comedia, quien hai que no mienta otra figura diversa de la suia? El ignorante intenta parecer erudito, el bobardo valiente, el olvidado favorecido. Mas ni la última severidad se podría negar a la risa, si llegase a examinar de un pobre phantástico i soberbio la fingida opulencia; i de el que con lóbrega familia martyr es de si mismo en la fatigada emulación de el Señor, de el Principe. Festivamente lo pensó, el que pinctó a una rana competiendo con un toro en una laguna (Salas, *Exerc. Schol.*, pág. 17).

Cabía preguntarse, como lo hizo Rizo, si tales pasiones o, mejor dicho, vicios no merecían mayor castigo que el simple ridículo. Ya en la introducción a la *Tragedia Policiana* (1547) se advierte que se trata de una obra «con la qual aunque debaxo de algun color ridículo tomen aviso los vanos mançebos de los desastres que el amor encubre con el çevo del deleyte mundano» [25]. O sea que la risa y el regocijo que provocan las pasiones no deben cegarnos a los peligros que las acompañan.

En las poéticas españolas no encontramos una división explícita de las pasiones en trágicas y cómicas, como la había hecho, por ejemplo, Minturno al tratar de las características de las personas que se prestan a la acción dramática. En relación con los *costumi*, encontramos en Minturno una sección sobre *Passioni Essempi tragici: paura, dolore, spavento, odio, tormento*, etc. [26].

La concepción de lo cómico y de la risa que caracterizaba las poéticas españolas tenía necesariamente que ser distinta de la que se impuso en Francia en el siglo XVII. En esa época, en Francia se formuló mucho más rotundamente (y se cumplió más a conciencia) la idea de que lo cómico,

---

[24] Cf. F. Schalk, *op. cit.*, pág. 19.
[25] Bibl. Nac. Madrid, R/26628.
[26] A. Minturno, *L'arte Poetica* (Venecia, 1564), págs. 92 ss.

lo ridículo, la risa y el ingenio debían regirse por criterios éticos y morales. Aun en el siglo xviii leemos en los comentarios de Batteux al capítulo V de la *Poética* de Aristóteles: «Il ne reste donc que le vice ridicule qui, étant en contraste avec la vertu, avec les moeurs communes, avec la marche ordinaire du bon sens, peut divertir par le bizarre et le grotesque, instruire par l'exemple, corriger par la honte qu'on y attache» [27]. Hay que tener en cuenta que la «vertu» podía interpretarse de modos distintos, en sentido cristiano o humanístico, de manera que la misma comedia podía ser alabada o condenada según las opiniones y las creencias religiosas de cada crítico. Pero también la sociedad podía ser criterio de lo cómico. Ya lo era en la Francia del siglo xvii y, según Bergson, el único criterio válido de lo cómico es precisamente el social: «Il est vrai, que ces défauts nous font rire en raison de leur 'insociabilité' plutôt que de leur 'immoralité'» [28]. Son objeto de burla solamente las transgresiones contra la «société», sin tener en cuenta las tres excepciones a la risa, que tanta importancia tienen en el *Cortegiano* y en las poéticas españolas.

6. PICARDÍA E IGNORANCIA. EL SIMPLE Y EL BOBO.

Como es natural, la simpleza y la ignorancia siempre salen perdiendo cuando entran en conflicto con la picardía, como lo ilustra la divertida anécdota que cuenta el Pinciano: dos estudiantes consiguen distraer a un labrador para robarle la carne de una empanada que estaba comiendo. Al encontrarse con que se le ha volatilizado la parte más suculenta de su merienda, el labrador se queda atónito mirando al cielo, como si un pájaro se la hubiese llevado [29]. La anécdota ilustra no sólo la *ignorancia* del rústico, sino también la *picardía* de los estudiantes, consiguiendo con ello un doble efecto cómico (III, 37). Según el Pinciano, estos dos elementos cómicos, la ignorancia y la picardía, son precisamente los que distinguen al teatro moderno ventajosamente del antiguo. En el teatro español, lo cómico de la ignorancia se encarna en la persona del *simple*. Necio, distraído, bobo y confuso, empieza muchas frases y no termina ninguna. Su presencia asegura el máximo efecto de risa (III, 59):

27 Batteux, *op. cit.*, parte I, pág. 221.
28 Bergson, *Le Rire*, pág. 106.
29 Pinciano, III, págs. 36 ss.: «Estava un labrador encima de un pollino, comiendo un pastel, y dos estudiantes se pusieron en medio; el uno de los quales le preguntó cierta cosa, y, en tanto que el labrador respondió al uno, el otro le sacó la carne del pastel sutilmente, y se la metió en una escarcela que trahía; el labrador passó adelante dos o tres pasos y, quando vió la cáxcara sin meollo, se quedó mirando al cielo, como que algún páyaro se la huviera llevado. El robador y encubridor se fueron de risa finados, y finados de risa lo vieron los circunstantes, y los estudiantes se tragaron su carne a medias.»

Es una persona la del simple en la cual cabe ignorancia, y cabe malicia, y cabe también lascivia rústica y grosera; ... es la persona más apta para la comedia de todas las demás, en cuya invención se han aventajado los Españoles a Griegos y Latinos y a los demás [30].

El Pinciano distingue tres especies ridículas que caracterizan al *simple:* la *ignorancia,* la *necedad,* que se manifiesta en «palabras lascivas, rústicas y groseras», y la *fealdad* en general (III, 60). Los griegos y los latinos, que se distinguieron en la comedia, utilizaban la persona del «siervo» para esta función cómica. Conocían el ingenio mordaz (la «dicazidad»), la lascivia, o una combinación de ambos —a veces en un solo personaje—, pero les faltaba, según el Pinciano, la «ignorancia simple», elemento cómico regocijado, pero inofensivo, que no se funda ni en la obscenidad ni en la burla ingeniosa y mordaz.

7. LA «DEPURACIÓN» DE LOS ELEMENTOS CÓMICOS POR RAZONES MORALES Y ESTÉTICAS.

Ya en la antigüedad se habían hecho intentos por «depurar» lo cómico. Mencionamos más arriba que en el siglo XVI la censura ejercida por el Estado y por la Iglesia prohibía particularmente la representación de inmoralidades en la comedia. No había que exagerar en lo cómico. Es interesante comparar el texto del Pinciano sobre la comedia con la segunda parte del *Guzmán de Alfarache* de Mateo Luján de Sayavedra (Bruselas, 1604, licencia, 1602), quien toma las mejores ideas de la Epístola IX de la *Philosophía antigua poética,* llegando hasta a copiar páginas íntegras de la misma [31]. Se observa que al ensamblar hábilmente las frases entresacadas

---

[30] Véanse las anotaciones a este pasaje en la edición Muñoz Peña de la *Philosophía Antigua Poética* (Valladolid, 1894) en relación con la función del bobo y del pastor simple en la égloga y en la comedia primitiva del siglo XVI, etc.

[31] Ejemplar utilizado: Bibl. Nac. Madrid, R/17456, *Segunda Parte de la Vida del Picaro Guzman de Alfarache,* etc., cap. XVIII, pág. 319: «De muchas maneras se procura la risa en las comedias, en quanto a las obras, y en quanto a las palabras, es de avertir que unas son urbanas y discretas, que sin perjuicio notable de nadie dan materia de risa, y esta especie es tal, que puede parecer delante de Reyes y Principes, las demas que nacen de la dicacidad, murmuración, fealdad y torpeza de palabras, son malas, y asi se ha de guardar el comico dellas, porque los Reyes, Principes, y grandes aborrecen naturalmente toda fealdad. Lo del simple que usan en España, es bueno, sin perjuycio, porque causa risa, empeçando muchas sentencias, y acabando ninguna, haziendo mil precisiones muy graciosas, y es un personage que suele deleytar mas al vulgo que quantos salen las comedias, en razon de que en el cabe ignorancia y malicia, lascivia rustica y grosera, que son tres especies ridículas, y por le estar bien toda fealdad (digo en quanto es provocativa de risa) es la persona mas apta para la comedia. Y en esta invención se han aventajado los Españoles a Griegos y Latinos, que usaron de siervos en sus comedias para en fin de la risa a las quales faltaron algunas especies de lo ridículo, porque ni tenían mas que dicacidad, o lascivia, o quando mucho las dos cosas, y carecían de la ficción de ignorancia simple, la qual es autora de la risa.»

del Pinciano se ha omitido la definición esencial: «la torpeza es fundamento de la risa» (III, 33), la justificación de la risa según Aristóteles y
Cicerón, y las constantes referencias al hecho de que el ingenio urbano no
provoca a risa en el sentido de la comedia. ¿Trátase solamente de omi-
siones involuntarias, debidas a descuidos en el copiar? El Pinciano mismo,
en la *Respuesta a la epístola novena,* se había medio disculpado por haber
comunicado algunos cuentos groseros.

En Carvallo leemos:

> Zoylo: ... y con torpes meneos y habitos deshonestos se in-
> citan los malos pensamientos, por lo qual justamente fueron ve-
> dadas antiguamente, y en nuestros tiempos prohibidas...
> Lectura: ... malos exemplos ninguno los representa, pues son
> muy vistas y consideradas antes que al teatro salgan, ni tampoco
> en ellas se permiten torpes ni deshonestos habitos (*Cisne,* III, § 5).

En la Epístola sobre la comedia dirigida al Marqués de Cuéllar escribe
Rey de Artieda (la licencia para imprimir el volumen de verso es de 1604):

> *Y aun no solo reforma su vivienda* [de los actores]
> *mas las comedias que recitan, mira,*
> *y lo lascivo y descompuesto enmienda.* [estrofa 41]
> *El verso grave en su lugar, y ameno*
> *examinado quien lo tiene a cargo*
> *lo malsonante, barbaro y obsceno.* [estrofa 68]

Suárez de Figueroa, al traducir la *Piazza universale di tutte le profes-
sioni del mondo,* de Thomaso Garzoni da Bagnacavallo (Venecia, 1589;
licencia para imprimir la traducción española, 1612), lamenta —apartándose
en ello del texto italiano— que el gran número de autores de comedia incluya algunos ignorantes del «arte», con la consecuencia de que se representan en el teatro cosas escandalosas: «Assi se atreven a escrivir farsas
los que apenas saben leer, pudiendo servir de testigos el Sastre de Toledo,
el Sayalero de Sevilla y otros pagecillos, y faranduleros incapaces y men-
guados. Resulta deste inconveniente, representarse en los teatros Comedias
escandalosas con razonados obscenos, y concetos humildissimos» [32].
El Pinciano tiende ya hacia una nueva concepción de lo cómico y de
sus efectos en la comedia: tendencia que se aleja —sobre todo en la utilización del lenguaje— de la tosquedad del bobo y del simple de la comedia
más antigua y del entremés, para conducir al ingenio matizado del gracioso

---

[32] Sobre el Sastre de Toledo, véase *Revista de Filología Española,* 22 (1935), páginas 337-98. De la *Plaza universal de todas ciencias y artes,* de Cristóbal Suárez de
Figueroa (Madrid, 1615), se ha utilizado el ejemplar de la Bibl. Nac. Madrid, R/3581,
página 123.

y del lacayo de la nueva comedia desde Lope [33]. He aquí, sin duda, un ejemplo de la influencia mutua entre teoría y práctica [34].

Hacia la parte final del cuarto fragmento de la Epístola IX se dice que la risa no se subdivide solamente en «palabras y obras», sino que com-

[33] Véase María Heseler, *Studien zur Figur des gracioso bei Lope de Vega und Vorgängern,* disertación (Hildesheim, 1933); J. H. Arjona, «La introducción del gracioso en el teatro de Lope de Vega», *Hispanic Review,* 7, 1 (1939), pág. 3.
M. Herrero, «Génesis de la figura del donaire», *Revista de Filología Española,* 25, 1 (1941), págs. 47-8.
E. Kohler, «La date de 'El ejemplo de casadas', de Lope de Vega et la valeur chronologique du 'gracioso'», *Bulletin Hispanique,* 47, 1 (1945), pág. 83.
Ernst Werner, «Der Spassmacher (gracioso) in den Dramen des Cervantes und in Lope de Vegas Jugendstücken», *Gymnasium und Wissenschaft, Festschrift des Maximilian-Gymnasiums in München.* Impreso como manuscrito (1949), páginas 196-230.
H. Silverman, «El gracioso de Juan Ruiz de Alarcón y el concepto de la figura del donaire tradicional», *Hispania,* 35, 1 (1952), pág. 68.
J. Montesinos: 1. «Algunas observaciones sobre la figura del donaire en el teatro de Lope de Vega», *Homenaje a Menéndez Pidal,* I (Casa Editorial Hernando, Madrid, 1925), págs. 469-504. 2. *Estudios sobre Lope de Vega* (México, 1951).
[34] Por el artículo de Menéndez Pidal («Lope de Vega, el Arte Nuevo, etc.», *op. cit.)* sabemos que Lope consideraba también el teatro como instrumento para la formación estética de su público. Siguiendo la tendencia de las poéticas, se podía comenzar por la lengua, ya que la retórica no había perdido nada de su importancia comparada con la poética. Ya hemos visto que para el Pinciano los «conceptos y sentencias» desempeñan un papel significativo en la ordenación de los «lugares ridículos».
En la *Parte 14* de las *Comedias* (Madrid, 1621) de Lope de Vega leemos en el prólogo: «Las nuevas frasses, locuciones, donayres y otras infinitas diversidades de exornaciones en nuestra lengua, de mi [el Teatro] se saben primero que de los libros.»
Además del simple, que el Pinciano alaba por su efecto cómico particular (el término podía referirse tanto al bobo como al simple rústico de la escena de la época), aparecen aún antes del fin del siglo XVI las figuras del gracioso y del lacayo. Estas producen efectos cómicos de modo más urbano, paralelamente al refinamiento gradual del lenguaje cómico, pero desempeñan además otra función, de la que nos habla Ricardo del Turia en su *Apologético (op. cit.):*
> Y la introduction de los Lacayos en las Comedias, no es porque entiendan que la persona de un Lacayo sea para comunicalle negocios de estado, y de govierno, sino por no multiplicar interlocutores: porque si cada Príncipe le huviesen de poner la casa que su estado pide, ni hauría compañía por numerosa que fuese, que bastase a representar la Comedia, ni menos Teatro (aunque fuese un Coliseo) de bastante capacidad a tantas figuras; y assi haze el Lacayo las de todos los criados de aquel Príncipe: y el aplicar donayres a su papel, es por despertar el gusto, que tal vez es necesario, pues con lo mucho grave se empalaga muy facilmente.
De la última frase se desprende que la esencia cómica se concentraba en la persona del lacayo, en forma más elevada de la que podía ofrecer el entremés.
Sobre la figura del lacayo véase además:
Suárez de Figueroa, *Pasagero (op. cit.),* Alivio III.
Cervantes, *Persiles,* Obras Completas (1946), pág. 1773.
Quevedo, *Visita de los chistes,* BAE, XXIII, pág. 346 a.
Vélez de Guevara, *El diablo cojuelo.*
Lope de Vega, *Cartas completas,* vol. II, pág. 193.
Fingido verdadero, Acad. XV, pág. 311a / *Villano en su rincón,* IV, pág. 776. *Sortija del olvido,* Acad. IX, pág. 606b-613b.
Esta lista se basa en parte en:
J. H. Silverman, *Lope de Vega's Figura del Donaire, Definition and Description,* disertación (Univ. of Southern Calif., 1955), microfilm.

prende además otra categoría, que son los «conceptos». Aunque éstos no son más que palabras, el Pinciano parece, sin embargo, conceder importancia a distinguirlos de la clasificación tradicional de la retórica clásica. «Muchos dichos —dice Fadrique— ay ridículos que no están en figura rhetórica alguna, sino que lo son por el concepto y sentencia solamente» (III, 68). Esto es lo que Rizo llama «dicho» o «mote». El Pinciano expresa preferencia por este tipo de concepto, más bien que por aquellos cuya gracia depende solamente de la palabra o de un juego de palabras: «porque a mi gusto, agradan más los que cobran la gracia por la sentencia que no por la palabra» (III, 68). Rizo ve la diferencia entre el «dicho por palabra» y el «dicho por sentencia» en el hecho de que éste puede traducirse, puesto que es un juego de ideas, mientras que aquél es intraducible, ya que depende de la forma de las palabras mismas. Rizo toma del *Cortesano* la siguiente ilustración de un dicho por sentencia:

> Lo ridículo que está en el dicho y en el mote se haçe con un cierto aviso y recato gallardo del concepto como es el de D. Alonzo Carrillo en el Cortesano a la Señora Boadisa la qual doliendose, de que el hubiese estado toda una noche preso le dixo: «a mi me a pesado mucho de vuestra desgracia porque todos los que os conocían pensavan que el rey os había de mandar aorcar», entonces Don Alonso la replicó luego, «aunque yo también tenía mucho reçelo de esto con todo esso tenía grande esperança de que vos me pediríadeis por marido» y assi con tal respuesta si ella le trató como a hombre que merecía tan afrentoso castigo, él la trató como meretriz siendo costumbre en España, que sí una mujer pública pidiese por marido a alguno que fuese llebado a haçer justicia el conçederle la vida (Rizo, fol. 51).

8. LA SUPERIORIDAD DE LA COMEDIA ESPAÑOLA.

El Pinciano no era el único en estar convencido de la superioridad de la comedia española, precisamente por su eficacia cómica. Todos alaban la profusión de ocurrencias y el ingenio que la caracterizan; en una palabra, «lo gracioso». Juan de la Cueva la loa en estos términos:

> *Es la más abundante y la más bella*
> *en facetos, enredos y en jocosas*
> *burlas, que darle igual es ofendella.*
>
> (*Exemplar poético*, Ep. III, v. 604 ss.)

Esta comedia se caracteriza por sus gracias, burlas, donaire y sal. Según el Pinciano, la sal se encuentra en las sentencias [35]. El autor capaz de escribir una comedia de esta clase demuestra con ello su «ingeniosidad». No le falta, pues, justificación a Cervantes cuando dice en el *Quijote* (II, capítulo 3): «Decir gracias y escribir donaires es de *grandes ingenios;* la más discreta figura de la comedia es la del bobo, porque no lo ha de ser el que quiere dar a entender que es simple.»

El Pinciano formula una regla en consecuencia: los chistes, el ingenio y lo cómico en general exigen pericia y capacitación por parte del autor: «Y advierto que, como diximos en la trágica, el que quiere mover lágrimas, si no lo sabe hazer, mueve a risa; el que quiere mover risa, si no acierta, mueve a vómito» (III, 43) [36].

---

[35] El español de hoy sigue convencido de ser más saleroso y tener más donaire que otras naciones. Ello explica el título de una revista que tuvo mucho éxito en 1953-4: *Salero de España.*
[36] Se cita por la edición príncipe (Bibl. Nac. Madrid R/4451), puesto que el texto de la nueva edición de 1953 es defectuoso.

Capítulo VIII

LO TRAGICO

Estas tocas sangrientas, y corona
y la luçida espada de dos cortes,
os descubre mi nombre, que es Tragedia
nascida de Pecados de los Reyes.
(L. L. de Argensola, *Tragedia Alejandra, Loa,* 1581-5.)

1. LO TRÁGICO EN LA «ALEJANDRA» DE LUPERCIO LEONARDO DE ARGENSOLA.

La *Tragedia Alejandra* de Lupercio Leonardo de Argensola [1] satisface hasta la saciedad la teoría que exige que la acción de la tragedia se componga de sucesos desgraciados, sangre, muerte, terror y lágrimas. Es el ejemplo

---

[1] Se han tomado los textos de los Mss. 18094 y 14837 de la Bibl. Nac. de Madrid (véase Paz y Melia, *Catálogo de los Ms. de la Bibl. Nac.*, I, Madrid, 1934; Pérez Pastor, *Bibl. Madril.*, III, 410). El texto impreso por Sedano, *Parnaso Español*, volumen 6, Sancha (1772) discrepa con cierta frecuencia de los manuscritos. Es por consiguiente aconsejable consultar estos últimos. Conde de la Viñaza, *Obras sueltas de Lupercio y Bartolomé Leonardo de Argensola*, tomo I, Colección de Escritores Castellanos, 69 (Madrid, 1889).

Véase la *Vida de Lope de Vega*, de Rennert-Castro, pág. 203: «En octubre habla Lope al duque de los impresos de sus comedias, que aquel coleccionaba, dándole al mismo tiempo curiosas, aunque 'poco eruditas noticias' (La Barrera, 172. La carta está publicada por Schack, *Nachträge,* 34, traducción española, II, 310). Así, por ejemplo, dice de las tragedias de Argensola: 'De Lupercio hubo algunas tragedias, pienso que buenas, lo que permitió aquel siglo, en que ni los ingenios eran tantos ni los ignorantes tan atrevidos'.»

He aquí la lista de los autores trágicos del siglo XVI y principios del XVII:
Vasco Diaz Tanco de Fregenal; Fernan Perez de Oliva; Fr. Geronimo Bermudez; Juan Boscán; Juan de Malara; Miguel de Cervantes Saavedra; Juan de la Cueva; Gabriel Laso de la Vega; Andreas Rey de Artieda; Cristoval de Virués; L. L. de Argensola; Christoval de Mesa; D. Guillen de Castro; Lope de Vega; Mexia de la Cerda; Hurtado Velarde; Esteban Manuel de Villegas; Jusepe Antonio González de Salas; Fr. Lopez de Zarate; Estos son los poetas que hasta aora nos consta haber compuesto y traducido Tragedias en Castellano.

D. Agustín de Montiano y Luyando: *Discursos sobre la Tragedia española* (1750-3).

J. P. Wickersham Crawford: 1. «Notes on the tragedies of L. L. de Argensola», *Romanic Review*, 5 (1914), págs. 31-44. 2. *Spanish Drama before Lope de Vega* (1922), pág. 178 (L. L. de Argensola, *Alejandra*):

mismo de una tragedia que trata de cautivar la atención del público por
lo horripilante de los sucesos representados, persiguiendo al mismo tiempo
la finalidad de dejarle bien convencido de que el vicio entraña siempre
desastrosas consecuencias.

Veamos de qué modo consigue el autor este fin. La tragedia se concluye —estrictamente de acuerdo con la teoría más tradicional, tal y como
la encontramos, por ejemplo, en Luis Vives [2]— con una especie de epílogo moral y pedagógico que resume toda la acción de la obra, para que
al espectador no se le pase por alto ni la más mínima de las lecciones
que ofrece la tragedia.

La codicia y la concupiscencia de *Acoreo* son causa de numerosos peligros y muertes. Los actos de *Lupercio* llevan la mancha de una doble
infidelidad: traiciona no sólo a la casa real, sino también a su propia dignidad humana. La reina que viola —aunque no sea más que con la lujuria
del pensamiento— las sagradas leyes del matrimonio llega al desastroso
fin que ilustra la obra. También *Remulus* y *Ostilus* encuentran el premio
y el castigo que merecen. Aunque en ciertas ocasiones les moviese verdadero amor, contra *Lupercio* actúan impulsados por la envidia. Se vierte
sangre de justos e inocentes, pero el cielo permite que la venganza alcance
a los que la vertieron en provecho propio. Otros traidores, que creían poder
asesinar a su señor, atribuyendo la responsabilidad del acto al enemigo,
son objeto del justo castigo del cielo. Y el príncipe imprudente, a quien
los enamoramientos hacen olvidar el deber, que le impone la justicia, de

> It is easy to ridicule the horrors of this play, but we should not forget
> that melodrama, with scenes of bloodshed, was a natural inheritance from
> Seneca, and that Alejandra should not be compared with the plays of Lope
> de Vega and Tirso de Molina, but with the «Spanish Tragedy», with Giraldi
> Cinthios's Orbecche and with the tragedies of Robert Garnier, all of which
> represent approximately the same stage of dramatic development as the plays
> of Argensola.

O. H. Green, *The life and works of L. L. Argensola* (Philadelphia, 1927).
Trad. esp. 1945.

Sobre la tragedia del siglo xvi véase también un trabajo reciente de Herbert
Eugene Isar, *The Tragedies of Gabriel Lobo Lasso de la Vega (1587)*, disertación
(Univ. of Pennsylvania, 1955).

[2] Compárese el «coro del ejemplo» al final de la *Dorotea* de Lope de Vega.
Encontramos un ejemplo más antiguo en la *Tragicomedia alegórica del parayso
y del infierno* (Burgos, 1539), (Bibl. Nac. Madrid, R/9491): «Aplicación desta auc-
toridad al proposito de las dos barcas.» Se dirige al lector (!).

Esta clase de *conclusio*, como la encontramos en Argensola y Lope, hace pensar
en la *peroratio* de los retóricos (Quintiliano y Cicerón). Contiene en efecto la reca-
pitulación que exige la peroración, con la intención de dejar una impresión final
neta e inequívoca en la mente del que la lee o escucha. Es la misma función que
la del coro de la tragedia clásica al fin de cada acto. En Lope es precisamente el
«coro» quien pronuncia la conclusión. Argensola, por el contrario, en la «Loa de la
tragedia» *(Alejandra)* subraya el hecho de que la eliminación del coro representa
una modernización de la tragedia: «me han quitado tambien aquellos coros / que
andaban de por medio entre mis scenas». Encontramos también la misma actitud
ante el coro de la tragedia en la teoría francesa (véase Weinberg, *op. cit.*). Argensola utiliza entonces el epílogo moralizante, en lugar del coro, a guisa de conclusión.

vengar a su padre, acaba también en brazos de la muerte. *Sila* muere con él por haber inclinado sus pensamientos a cosas bajas.

Lo horrible de la acción se encarna materialmente en la visión de la figura de un viejo, cubierto por una camisa empapada en sangre, con una antorcha en la mano y la cabeza cubierta de «un tocado sangriento». En las acotaciones se indica que, de ser posible, al lado del viejo debe de arder un humeante fuego de pez. Esta escena se sitúa en el sepulcro de *Tolomeo,* asesinado a traición por *Acoreo* [3].

Por el epílogo se ve claramente que el autor no ignoraba la definición de la tragedia que da el Estagirita [4], y que trataba precisamente, de acuerdo con ella, de condenar el vicio, limpiando las emociones del espectador mediante el terror y el espanto. Pero el sentido original de la conocida fórmula aristotélica se modifica en Argensola no sólo por una concepción de la puesta en escena del terror y de la muerte que demuestra el influjo de las tragedias de Séneca, sino también por la vigencia de una definición de la *causa finalis,* de la finalidad de la poesía trágica, que se seguía todavía citando en el siglo XVII. Procede de los comentarios más antiguos a Terencio (por ejemplo, Badio) y la encontramos aún en la epístola de Cascales a Lope de Vega:

> El P. Martín Antonio Delrío, religioso de la Compañía de Jesús, en sus comentarios sobre la Tragedia de Séneca, en el prolegómeno, dice que en la Tragedia se nos propone la vida y costumbre que habemos de huir y abominar [5].

En todo caso, de esta fusión de distintas concepciones se desprenden dos condiciones principales para la acción trágica: que la acción debe contener abundantes elementos de terror y espanto, y que debe provocar estos mismos afectos en el espectador, persiguiendo con ello no sólo la catarsis, sino también el fin de luchar contra el vicio y defenderse del mal. Las tragedias *Alejandra* e *Isabela* [6] ilustran la concepción que tenía el humanista Lupercio Leonardo de Argensola de lo trágico en la escena. Habrá ahora que ver cómo se concebía lo trágico en las poéticas españolas después de haberse difundido las teorías de Aristóteles sobre la poesía.

2.   «ἔλεος» Y «φόβος»

Ningún otro género dramático disponía de una base teórica antigua rela-

---

[3] Véase *Apéndice: Textos,* p. 164.

[4] Loa: «El sabio Estagirita da liciones, / como me han de adornar los Escritores.»

[5] Francisco Cascales, *Cartas Philológicas,* Clas. Cast. No. 117, vol. II, pág. 52.

[6] En los Mss. (G) 18094; 14629; 48 (0) 14837.

tivamente tan completa como la tragedia. Cabría, por consiguiente, suponer que quedaba poco margen para que las poéticas desarrollasen ideas
y razonamientos propios. Sin embargo, se observan notables diferencias
entre algunas de ellas en la interpretación de la doctrina aristotélica. No
en vano intituló González de Salas su poética, basada en el texto de Heinsio, *NUEVA IDEA de la tragedia antigua.* Por más que se haya podido poner
en tela de juicio lo novedoso del tratado, no cabe dudar de la intención
que proclama su título.

Según la definición de Aristóteles en VI, 1449b, 24-8, la tarea del
autor trágico consistía en «limpiar» a su público de pasiones tales como
el miedo, el temor, el terror y la compasión, sirviéndose para ello de las
pasiones mismas. La estructura de la acción trágica tenía, por consiguiente,
que supeditarse totalmente a la finalidad de causar *miedo y misericordia*
o *temor y compasión,* como traduce el Pinciano los conceptos aristotélicos de φόβος y ἔλεος.

Los traductores españoles de aquella época coinciden en gran parte,
en la selección de vocabulario, con la interpretación moderna de Schadewaldt de φόβος como pavor y ἔλεος como compasión o conmiseración [7].
Cascales habla de *horror* y *terror.* Salas, de *horror, miedo, dolor* y *tor-*

mento, para no mencionar más que algún ejemplo. Ἔλεος se traduce en
las poéticas españolas por *lástima, misericordia* y *compasión.* Para determinar el verdadero contenido semántico de este vocabulario hay que examinar los medios y procedimientos que se recomiendan para provocar estos
afectos.

Ἔλεος y φόβος son, según el Pinciano, afectos, «pasiones» o «pertur-
baciones» y, por consiguiente, ni buenos ni malos en cuanto tales, sino
simplemente naturales. Pertenecen al grupo de «tristitia, alteratio, timor,
odium, desesperatione, ira; tristitia et dolor utrum mitigetur per compas-
sionem» [8]. En lo que se refiere a examinar cuál es la verdadera naturaleza
de estas «pasiones del alma», sus relaciones mutuas, y cuáles son los personajes en los que se manifiestan con mayor facilidad (cuestiones que
habían ocupado ya a los tratadistas italianos y que siguen interesando a
los modernos [9]), el Pinciano parece ser, de todos los autores españoles, el
único que profundiza en la materia [10].

    [7] Wolfgang Schadewaldt, «Furcht und Mitleid», *Hermes, Zeitschrift für klas-
sische Philologie,* Vol. 83, Fasc. 2 (1955), pp. 129-71.
    [8] Véase Santo Tomás de Aquino, *De Passionibus,* 1-2ae, XXIIss. Se observa
hasta qué punto el Pinciano se basa en las doctrinas de Santo Tomás de Aquino,
comparando los pasajes I, pág. 88 ss. y II, pág. 311 con 1-2ae, XXIV.2. Se esfuerza
por orientarse y situarse entre las doctrinas de los peripatéticos, los estoicos, y la
doctrina cristiana representada por Santo Tomás. Las «passiones» debían de intere-
sarle también en su calidad de médico, como se ve por el texto mismo (II, pág. 312).
    [9] Véase Gudeman, ed. de la *Poética* de Aristóteles, pág. 162 ss., 164 ss. y 171.
    [10] II, pág. 311 ss.

La *Poética* y la *Retórica* de Aristóteles constituían el punto de partida para una investigación de esta naturaleza, para la cual proporcionaban al mismo tiempo el material necesario. Se trataba de una cuestión de importancia para la estructura de la fábula trágica, puesto que la elección misma del tema a tratar no deja de depender hasta cierto punto de las condiciones psicológicas del público. Recuérdese que, según Aristóteles, no se trata de provocar un afecto cualquiera, sino temor, espanto y compasión. El Pinciano parte muy justificadamente de la idea de que el autor de tragedias debe familiarizarse, al igual que el orador, con las posibles reacciones de su público, aunque no consigue por completo definir las diferencias que distinguen la situación de éste de la de aquél. Sus observaciones se apartan apenas de los textos antiguos en que se fundan y son más bien comentarios humanísticos y filológicos —reflejando la actitud habitual en los preceptistas de los siglos XVI y XVII— que una aplicación práctica de los principios a una situación real y actual. De esta aplicación práctica se encargan, con plena conciencia de lo que ello significa, los grandes dramaturgos del Siglo de Oro, procediendo a seleccionar las teorías desde el punto de vista de su utilidad práctica.

Desde luego, entre una teoría fundada en la crítica filológica de textos y sus posibles aplicaciones prácticas tenía que haber inevitables tensiones. González de Salas se muestra particularmente sensible a ellas y distingue cuidadosamente entre las exigencias prácticas de la escena antigua y las de la moderna, que reflejan en no poca medida las distintas estructuras sociales de sus respectivos públicos [11].

Esto indica, a su vez, que las poéticas españolas no tienden tanto a dictar reglas *a priori* para los distintos géneros poéticos, sino más bien a confrontar la «tradición» con la «experiencia», las tradiciones de la antigüedad con la práctica de su propia época, sin dejar de insistir —incluso en el caso de autores cultos como Lope de Vega— en la conveniencia de observar los preceptos de un arte susceptible de ser aprendido, al que se llama con gran frecuencia no poética, sino retórica.

Pero volvamos al tema: la causa más inmediata de compasión, según el Pinciano, es el pensamiento de que sufrimientos análogos a los representados podrían ser experimentados por el espectador mismo o por sus familiares [12]. Los dos afectos, *temor* y *compasión,* ¿se presentan simultáneamente o en momentos distintos? Si no son simultáneos, ¿precede el temor a la compasión, o viceversa? ¿Es verdad que sólo quien presencia la acción contemporáneamente a su desarrollo original (o sea, en este caso, el coro de la tragedia) puede en realidad experimentar dichos afectos? El temor y la compasión que siente el espectador ¿se centran exclu-

---

[11] González de Salas, *Nueva idea,* Introducción.
[12] II, págs. 335 y 338.

sivamente en la persona del protagonista o vienen a referirse a su propia persona? El Pinciano se ocupa sólo muy someramente de estas cuestiones, que han despertado siempre el interés de los preceptistas, especialmente en épocas posteriores [13]. En general, se puede decir que el Pinciano trata de todos los problemas relativos a ἔλεος y φόβος en forma menos completa y detallada de la que observamos en ciertos preceptistas italianos de su tiempo.

El temor y la compasión, dice, no pueden actuar conjuntamente más que cuando uno de los dos afectos es más intenso que el otro, pero no se presentan nunca simultáneamente en grado excesivo: el asesinato de una persona provoca temor ante el asesino y compasión por el muerto. Esta compasión, o mejor dicho, *lástima* y *misericordia,* parece situarse entre la *conmiseración* en el sentido que da Schadewaldt a ἔλεος y el *sentimiento filantrópico* de Lessing, por no decir el enternecimiento.

Si el espectador se halla en situación tal que pueda en el futuro correr el peligro de una muerte análoga a la del protagonista, sentirá más temor y menos compasión. El triste y desesperado, como el que confía excesivamente en su buena fortuna, no se mueve fácilmente a compasión. Aquél es prisionero de la violencia de sus propias emociones; éste tiene tanta confianza en sí mismo que no es capaz ni de temor ni de compasión. Para el Pinciano, todo el que está dominado por una pasión cualquiera, como la ira, la envidia (!) y el temor, no es apto a la compasión. Algo parecido, aunque por distintas razones, sucede en personas débiles, como los ancianos, los niños y las mujeres, que tienen disposición particularmente buena para la compasión, pero no poseen prudencia ni fuerza de carácter suficientes para librarse del afecto mediante la catarsis, con lo que la compasión puede llegar a convertirse en un hábito nocivo (II, páginas 332 ss.), que pone en peligro la integridad y la estabilidad del carácter [14].

---

[13] Véase M. Kommerell, *Lessing und Aristoteles. Unterschungen über die Theorie der Tragödie* (Francfort, 1940).

[14] Véase también Aristóteles, *Rhet.,* 2, 8. 1385 b, 13 - 1386b, 8.

Santo Tomás de Aquino, en su crítica de los peripatéticos, dice que la misericordia es una virtud: 2-2ae XXX. 3 («consequens est misericordiam esse virtutem»), compárese 2-2ae XXX ss.; 1-2ae LIX «De Distinctione Virtutum moralium secundum relationem ad Passiones». La compasión es defecto «vel in quantum aliquis defectum alicuius reputat suum propter unionem amoris, vel propter possibilitatem similia patendi».

El Pinciano trata de reconciliar ambos aspectos, razón por la cual es muy pertinente en su caso la distinción de Schadewalt entre misericordia y compasión o conmiseración. Véase, por ejemplo, II, pág. 315:

Y el Pinciano entonces: Pues yo auía oydo dezir que era virtud grande el ser una persona compassiva. Fadrique respondió: Si lo dexa de ser por falta de sentir, falta es muy grande, *mas de la manera* que Ugo dize, es muy gran prudencia y aun virtud acquisita, necessaríssima para los hombres y mugeres, porque de la *ternura* [con lo que da evidentemente a entender que no se trata aquí de la «misericordia» cristiana] y compassión demasiada vemos muchos

El público más idóneo para la tragedia de tipo aristotélico parece, pues, componerse, según el Pinciano, de personas fuertes, sagaces y prudentes, cuyas cualidades y experiencia se mejoran aún bajo el efecto de la catarsis. Con ello llega el Pinciano a la conclusión, implícita ya en la teoría antigua, que la tragedia es un género dramático para público serio, mientras que el género apto para el público medianamente cultivado es la comedia y, en particular, la comedia morata, que describe y enmienda las costumbres, pero también aquel tipo de tragedia «bastarda», como la de Argensola, en la que el bien es recompensado y el mal castigado.

El Pinciano estima que una de las finalidades principales de la tragedia es la de provocar al público a compasión, sin perseguir con ello el propósito de fomentar la virtud cristiana de la *misericordia* (término utilizado también, por ejemplo, por Cascales). Por el contrario, de lo que se trata es de inmunizar al espectador contra sentimientos de esta naturaleza, que menoscaban su energía y capacidad de acción [15]. Mueven a compasión la representación de muertes, peligros de deudos, mudanzas de fortuna, ofensas, desengaños con amigos, destierros y lejanía de personas amadas (II, 339). Estos acontecimientos o «cosas» (II, 339), como las llama el Pinciano, afectan en mayor grado al espectador cuando conciernen a una mujer, a viejos o a niños, cuando el que sufre es más bien bueno que malo, cuando se trata de grandes señores y no de *gens anonima,* o cuando caen sobre una persona de Iglesia en vez de un seglar (II, 340). Todo ello sin olvidar el temor, puesto que se especifica que la acción debe contener gran cantidad de muertes, terrores, espantos y calamidades.

Salas mantiene que no es necesario que ambos afectos se presenten conjuntamente en la tragedia. Unas tragedias se inclinarán más por el *temor,* mientras que otras harán mayor hincapié en la *compasión.* Aún más: basta causar «perturbación», o sea, un cierto movimiento de las emociones (*Nueva Idea,* pág. 51).

3. MULTAQUE TOLLES EX OCULIS.

En la poética de Rizo hay un capítulo dedicado a describir la constitución de una tragedia perfecta, proponiendo así un paradigma exclusivo al autor de obras dramáticas.

Aristóteles, por el contrario, si bien señala en su *Poética* con frecuencia cuáles son las clases de acción que ofrecen mejores posibilidades

---

inconvenientes, y de la fortaleza, en esta forma, ningunos y pocos. Sí, señor, Ugo dixo, que el rey muy tierno, y el juez muy muelle, y el padre familias muy blando harán una política y una economía muy tierna, muelle y blanda.
[15] Pinciano, II, pág. 314.

8

y cuáles son las tragedias que con mayor propiedad ilustran su definición del género, no pretende conferir valor absoluto a una única forma de drama trágico. La idea de la *tragedia perfecta,* que lo es por seguir escrupulosamente las reglas establecidas, surge solamente, como se sabe, en el siglo XVI. No es extraño, pues, que se observen ciertas contradicciones en las teorías de aquella época cada vez que tratan de elevar a la categoría de lo absoluto uno u otro de los elementos que encuentran en el Estagirita. Así se comprende que el paradigma de la tragedia sea el *Edipo* para unos autores (el Pinciano, Cascales) y la *Ifigenia* para otros (Rizo, Salas), o que vayan a buscar otros ejemplos completamente nuevos en la literatura latina. En un punto, sin embargo, están todos de acuerdo, a saber, que las tragedias son principalmente —como dice Salas— fábulas «que contienen horrores y crueldades y que haian de excitar en el oiente aquellos affectos» *(Nueva Idea,* pág. 17).

Horacio había prescrito que «multaque tolles ex oculis, quae mox narret facundia praesens». Aristóteles formula una distinción entre la acción que se caracteriza por πάθος, representando en escena asesinatos, torturas, crueldades, heridas y sangre [16] y otro tipo en el que la tragedia es consecuencia implícita de la articulación de la acción misma (o sea, el concepto de la tragedia vigente aún hoy en día). Este segundo tipo ofrece también los rasgos inconfundibles de la tragedia: aflicciones, muertes y calamidades, pero la finalidad que persigue es la de penetrar en capas más profundas de la personalidad del espectador. No se trata aquí simplemente de causar un escalofrío de horror, sino de revelar lo trágico de una situación, de una decisión con la cual —aunque en forma más banal— puede tenerse que enfrentar cualquiera, lo que le da validez universal y conmueve al espectador en lo más profundo de su corazón. De esta tragedia, cuyo efecto no depende de la representación escénica, dice Aristóteles que es la más genial.

Las dos clases de tragedia, la *patética* (Aristóteles, *Poética,* XI, 1452b, 10) y la *implexa* (πεπλεγμένοι, Aristóteles, *Poética,* X, 1452a, 11), que producen sus efectos respectivos, aquélla de modo externo por medio del simple *spectaculum* y ésta por la peripecia, la mudanza de la situación resultante de la estructura misma de la acción [17], podían ilustrarse con abundantes ejemplos. Salas hace observar que la regla de que los sucesos horripilantes no debían representarse en escena no fue uniformemente aplicada en la antigüedad y cita como ejemplos la *Medea* y las tragedias de Séneca. Aun Horacio y Aristóteles, dice, están en desacuerdo en este punto, si bien reconocen que es de preferir aquella tragedia en la que la perturbación y pasión del ánimo son solamente resultado de la estructura de la acción, sin necesidad de otras artes *(Nueva Idea,* pág. 40).

---

[16]   Arist., *Poética,* XI, 1452b, 10 ss.
[17]   Arist., *Poética,* XI, 1452a, 22 ss.

En las acciones que Aristóteles y sus comentadores llaman *simples* (ἁπλοῖ, *Poética, X*, 1452a, 11) y que no ofrecen, como las implexas, amplias posibilidades para excitar en el espectador el terror y la compasión mediante peripecias y anagnórisis («conocimientos» ἀναγνωρισμοῖ, X, 1452a, 16), los episodios tendrían necesariamente que elaborarse, según Salas, con mayor minuciosidad. Para tener éxito, tendrían que añadírseles más «condimentos», o sea, mayor lujo de *pathos* de contenido, espectáculo y lenguaje que en el caso de las tragedias compuestas (implexas).

4. SOBRE LA TRAGEDIA PERFECTA.

Rizo y Salas siguen de cerca la clasificación aristotélica de la tragedia en cuatro especies: la *compuesta* (implexa), la *patética,* la *ética* (morata) y la *simple* (homóloga) o *infernal.* El Pinciano, por el contrario —y, con él, Cascales—, opina que las tragedias, como las comedias, pueden subdividirse en dos grandes grupos, uno de los cuales se caracteriza por una acción de desarrollo *simple* y la otra por su desarrollo *implexo* (Pinciano, II, pág. 318). La *tragedia simple* podía presentarse en forma *patética* o en forma *ética;* igualmente la *tragedia compuesta.* Pero estas denominaciones adquieren ahora sentido distinto: una *tragedia patética* es la que puede excitar temor y compasión sin violar el *multaque tolles* de Horacio. El Pinciano cita como ejemplos la *Hécuba* de Eurípides, el *Ajax* de Esquilo, el *Edipo* y el *Hércules Oteo.* Esta *tragedia patética* debe concluir mal, o llegar a un desenlace feliz solamente después de muchos sufrimientos y desastres, como en el caso de las dos *Ifigenias*[18]. La representación visible de escenas de sangre, terror y muerte ha dejado de ser la característica distintiva de la *tragedia patética* en el sentido aristotélico.

La *tragedia morata,* tanto si era *simple* como *implexa,* se componía principalmente de descripciones de costumbres, con intención moralizante.

---

[18] Pinciano, II, pág. 343: «Y, si el que va a matar ignora quién sea aquel a quien va a matar y no le mata después, porque viene en su conocimiento, como Iphigenia vino en reconocimiento de Orestes, tiene mucho de lo deleytoso y poco de lo trágico.»

II, pág. 345: «y para esse buen fin que tuvo la Iphigenia, ¡quántas miserias y desventuras y tormentos de coraçón passaron Agamenón, Clitemnestra y la misma Iphigenia! ¡Qué clavos en el alma el padre! ¡Qué miserables llantos! Mirad bien, señor Pinciano, que, aunque no acabó en mal, sino en bien, fué por caminos tan pesados el buen sucesso, que Eurípides no quisiera que el rey Archelao le diera materia para tragedia. Muertes han de tener las finas tragedias y puras, y las que son mezcladas con la cómica, han de tener terrores y espantos y calamidades en el medio y fin de la acción hasta la catástrophe y soltura del ñudo.»

II, pág. 346: «Y como toda tragedia ha de estar llena de terrores y lástimas agora sea pathética, agora morata, sino de la pathética han de ser mayores y han de acabar con fin trágico y miserable si ha de ser bien trágica.»

En ella se castigaba al vicio y se recompensaba a la virtud, de modo que
el desenlace era bueno o malo para los distintos personajes según sus
merecimientos y, en todo caso, *justo*. También esta clase de tragedia
ofrecía las características de la acción trágica, o sea, muerte y lágrimas,
pero no producía en definitiva el efecto que pide Aristóteles, puesto que
su desenlace apaciguaba las emociones de temor y compasión que hubiese
podido despertar anteriormente, dejando una sensación de satisfacción
que se parecía más bien a la de un desenlace de comedia. Así ve Cascales en la «fábula compuesta y morata» (según Aristóteles, XIII, 1453a,
12 ss.) una forma de drama que corresponde sobre todo a la comedia,
pierde el efecto esencialmente trágico y es más bien un género útil.

La mejor forma de tragedia resultaba, pues, ser la *patética* en el sentido que dan a la palabra el Pinciano y Cascales. Es la que se caracteriza
por contener una única peripecia, una sola mudanza que hace pasar la
acción del principio apacible al desastroso fin, lo que Cascales llama
tragedia de acción simple (Tablas, De la tragedia, págs. 314 ss.). En la
acción compuesta, por el contrario, se seguían los destinos de distintas
personas, algunas de las cuales caían de la felicidad en el infortunio,
mientras que otras pasaban de la desgracia a la felicidad. Como ejemplo
se mencionaba el retorno de Ulises a Penélope (Aristóteles, *Poética,* XIII,
1453a, 30 ss.). Ilustraciones prácticas de construcción dramática *implexa*
se encontraban sobre todo en Terencio (véase *Tablas, De la tragedia; De
la comedia).* Algunos encontraban buenos los ejemplos de Terencio, otros
los rechazaban hasta para la comedia (por ejemplo, Rizo).

Según Salas, las *Troyanas* de Séneca son el mejor ejemplo del tipo
de tragedia que Aristóteles había calificado de más perfecta *(Nueva
idea,* pág. 47). La traduce en español para ilustrar los preceptos de su
poética. No se compone más que de la mudanza esencial de la acción
para pasar de la felicidad a la desgracia. Sin embargo, Salas mismo advierte más adelante que no hay que creer que Aristóteles rechazase por
completo la tragedia compuesta: «Advertencia es esta, creo io, que mui
nueva para los doctos de esta profesión» *(Nueva idea,* págs. 49 ss.).

Al someter a examen la acción trágica y su desenlace no se podía
no llegar a la conclusión de que en ella, como en la vida real, la desgracia de uno hace muy a menudo la felicidad del otro. Ejemplos evidentes, para no referirse más que a temas clásicos, son el ya mencionado
retorno de Ulises y la destrucción de Troya *(Nueva idea,* págs. 45 ss.). En
ciertos casos, la acción compuesta podía perfectamente tener efecto trágico,
a pesar de los ejemplos mencionados por Aristóteles. En definitiva, Salas
prefiere las «fabulas de doblada constitución», en las cuales observa que
se distinguen los autores dramáticos de su tiempo [19].

---

[19] *Nueva idea,* pág. 238: «Admirable doctrina es esta para nuestros Cómicos,
pudiendo quedar de aquí tan advertidos, de el modo con que haian de enriquecer

En esta materia difieren las opiniones de Salas y de Rizo. Este último condena las fábulas de constitución doble. Además, considera que las *Troyanas,* por tener no una, sino varias protagonistas, es una tragedia que viola el principio de la unidad de la acción.

En general, se puede decir que se consideraba como *tragedia perfecta* la *tragedia compuesta, patética de acción simple,* o sea, una tragedia con peripecia, sin representación visible de escenas de muerte y sangre, las cuales se sitúan en el tiempo que precede a la acción dramática o se hacen suceder fuera de la escena y que tiene una sola mudanza de fortuna. Falta ahora examinar con qué medios podía esta tragedia, según los preceptistas, conseguir la finalidad de provocar miedo, terror y compasión.

5. LAS PERSONAS DE LA ACCIÓN TRÁGICA.

Las personas de la acción no debían ser ni dechados de virtud ni monstruos de maldad. De lo contrario, la caída de aquéllas de la felicidad en la desgracia o el ascenso de éstas del infortunio a la felicidad no causaría terror ni compasión, sino desagrado. Pero una peripecia al revés —o sea, simplemente la justificación del bien y el castigo del mal— causaría simplemente satisfacción, sin salirse de lo ejemplar.

Para aprovechar como se debe la capacidad del espectador para sentir terror y compasión, la tragedia tenía que tratar de un caso de infortunio inmerecido. Para satisfacer esta exigencia era esencial que el protagonista no fuese excesivamente virtuoso ni justo, pero tampoco malo ni vicioso, sino de carácter medio. Tenía que ser como nosotros mismos, ὅμοιος (Aristóteles, *Poética,* XIII, 1453a, 4-6). La caída de la grandeza y la prosperidad a la desgracia era debida a una falta, a un error, como puede cometerlo cualquier hombre (Aristóteles, *Poética,* XIII, 1453a, 7 ss.). Los conceptos ὅμοιος y ἁμαρτία, el carácter de la persona y el fracaso de la misma debido no al carácter, sino a las circunstancias, son problemas de la poética aristotélica que mucho se han discutido en relación con la catarsis. En efecto, estas condiciones excluirían la posibilidad de una tragedia que trate de culpa, expiación y justicia, de una tragedia principalmente *ejemplar,* como la de Argensola, que perseguía además la mejora moral del espectador por el miedo.

El sufrimiento del protagonista, escribe Kurt von Fritz[20], estriba en su soledad moral después de haber cometido el acto culpable o, mejor

los argumentos de sus Comedias, pues tanto son reprensibles, las que padecen el contrario defecto.»

[20] Kurt v. Fritz, «Tragische Schuld und poetische Gerechtigkeit», *Studium Generale,* fascs. 3 y 4 (abril-mayo 1955).

dicho, ἁμαρτία = grave. Véase, por ejemplo, el horror de Edipo ante sus actos, de los que no se puede decir que sea, estrictamente hablando, culpable. El efecto de compasión radica en la conmiseración que se siente por el protagonista en su trágico destino, mientras que el efecto de terror es la aprensión de que pudiese sufrir uno un destino análogo, o sea, verse obligado, sin saberlo o aun a sabiendas, a cometer un acto que repugna al sentido moral[21]. Pero la influencia de la filosofía estoica cambia la situación del protagonista: a la luz de ella se disuelve la antinomia trágica, la situación sin salida en que se debatía el protagonista y que, según Kurt von Fritz, superaba toda fuerza moral y todo discernimiento ético. Con ella desaparece también toda una concepción de la vida. Las teorías y la práctica poéticas de los siglos que siguieron al XVI son prueba fehaciente de hasta qué punto influyeron en este sentido Séneca y el cristianismo en la interpretación de la catarsis.

Aún en 1559 atribuía Minturno la caída trágica del «grande» al error humano, y no a la culpa. Todo lo poderoso y lo elevado parece estar expuesto a radical amenaza. También el Pinciano y Cascales hacen hincapié en el error. Salas ve la causa de la mudanza de fortuna en un «delito impensado» (Nueva idea, pág. 44). Siguiendo la Etica de Aristóteles, Cascales formula las siguientes distinciones: los actos de la persona son voluntarios o involuntarios. Actos involuntarios son aquellos a los que se ve obligada la persona por la fuerza o bien los que comete por temor de un mal mayor o por desconocimiento de la situación. Solamente estos últimos entran en la categoría de lo trágico. Pero Cascales distingue aún aquí entre «pecar ignorantemente» y «por ignorancia». Pecar ignorantemente quiere decir que la persona tiene los sentidos y el espíritu tan turbados por la ira o los vapores del vino, por ejemplo, que no es capaz de distinguir claramente entre el bien y el mal. Peca por ignorancia, por el contrario, la persona que comete un acto indebido por necedad o por desconocer que se trata de una acción reprobable.

Tanto Cascales como Salas estiman que tales actos entrañan, sin embargo, un cierto grado de culpa. La culpa es involuntaria, en cuanto el acto se comete sin mala intención, y solamente por imprudencia y error humano, pero la persona lo comete libremente: hay culpa objetiva, pero no subjetiva, puesto que antes del acto de la voluntad no había conocimiento del pleno alcance del mismo. Este residuo de culpa objetiva da sentido, hasta cierto punto, a los acontecimientos trágicos, soslayando

---

[21] Kurt v. Fritz, op. cit., pág. 200; Gudeman, Poética de Arist., pág. 240 ss.
Eugen Lerch: «Passion» und «Gefühl» (Leo Olschki Editore, Florencia, 1938), XVII.
Albin Lesky: 1. Die tragische Dichtung der Hellenen (Göttingen, 1956).
2. Die griechische Tragödie (Kröner, Stuttg., 1958).
3. «Die Tragödie und das Problem des Tragischen». Conferencia pronunciada en la Univ. de Bonn (enero 1957).

el problema de la absurdidad del sufrimiento, que tanto se ha planteado en nuestros tiempos (véase Scheler, *Anouilh: Antigone, Pièces noires*).

El texto de Aristóteles había ocasionado abundantes debates entre los comentadores. ¿No decía Aristóteles en su *Retórica* (I, lib. 2, *ubi de timore et misericordia disputat*; véase Salas, *Nueva idea*, pág. 41) que el infortunio del justo es legítima causa de compasión? ¿No era, pues, precisamente una persona buena caída en la desgracia el mejor protagonista para despertar compasión en el espectador? Salas trata de «defender» este pasaje de Aristóteles, pero no llega más que a la conclusión poco original de que la compasión o el temor son, en tal caso, reacciones excesivamente débiles: «porque a una acción tan abominable i nefanda solo corresponde un animo attonito i pasmado», cuando un caso de esta naturaleza es objeto de representación escénica y no sólo de narración por un orador que lo relata al público. Cita a este respecto el ejemplo de *Amasis,* que lamenta la indigencia en que ha caído el amigo, pero no la muerte del hijo. Este mismo ejemplo cita el Pinciano (II, 33a), señalando que hay ciertos límites («termino y medio de la desventura») a las posibilidades de provocar temor y compasión. Salas hace valer luego el siguiente argumento:

> Igualmente appruebe [Aristóteles] al Indifferente ... i assi mismo al Bueno. i que ambos desciendan de la prospera Fortuna a la adversa: que es la Mudança que io he dado por propria para la Tragedia. De donde podrán entender ià los Criticos de esta profession, que Averroes no repugna a Aristoteles, quando en la Paraphrasis que hace de su Poetica, constituie al Sagrado Joseph, hijo de Jacob por opportuno argumento para la Tragedia, siendo aquel insigne Patriarcha viva Idea de innocencia, i de sanctidad.
>
> Pues aunque verdaderamente ... esta parece una accion abominable, i en que el animo ha de quedar attonito i pasmado, i no con miedo i misericordia i por essa raçon reprobò alli ... el Philosopho esta mudança: como es cierto, que para llegar a aquella absorta suspension de affectos, se ha de passar por los affectos mismos de la commiseración i el miedo, es aun possible, que pare el animo en ellos, i venga a ser assi opportuna mudança para la Tragica constitucion, siendo esta la caussa de admitirla aqui Aristoteles, sin que sea contradiccion suia (*Nueva Idea,* páginas 49 y ss.).

Hay que reconocer que el intento de Salas por reconciliar Aristóteles consigo mismo se basa en hipótesis psicológicas más bien dudosas.

La acción compuesta podía ser genuinamente trágica en un caso concreto, a saber, cuando el bueno cae de la dicha en el infortunio y el malo pasa de la adversidad a la dicha. Ejemplo de ello podía ser la *Medea* de Séneca, en la que nadie negará —dice Salas— que Jasón, comparado

con Medea, es un personaje bueno. La venganza de Medea causa la
desdicha de Jasón, pero al mismo tiempo le proporciona a ella un cierto
sentimiento de felicidad. Esta clase de acción, aunque no provoque
precisamente temor y compasión en el espectador, conmueve el ánimo
del mismo, lo cual ya es, estrictamente hablando, suficiente. No todos
los ejemplos de acción propiamente trágica ofrecen al mismo tiempo
temor, compasión y agitación del ánimo, sino que a menudo excitan
solamente uno u otro de los afectos (*Nueva idea,* pág. 51).

Algo parecido sucedía con la condición de que la tragedia debe
tener desenlace calamitoso. Que esta clase de desenlace era el mejor
para la tragedia era cosa generalmente recomendada y elevada por algunos a la categoría de regla. Pero también aquí se encontraban los preceptistas con «contradicciones» debidas precisamente al hecho de conceder
valor de regla absoluta a ciertas indicaciones técnicas de la *Poética* de
Aristóteles.

La situación más profundamente trágica es, tanto para el Pinciano
como para Cascales, la de Edipo. Pasa de la gloria al más calamitoso
infortunio, y con ello se concluye la acción. Ahora bien, Aristóteles
había declarado en su *Poética* que la mejor clase de acción era aquella
en la que el acto horrible que se va a cometer, como el fratricidio en
la *Ifigenia,* no llega a consumarse, por reconocer a tiempo la protagonista al hermano. Ello produce la mudanza definitiva de la acción del
infortunio a la felicidad. La tragedia tiene desenlace feliz. Salas y Rizo
se declaran de acuerdo con Aristóteles en esta cuestión, lo que no impide que Rizo, por ejemplo, en su capítulo sobre la constitución de una
tragedia perfecta declare que el desenlace desastroso es el más trágico.
El Pinciano trata de resolver el evidente dilema pretendiendo que Aristóteles no considera a Ifigenia como más perfecta desde el punto de vista
de la «puridad trágica», sino solamente desde el punto de vista de la
mayor satisfacción que provoca en el público un desenlace feliz (II, 329).
De todos modos, todos los autores mencionados, así como Francisco de
Córdoba, son unánimes en estimar que el fin desastroso no es la característica determinante de la tragedia. Además, Rizo sostiene que el
Edipo es una forma mixta de drama, de acción *implexa,* o sea, patética
y ética a la vez —ética por la actitud ejemplar de Edipo, cuya conciencia se niega a aceptar la culpa, aunque no sea más que culpa objetiva—. El Pinciano alaba al personaje de *Hipólito,* de Séneca, como
ejemplo eminente de castidad, clasificando la obra como *tragedia morata.*

6. HISTORIA Y FICCIÓN.

Los preceptistas se prometían efectos notables de la tragedia de carácter histórico. El argumento de la fábula debía fundarse en hechos
verdaderos. Los mitos griegos tenían valor de tales para Aristóteles,
pero resultaban hasta cierto punto problemáticos en los siglos XVI y XVII,
por ser cada vez menos conocidos del público en general. Con ello per-
dían la autoridad que confiere la verdad histórica. Había, pues, que encontrar nuevos temas si se quería seguir aprovechando el peso de lo
histórico. En esta cuestión difieren las opiniones de los comentadores.
Algunos italianos habían preferido los argumentos fingidos, inventados,
observando que Aristóteles mismo alaba, en su *Poética,* el *Anthos* de
Agatón. El Pinciano recomienda la novela de Heliodoro como argumento
apropiado para la tragedia. Salas encuentra ejemplos coetáneos que
cita en favor de la ficción. Pero, prosigue, de ningún modo deben tomar-
se tópicos de actualidad como tema, «regla» inspirada quizá por razones políticas, más bien que estéticas.

Tanto Salas como el Pinciano sostienen, en contra de la concepción
medieval, que el amor es materia apta para la tragedia. Las personas
de la tragedia pueden ser, además de reyes o nobles, también eclesiásticos
(el Pinciano), jueces y consejeros (Salas). Muy gradualmente, la tragedia
va buscando cada vez más sus temas en el presente, tratando de ga-
rantizar la verosimilitud de la acción por el realismo de la manera.

Aquellas tragedias «fabulosas» (Heinsio), que el texto aristotélico
llama *infernales,* como, por ejemplo, *Tántalo, Prometeo* e *Ixión,* las
convierte Rizo a su modo en tragedias «comprensibles», en tragedias
que ilustran los castigos infernales infligidos a Lutero, a moros y a
hebreos, como enemigos de la fe.

Es curioso observar cómo aun en una poética a primera vista tan
ortodoxa como la de Rizo se siente la reacción moderna ante la tradición
de la teoría y la poesía de la antigüedad. De lo que se trata en el Siglo
de Oro es de crear un teatro que responda a las necesidades de la época,
y no de copiar estérilmente los modelos antiguos.

7. LO MARAVILLOSO, LA PALABRA Y LA IMAGEN, EL ACTOR TRÁGICO.

Lo maravilloso tiene mucha menos importancia para el drama en
las poéticas españolas que, por ejemplo, en las italianas. Al fin y al cabo,
Aristóteles mismo subraya que la función del drama consiste sobre todo
en causar una catarsis, más bien que en provocar *admiratio,* que es la
calidad distintiva de la epopeya. La aplicación de la idea de la catarsis

también a la epopeya y a otros géneros no se realiza hasta el siglo XVI, al constituirse una teoría general fundada esencialmente en la estética aristotélica de la tragedia. En realidad, esta ampliación del campo de acción de la catarsis fue posible solamente gracias a una interpretación equivocada del concepto.

Los casos maravillosos de la fortuna o la casualidad, según Salas, no producen su verdadero efecto de sorpresa y emoción más que si parece que no suceden sin intervención deliberada del destino o de la providencia, o sea, si la construcción de la acción es tal que queda prácticamente excluida la casualidad propiamente dicha, y el espectador siente que todos los acontecimientos trágicos se desarrollan siguiendo un plan, dentro del marco de un orden implícito que sostiene y da sentido a la acción.

Esta clase de sorpresa, de maravilla, forma parte de los modos capaces de provocar las emociones típicas de la tragedia, o sea, el temor y la compasión [22]. Para Salas existe, pues, una relación (contrariamente a lo que cree Riley), entre esta *admiratio* y el dolor y el terror trágicos [23]. También Rizo escribe:

> Demas de las propriedades referidas deve ser la fabula tambien maravillosa porque siendo action orrible y miserable ninguna cosa muebe mas el terror y la misericordia que la que está unida con la maravilla, y maravillosa sera si es hecha de transmutaçion de fortuna improvisa fuera de toda nuestra imaginacion como fue la action de Edippo el qual buscando el homiçida de Laio, por librar la ciudad de la peste fuera de todo lo que podía pensar halle ser el, el mismo y por esto muebe mucho el terror y la misericordia en los animos de los circunstantes quando por esto se saca los ojos, y assi ciego y viejo de Rey felicissimo que antes era viene a mudarse en miseria y se va desterrado (*op. cit.,* folio 10 v).

La anagnórisis y la peripecia son esencialmente las partes de la acción que introducen estos elementos de sorpresa y maravilla, que contribuyen a su vez a excitar el terror y la compasión. La sorpresa y la maravilla son consecuencia de acontecimientos inesperados, como dice acertadamente Rizo. Además, estos elementos hacen que el drama sea «emocionante» para el espectador. Esta clase de acontecimientos emocionantes está permitida porque no es arbitraria, sino que se desprende del desenvolvimiento de la acción y está en relación lógica con la misma. Este elemento del drama que es al mismo tiempo fuente de deleite para

---

[22] Salas, *Nueva Idea,* pág. 34.
[23] Véase Edward C. Riley, «The Dramatic Theories of Don Jusepe Antonio González de Salas», *Hispanic Review,* 19, 3 (1951), pág. 192.

el espectador interesaba muy particularmente a los autores dramáticos. Se les ofrecían dos posibilidades para captar la atención del público: la manera auténtica, de acuerdo con Aristóteles, en la que aun lo maravilloso es verosímil y que presupone arte y genio en el autor, o la solución de facilidad que consiste en emplear medios escénicos sensacionales, como las tramoyas, que Lope considera indignas de un buen autor [24].

Había aún otros medios para interesar al público con sorpresas y emociones, a saber, la expansión inesperada e insólita de temas conocidos (véase *Nueva idea,* pág. 209) o de acontecimientos históricos, cosa que ponía en juego el ingenio del autor.

Además de la acción propiamente dicha, también el lenguaje y las imágenes, y la buena representación por parte de un actor hábil, podían contribuir a excitar el terror y la compasión del espectador. Aristóteles señala la importancia que corresponde a cada uno de estos elementos por el orden en que enumera las *partes* (μέρη, Aristóteles, *Poética,* VI, 1450 a, 7-16) de la tragedia: viene primero la fábula, luego las personas y finalmente las palabras y el espectáculo. Pero la teoría dramática no podía dejar de tomar en consideración que, en lo que se refiere a la palabra, al discurso trágico, también se encontraban algunas observaciones pertinentes en Horacio, y ejemplos bien claros de retórica aplicada en las obras de Séneca. La teoría retórica, sobre todo la de Quintiliano, representaba para la tragedia —como para la comedia— una abundante cantera de ideas. Hasta en lo que se refiere al movimiento se trató de aplicar, por lo menos en parte, al actor, las prescripciones retóricas por las que debía regirse el orador.

Salas estima que la transmisión de los afectos al espectador parece realizarse más fácil y seguramente cuando es el autor mismo quien interpreta su obra en las tablas *(Nueva idea,* págs. 56 ss.).

«Diga el poeta en voz miserable la miseria vehementemente», recomienda el Pinciano (II, 341). Del llanto a la risa y a lo ridículo no hay más que un paso. Para subrayar lo lamentable de la situación se recurrirá no solamente a la palabra, sino también al gesto. Así podrá, pues, la víctima, al ir a morir, tomar algún objeto que pertenezca al autor de su infortunio, pronunciando al mismo tiempo un parlamento adecuado, como en el caso de Dido con la espada de Eneas. El autor dramático puede siempre disponer de esta clase de efectos, que no dejan nunca de provocar el llanto del espectador. Pero tanto el autor como

---

[24] *Comedias,* Parte 16 (1621), «Prólogo dialogístico, o sea un diálogo entre el teatro y un forastero». *Comedias,* Parte 19 (1623), «Prólogo dialogístico entre el Teatro y un Poeta».

Barreda, *op. cit.* (1622), pág. 139: «Finalmente no aciertan en la imitación de las tragedias, los que tratan al pueblo como niño representandole espantos, martirizando al teatro con tramoyas, y todo para los ojos, sin que aya más que la corteça.»

También Pellicer y Cervantes condenan las tramoyas.

los actores deberán utilizar tales medios con prudencia. Esta clase de acción debe ser breve, puesto que las lágrimas se secan pronto y, como dice el Pinciano: «si la acción no pausa estando el ojo húmido, queda muy fría» (II, 342).

Las lágrimas del espectador son, pues, señal segura del éxito de la tragedia. Para el Pinciano, en efecto, la tragedia tiende principalmente a despertar la compasión, que encuentra su expresión real en el llanto. Este efecto particular de la tragedia nos hace pensar tanto en la *comédie larmoyante* de épocas anteriores como en el *sentimiento filantrópico* de Lessing, si bien la tragedia que concibe el Pinciano está aún muy lejos del uno y de la otra.

CAPÍTULO IX

COMEDIA ESPAÑOLA Y TRAGICOMEDIA

La teoría de la tragicomedia está estrechamente vinculada a la famosa controversia en torno al teatro español y, en particular, en torno a la comedia de Lope de Vega. Controversia que conocemos principalmente por el capítulo X de la *Historia de las ideas estéticas,* de Menéndez y Pelayo, por «Les défenseurs de la Comedia (Tirso de Molina, Ricardo del Turia, Carlos Boyl)», de Morel-Fatio (*BHi,* 4, 1, 1902, páginas 30-62) y por las investigaciones de Entrambasaguas sobre la «guerra literaria» de los años 1617-8. El término de *tragicomedia* se empleaba tanto en España como en Italia y Francia, pero con sentido distinto según los países. En Italia y en Francia denotaba sencillamente un género más, que venía a ocupar su lugar al lado de la tragedia y de la comedia, mientras que en España se trataba de definir el nuevo drama en general.

1. El drama del Renacimiento y el término de «tragicomedia».

Uno de los primeros dramas renacentistas que ostenta el título de «tragicomedia» es el *Fernando Servato* (1493-4), de Carlos y Marcelino Verardo [1]. Pero también la *Celestina,* llamada originalmente «comedia», aparece poco después con el título de «tragicomedia» [2]. En estos casos se trataba de obras que, como lo sabían muy bien sus autores, ofrecían ciertas irregularidades: en el caso de *Fernando Servato* se trataba de un tema histórico que, según las teorías, estaba reservado al género trágico. Además, los autores dicen en la introducción que lo llaman «tragicocomoedia» (así en el texto, siguiendo a Plauto) porque la dignidad de las personas y el infame atentado a la majestad real son más bien para puestos en una tragedia, mientras que el desenlace

---

[1] Thomas, «Fernandus Servatus» *Revue Hispanique,* 32 (1914), págs. 428-57.
Véase también M. T. Herrick, *Tragicomedy, Its Origin and Development in Italy, France and England* (The University of Illinois, Urbana, 1955).
[2] Véase José Simón Díaz, *Bibliografía de la literatura hispánica,* vol. IV, (Madrid, 1955); Morby. «Some Observations on 'Tragedia' and 'Tragicomedia' in Lope», *Hispanic Review,* 11 (julio, 1943), pág. 200.

feliz corresponde a la comedia [3]. La *Celestina,* por el contrario, ofrecía todas las características de la comedia, pero acababa calamitosamente. Ya en aquella época se intentaba encontrar en la «tragicocomoedia» de Plauto la justificación de una forma mixta de drama, una forma que no correspondía por completo ni a las reglas clásicas de la tragedia —sobre todo tal y como se conocían por los comentarios a Terencio y a Horacio— ni a las de la comedia [4]. Pero los nombres de los géneros dramáticos estaban aún lejos de ser empleados en forma clara y consecuente en aquella época, en España como en otras partes. Otro drama de Carlos Verardo, la *Historia Baetica* (1493), por ejemplo, no lleva el título de tragicomedia, a pesar de que el autor se da perfectamente cuenta de la diferencia que existe entre su obra y la comedia y la tragedia clásicas [5]. Al *Anfitrión* de Plauto, por otra parte, se le llama, por lo general, comedia en las traducciones. El término de tragicomedia podía aplicarse a un poema alegórico como la *Tragicomedia del paraíso y del infierno,* adaptación de las *Barcas* de Gil Vicente de 1539. Las imitaciones de la *Celestina* llevan a menudo también, como esta misma, el título de tragicomedia, por ejemplo, la *Tragicomedia de Lysandro y Roselia* (Salamanca, 1542). Gil Vicente escribió la *Tragicomedia de Don Duardos* y Timoneda una *Tragicomedia Filomena* (1559).

2. TEATRO «NUEVO» Y TEATRO CLÁSICO.

Vemos, pues, que ya en los primeros tiempos del drama se abre camino el pensamiento que Verardo, por ejemplo, expresa en la introducción de su *Historia Baética,* a saber, que la época «moderna» —o sea fines del siglo xv y principios del xvi— exige un teatro distinto del de los griegos y los romanos [6]. El esfuerzo por crear un drama nuevo, moderno, no se inspira, sin embargo, en una preferencia por las formas dramáticas de la tradición medieval, más bien que por las clásicas, ni es tampoco consecuencia de lo que se ha dado en llamar el «realismo» y el «naturalismo» de los españoles. Lo que refleja es el sentimiento creciente de que tanto las formas clásicas como las medievales resultaban inadecuadas a la luz de las nuevas perspectivas

---

[3] Véase Herrick, *Tragicomedy... (op. cit.),* pág. 5.
[4] De estos comentarios y de la poética de Horacio se desprendía con suficiente ciaridad la regla de la separación de los géneros, antes de que el aristotelismo la difundiese como doctrina estética. Por otra parte, tanto en Horacio como en los comentarios podían encontrarse pasajes que justificasen el concepto de «tragicomedia». Herrick, en su citado libro, señala intentos de justificación de esta naturaleza. Los ejemplos son frecuentes en los textos españoles de fines del siglo xvi y principios del xvii.
[5] Texto publicado en *Revue Hispanique,* 47 (1919), págs. 319-82.
[6] Véase el texto mencionado en la nota 5 y Herrick, *Tragicomedy,* pág. 5.

que abrían los comentarios con sus observaciones sobre la naturaleza y el alcance de la poesía dramática. La reforma del teatro «clásico» partió precisamente de los círculos que mejor conocían la teoría, y afectó en la práctica tanto a las formas clásicas como a las medievales. Ello no obsta para que, al mismo tiempo que surgían estas innovaciones dramáticas —en latín como en español— se siguiese haciendo teatro de tipo puramente medieval, aunque también éste empezó pronto a sufrir ciertas modificaciones como consecuencia de las nuevas teorías. Tampoco el llamado teatro popular —no el vulgar— escapó a este influjo.

Luis Vives observa que los nuevos dramas no son «regulares» y, por consiguiente, clásicos en el sentido tradicional, pero opina que las comedias de Terencio son menos buenas para el público, desde el punto de vista ético y moral, que, por ejemplo, la *Celestina* [7]. En ésta, un acto inmoral recibe el castigo que le corresponde, lo que justifica el desenlace lastimoso de la comedia, aunque se violen las reglas. Estas no podían resistir a la presión pedagógica y moral que exigía un nuevo Terencio, un Terencio cristiano [8]. A partir de este momento, era natural que en las acciones dramáticas no se mantuviese la segregación estricta de las personas en trágicas y cómicas, sino que se mezclasen las unas con las otras, que se mezclasen también, en consecuencia, los sucesos de la acción, que fuese el criterio moral el que determinase si el desenlace había de ser feliz o desgraciado, y que el argumento de la «comedia» pudiese con igual propiedad utilizar material histórico o inventado. Aunque esta necesidad de un nuevo Terencio que se hace sentir en España no sea, como en los países del norte de Europa, consecuencia de la Reforma, el resultado es el mismo: se exige un drama

---

[7] *Luis Vives, Trad. del latín por Beatriz Maas* (Emecé Edit., S. A., Buenos Aires, 1948), pág. 177 ss:
De la decadencia de las artes. Libro segundo que trata de la gramática. Cap. IV. Que trata de la Poesía y sus grandes virtudes. Cómo casi todos los Poetas en general abusaron de ella para malísimos fines (compárese Vives, *Opera*, Basilea, 1555, Bibl. Nac. Madrid R/25671, *Cognitionem Grammaticae adiuncta est poetarum*, pág. 364 y siguientes, y en particular pág. 367 ss.):
> Entonces la Fábula empezó a envolverse con velos y poco a poco pasó a tratar cosas de burla y gustadas por el vulgo: amores, artimañas de meretrices, perjuicios de rufianes, ferocidades y gloria de soldados... y casi diríamos incitación al pecado, especialmente porque los autores de comedias imponían siempre un desenlace feliz a los amores y a la impudicia... En lo cual fue más prudente quien escribió la tragicomedia española la Celestina; pues a la progresión de los amores y los gozos del placer unió un final amarguísimo, muerte y desastre de los amantes, de la alcahueta y de los rufianes... [sobre la tragicomedia] expresa Donato que no «puede nombrarse el hierro en la comedia, para que no pase a tragedia»; y si esto es verdad, más de una vez pasó Plauto del zueco al coturno, ya que en *El embustero* se nombra el hierro y en la *Cistelaria* hay una joven que quiere matarse con su propia espada; pero quizá el dicho de Donato responde a su excesiva sutileza y minuciosidad (Ed. 1948, página 185 y siguientes).

[8] Véase *Apéndice: Textos:* Vives. Además, Herrick, *Tragicomedy* (*op. cit.,* «Contribution of the Christian Terence to Tragicomedy»).

de forma cristiana. Surgen las *comedias a lo divino* y las *comedias de santos,* que toman sus argumentos de la Biblia o de las vidas de santos. Gracias a los nuevos paradigmas dramáticos, son más precisas en su construcción y, sobre todo, más cortas que los *autos historiales* medievales, género emparentado con los *mystères* o misterios. Comparadas con los autos en un solo acto, que se representaban para celebrar ciertas festividades, son más extensas y de estructura dramática más diferenciada. Lo que no cambia es su sabor medieval. Inútil buscar en ellas las unidades de tiempo y de lugar: ante todo, porque estas reglas encontraron su formulación teórica —y con ella ciertas técnicas de articulación de la acción— sólo más adelante, al conocerse la estética de Aristóteles. Además, también en los países protestantes se observa el empeño en no modificar el fluir histórico, épico-narrativo de la acción, probablemente por conservar —sobre todo, en el caso de temas bíblicos— la exactitud histórica. A fines del siglo XVI y en el XVII encontramos este mismo modo de desarrollar la acción en el teatro *profano* español, cosa que escandalizaba a los preceptistas [9].

La condición de que el desenlace de la tragedia o de la comedia tenía que justificarse por criterios morales conducía inevitablemente a la mezcla de géneros. Recuérdese, por ejemplo, la *Tragedia Policiana* (Toledo, 1549) [10]: *En la qual se tractan los... amores de Policiano y Philomena. Executados por industria de la diabolica vieja Claudina, Madre de Parmeno, y maestra de Celestina.* El epígrafe ya lo dice todo. En la introducción al lector se dice que el objeto de la obrita es «alumbrar a los amadores del mundo, de una çeguedad tan notable». Con

---

[9] Por la falta de las unidades de acción, tiempo y lugar, tan criticada durante las controversias de la guerra literaria en torno a la comedia española.

[10] *Tragedia Policiana. En la qual se Tractan los muy desdichados amores de Policiano y Philomena. Executados por industria de la diabolica vieja Claudina, Madre de Parmeno, y maestra de Celestina.* (Luis Hurtado de Toledo).

Ascabose esta tragedia Policiana a XX dias del mes de Noviembre a costa de Diego López librero vezino de Toledo. Año de nuestra Redempcion de mil quinientos y quarenta y siete.

Nihil in humanis rebus perfectum.

(Bibl. Nac. Madrid R/26628).

...quanto proseguir el exercicio de algunos escriptores buenos ocuparme en componer esta escriptura: con la qual aunque debaxo de algun color ridiculo tomen aviso los vanos mançebos de los desastres que el amor encubre con el çevo del deleyte mundano... Pues aunque en esta mi obra no falten palabras graciosas y apacibles donayres tampoco la hallaran desnuda de erudicion que si para mientes el avisado Lector no halle tocados en ella los sobresaltos, las angustias, las affrentas, los sinsabores, las poquedades, los abatimientos, los gastos y prodigalidades, y finalmente el total perdimiento de los professores del amor. Los quales con su caliginosa enfermedad biven tan ciegos que todo el mundo los escarnesce... pues si en alguna manera para alumbrar a los amadores del mundo, de una çeguedad tan notable esta mi obra fuesse provechosa: paresceme que antes se deve tener por saludable pildora embuelta y engastada en oro apazible que por çaraça mortifera con pan blanco dissimulada...

excepción del desenlace, esta «tragedia» sigue en todo los preceptos de la comedia. No es, pues, según las reglas, ni trágica ni cómica.

En lo que se refiere al teatro humanístico, que se representaba como ejercicio retórico en las Universidades y ofrecía al autor materia para hacer alarde de maestría retórica, no se trataba (como hace observar acertadamente García Soriano) en modo alguno de imitar fielmente los modelos clásicos ni de seguir al pie de la letra una regla aristotélica u otra[11]. Estos dramas, llamados tragedias, comedias o, a veces, también tragicomedias, tienen, por el contrario, un carácter netamente ecléctico. García Soriano subraya la tendencia constante que caracteriza las comedias de colegio «a aunar en un mismo conjunto el arte clásico y el vulgar, la literatura docta y la del pueblo», y señala que se encuentra en ellas precisamente la mezcla de personajes de todas las clases sociales «que condenaban los preceptistas clásicos como Cascales». Concluye que «fueron, pues, las comedias de colegio, en su manifestación más general y característica, verdaderas tragicomedias que anunciaban el nacimiento inmediato del teatro español y el ulterior arribo del drama romántico»[12].

De modo análogo realizó, asimismo, la reforma del teatro el grupo de los valencianos. El contacto con la literatura y la teoría clásicas hizo, desde luego, progresar el arte dramático, pero lo que predomina son las «farsas hispánicas» y no las imitaciones clásicas. Como dice Palmyreno: «Ne mihi vitio vertat benignus lector non servatae esse Comediae leges, quando quidem Farsas hispanicas, non Terentii gravitatem in gratiam vulgi imitatus sum».

Es el mismo devenir de un nuevo teatro que ya vimos cuando se pedía un «Terencio cristiano».

3. TORRES NAHARRO Y EL TEATRO PROFANO.

En el «Prohemio» de Torres Naharro se adumbra ya la idea de un teatro genuino, de contenido puramente profano, pero dispuesto a seguir todos los preceptos y ejemplos apropiados de la Antigüedad, siempre que resulten ventajosos para la representación escénica.

Naharro estima que para el teatro moderno basta la subdivisión del género cómico en *comedias a noticia* y *comedias a fantasía*:

[11] García Soriano, *Teatro universitario y humanístico*, pág. 41: «que las representaciones de colegio no fueron siempre, como se ha pensado, fríos y fieles remedos de las obras clásicas, sumisas en todo a las reglas aristotélicas y a las normas usuales del teatro grecolatino. Tuvieron, por el contrario, un carácter clásico: hubo en ellas una tendencia constante a recoger todas las corrientes dramáticas, a aunar en un mismo conjunto el arte clásico y el vulgar, la literatura docta y la del pueblo.»
[12] García Soriano, *Teatro Universitario...*, pág. 42.

A noticia s'entiende de cosa nota y vista en realidad de verdad
como son Soldadesca y Tinellaria —
a fantasia. de cosa fantástica, que tenga color de verdad aunque no lo sea, como son Seraphina, Ymenea, etc.

leemos en el «Prohemio» [13].

La clasificación que había establecido Diomedes de las comedias en
praetextata, togata, atellana, rhyntonica, tabernaria y *mimus* no había
sido objeto de ninguna interpretación. Badio, por el contrario, que es
la fuente de Naharro, acompaña de una breve explicación la clasificación de Arcón que cita. Según ésta, la *praetextata* tenía argumento
griego y la *togata* latino [14]. En el siglo XVI había también tendencia
a considerar la *praetextata* como tragedia, porque pone en escena personas de rango elevado. Escalígero, por ejemplo, la llama tragedia en una
ocasión y la cuenta entre las comedias en otra. La misma vacilación se
siente también en el Pinciano [15].

Se ha objetado con frecuencia a Naharro que las comedias mencio-
nadas en el primero de sus grupos son tan fingidas, en lo que se refiere a sus argumentos, como las del segundo. A ello se puede replicar
que la *Soldadesca* y la *Tinellaria,* que se pueden considerar, sin duda
alguna, como comedias de costumbres [16], pertenecen a aquel tipo de comedias antiguas que ponían en escena una acción satírica, para criticar
un estado de cosas que existía en la realidad. En este sentido puede,
pues, hablarse en estas obras de Naharro de «cosa nota y vista en
realidad de verdad». Pero como la comedia satírica había encontrado
notable oposición, cosa comprensible, en la Antigüedad, llegando a ser
prohibida, hacía ya mucho tiempo que no se mencionaba en la teoría
más que para declararla improcedente e inexistente. Por consiguiente,
la acción de la comedia no podía componerse más que de elementos
fingidos. Naharro viola esta regla, pero no es el único en hacerlo, puesto que en su tiempo era cosa ya generalmente aceptada que la comedia podía basarse tanto en argumentos verdaderos como en fingidos.
La presentación simultánea de dioses, reyes o nobles y pueblo la encontramos tanto en Encina como en Naharro, y el *Anfitrión* de Plauto
no era el único modelo antiguo que ejemplificaba este procedimiento.
Los ejemplos medievales de esta misma mezcla eran perfectamente conocidos de todos, y se seguían imitando a pesar de las nuevas teorías.

---

13 *Propalladia*, etc., ed. Gillet (*op. cit.*).
14 «Prohemio», de la ed. cit., además M. T. Herrick, *Tragicomedy*, págs. 2 y 7-8.
15 *Philosophía antigua poética*, cap. *Comedia*.
16 En el sentido concreto que se da al término en la historia de la literatura.

4. NOMBRES TRADICIONALES Y NOMBRES NUEVOS PARA LOS DISTINTOS GÉNEROS DE POESÍA DRAMÁTICA.

En sus *Orígenes del teatro español*, Moratín señala una «comedia alegórica» del Marqués de Villena de 1414 [17]. Santillana escribió la *Comedieta de Ponza*. Bien sabido es que lo que la Edad Media y aun el Prerrenacimiento acostumbraban a llamar «comedia» no era otra cosa que un «tractatus», un «libro» o un «cantar», y que esta concepción medieval de los géneros dramáticos como diálogos en los que puede intervenir el mismo autor se hace sentir aún en la *Celestina*. Por su extensión, la *Celestina* es un libro y no una obra teatral, a pesar de contener muchos elementos dramáticos en el sentido moderno de la palabra, que se explican por la familiaridad del autor con Terencio y los comentarios al mismo. Lo que se representaba verdaderamente ante un público eran los diálogos y los argumentos del teatro religioso, o sea, los «autos», «representaciones» y «lamentaciones», así como los «juegos» profanos y —en el siglo XV, pero, sobre todo, en la primera mitad del XVI— también las «farsas» y los «entremeses» religiosos y profanos [18]. Hay que tener presente que estos «entremeses» distan mucho de ser idénticos al género dramático que conocemos hoy con este nombre, y que no se desarrolla hasta mediados del siglo XVI. Hay algunos ejemplos, que constituyen excepciones, del uso precoz de términos clásicos, como, por ejemplo, la *Comedia de la Sagrada passio de Jeshu Xrist*, de Miguel Stela, Barcelona, o la representación del *Hom enamorat y la fembra satisfeta* en el palacio real de Valencia y, en 1469, la repre-

---

[17] Leandro Fernández de Moratín, *Orígenes del teatro español. Catálogo histórico y crítico*, BAE, tomo 2.

[18] Sobre el entremés religioso y profano, véase E. Cotarelo y Mori, NBAE, tomo 17 (1911).

Jack William Shaffer, *The Early entremés in Spain: The Rise of a Dramatic Form* (The Univ. of Pennsylvania, Filadelfia, 1923).

Ejemplos de entremeses profanos: *Codex de autos viejos, Entremés de las esteras*; Sebastián de Horozco, Juan de Timoneda, *Entremés de un ciego y un mozo.*

Entre los autores de entremeses religiosos se cuentan, por ejemplo, Gregorio Silvestre y Rodríguez de Mesa (1520-69) quien, al ser nombrado maestro de capilla y organista en Granada, en 1541, se compromete a componer cada año nueve entremeses.

He aquí algunos ejemplos de la variedad de materias que representan las farsas: Juan del Encina; Anónimo: *Farsa sobre el matrimonio;* Cristóbal de Castillejo: *Farsa de la Constanza* (infl. de Naharro); Andrés Prado: *Farsa llamada Cornelia*; Anónimo: *Farsa de los enamorados.*

Juan Pastor: *Farsa de Lucrecia. Tragedia de la castidad de Lucrecia.* Alegorías a las que se da el nombre de farsa: *Codex de autos viejos: Farsa sacramental de la residencia del hombre;* Hernán López de Yanguas: *Farsa sacramental en coplas, Farsa genealógica, Farsa del mundo.*

En cuanto a la «farsa» propiamente dicha: Gil Vicente: *Farça de quem te farelos; Farça dos fisicos;* Rueda: *Farsa del sordo.*

Juan Pedraza: *Farsa llamada danza de la muerte.*

sentación de una *comedia* en la casa del Conde de Ureña. Tenemos
también la *Tragedia trovada a la dolorosa muerte del Príncipe Don
Juan,* de 1497. Tanto estas representaciones dramáticas como también
las églogas de Encina y las comedias de Naharro no llegan al gran público, que sigue gozando con las representaciones religiosas en las iglesias, los entremeses de Navidad o los autos de Pascua, así como con las
farsas de la feria.

El género dramático que Encina llama égloga había empezado aprovechando como materia representable pequeñas piezas religiosas de este
tipo. Las personas de las piezas de Navidad eran pastores o rústicos.
Su actuación se desenvolvía en forma de diálogo y pertenecía, pues, según
Diomedes, al género dramático. De acuerdo con la nueva interpretación
que iba estableciéndose del concepto, ello significaba que las églogas podían representarse en escena[19]. No se podía llamar comedia a estas
breves piezas, aderezadas con música y, en Encina, también con baile,
puesto que tenían mucho más en común con los diálogos trovadores-
cos, tales como los «debates», «los «decires» y los «cantares», que con
lo que se empezaba a saber de la tragedia y la comedia, basándose en
Horacio y en los Comentarios a Terencio. Era entonces natural que se
viniese a llamar también églogas a piezas profanas que tenían como
tema los amores de los personajes[20]. Pero el proceso no se detuvo ahí.
Las obras de tipo dramático llamadas «églogas» por los continuadores
de Encina se enriquecen en extensión y contenido, de modo que en Lucas Fernández observamos ya vacilaciones entre «égloga» y «farsa», o
«égloga» y «auto»[21]. En 1495 escribe Francisco de Madrid una *Egloga
en octavas de arte mayor a la manera de Zambardo de Encina,* con contenido *político,* y la *Egloga real* de Hernán López Yanguas se representa
en 1525 en las festividades de la entrada de Carlos V en Valladolid.
La *Egloga de la vida de Santa Orosia* de Palau (1525) es considerada
por los historiadores como el primer drama *histórico* de España. La *Egloga de la tragicomedia de Calisto y Melibea de prosa trovada en metro*
demuestra, sin lugar a duda, que se seguía llamando aún égloga a obras
que habían adquirido hacía ya tiempo las dimensiones de una comedia

[19] Sobre el problema de la clasificación de los géneros, véase el cap. III del presente estudio, pág. 41 ss.
[20] No hay más que ver la evolución del entremés en Juan del Encina e, igualmente, en Lucas Fernández. Había églogas de Navidad, églogas de la Pasión, églogas
para la fiesta del Corpus (Lucas Fernández, *Eglogas y farsas de las fiestas del Corpus,* 1501).
Hay que añadir a las églogas profanas, además de las referencias precedentes a
Encina y a Lucas Fernández (*Farsas y églogas al modo y estilo pastoril y castellano*),
las de Francisco de Madrid y las de Diego de Avila, cuyo teatro revela el influjo
de Torres Naharro y de Juan de París.
[21] Lucas Fernández, *Egloga o farsa del Nacimiento de JC* y *Auto o farsa del
Nacimiento.*

o tragicomedia, conservándose el nombre solamente a causa del metro
y de la forma dialogada. El nombre de «égloga» se siguió utilizando
hasta Lope de Vega y aun después de él, pero ya sólo para las breves
piezas navideñas, puesto que, entre tanto, la teoría había dejado bien
sentado que la égloga pertenecía a otro género poético, y no al dramático.

El nombre de «auto» se daba en la primera mitad del siglo XVI a materias bíblicas, vidas y leyendas de santos, piezas alegóricas y teológicas,
pero también, como en el *Auto del repelón,* a puras y simples farsas.
Sin embargo, también el «auto» podía tener el amor como base del
argumento. Por ejemplo: los *Amores de Amadís de Gaula,* de Gil Vicente; el *Auto de Clarindo,* de Antonio Díez, que muestra claramente
la influencia de las comedias de Naharro, y está ya dividido en tres *jornadas.* «Auto» era el término que correspondía a *dramaticon,* como explica Carvallo [22]. El único término que podía disputar al «auto» y a
la «farsa» la pretensión de denotar un género dramático era el de «comedia», que empezaba a abrirse paso por aquella época.

En lo que a la «farsa» se refiere, el concepto correspondía bastante
exactamente, sobre todo en Gil Vicente, al de la *farce* moderna, tal
y como fue surgiendo en Francia. Molière había tomado temas de Gil
Vicente para sus farsas. En el *Códice de Verona* encontramos, ya en
1360, una farsa burlesca. Por otra parte, en el siglo XVI, el *Códice de
autos viejos* incluye una *Farsa sacramental de la residencia del hombre.*
La primera farsa sacramental parece haber sido la *Farsa sacramental
en coplas,* de Hernán López de Yanguas (1520).

Otros términos, como «diálogo», «coloquio», «representación» y el
ya mencionado «entremés», se aplicaban indistintamente a piezas religiosas y profanas.

Desde el punto de vista del contenido, la farsa era la que correspondía más de cerca a la comedia. En Lucas Fernández encontramos
un título significativo: *Farsa o cuasi comedia,* que describe una acción,
o, mejor dicho, un coloquio dramático de tres o cuatro personas. El mismo autor intitula *comedia* otra de sus obras un poco más extensa y con
cinco personajes. He aquí un ejemplo, a nuestro modo de ver, de la
transición gradual que condujo a la verdadera comedia, o, por lo menos,
a lo que se vino a entender por este término en aquella época. Cono-
ciendo ya la teoría de los géneros dramáticos, se elegía el término que
había de definir el género a que pertenecía la obra, de acuerdo con el
contenido y la estructura de la misma. En la primera de las ediciones de la
Celestina, en que se la designa con el título de *tragicomedia,* leemos en

---

[22] Carvallo, *Cisne de Apolo* (1602), fol. 130: «A que llaman auto?... Lo mismo
es que comedia, que del nombre latino acto, se deriva, y llamase propiamente auto
quando ay mucho aparato invenciones y aparejos.»

la introducción que «han litigado sobre el nombre»[23]. Lucas Fernández escribe una *Egloga o farsa del nacimiento de Jesucristo.* En este caso, «farsa» significa sencillamente poesía *dramática,* y «égloga» que está escrita en estilo pastoril. La comedia de Fernández, a que acabamos de referirnos, es una *Comedia hecha en lenguaje y estilo pastoril en la qual se introduzen dos pastores, dos pastoras y un viejo.* Al cambiar las denominaciones, la comedia viene a incluir también elementos pastoriles, que se encuentran en la «comedia» clásica, y que son consecuencia de la influencia de Encina. También hay de Fernández un *Auto o Farsa del nacimiento de Nuestro Señor.* Este título, junto con un pasaje de la *Ingeniosa comparación de lo antiguo y lo presente* (1539) de Cristóbal de Villalón[24] parece confirmar nuestra suposición de que el término de «farsa» se usaba en el sentido de *drama,* pero que la voz «comedia» empezaba ya a ocupar su lugar.

Villalón distingue entre tragedias y comedias en la literatura española de su época (él mismo es autor de una *Tragedia Mirrha,* de 1536), pero al alabar el drama, o sea, el género teatral moderno en general comparándolo con el antiguo, habla solamente de «comedia»:

> pues en las representaciones de comedias que en Castilla llaman farsas, nunca desde la creación del mundo se representaron con tanta agudeza et industria como agora[25].

El uso de «comedia» representa en este caso la aplicación de un término más moderno y teóricamente correcto a un género que ya existía y que se conocía bajo el nombre de «farsa», como vimos en los ejemplos de Fernández. «Comedia» sustituye también en general a las voces «auto» y «representación» en el sentido amplio de dichas palabras, cristalizando definitivamente al mismo tiempo los géneros concretos del «auto sacramental» y del «entremés». Ello no impide que aun estos

---

[23] «Han litigado sobre el nombre, diciendo que no se había de llamar comedia pues acaba en tristeza, sino que se llamase tragedia. El primer autor quiso dar denominacion del principio, que fué placer, y llamóla comedia; yo, viendo estas discordias entre dos extremos, partí ahora por medio la porfía y llaméla tragicomedia».

[24] Cristóbal de Villalón, *Ingeniosa comparación de lo antiguo y lo presente* (1539). Reimpresa por la Soc. Biblióf. Esp. (1898), pág. 178.

[25] Villalón, *op. cit.,* págs. 178-9:
> Pues en las invenciones de versos, tragedias y comedias (dixo él), son más agudas las de los de oy que las de los antiguos, porque en las que están hechas en el castellano nunca alguno mostró en verso tanta agudeza como en las que Torres Naharro trobó, y no uvo en antiguedad quien con tanta facilidad metrificasse. E Juan del Encina su contemporáneo y otros muchos que viven oy... Pues en las representaciones de comedias que en Castilla llaman farsas, nunca desde la creación del mundo se representaron con tanta agudeza et industria como agora, porque viven seys hombres asalariados por la Iglesia de Toledo, de los quales son capitanes dos que se llaman los Correas, que en la representación contrahazen todos los descuydos y avisos de los hombres, como si Naturaleza, nuestra universal madre, los representase allí.

mismos géneros se engloben a veces bajo el concepto más general de «comedias». En la *Loa entre un villano y una labradora* (en *Fiestas del Santísimo Sacramento*, ed. póstuma, 1644) dice Lope de Vega:

> Y ¿qué son autos? — *Comedias*
> *a honor y gloria del pan,*
> *que tan devota celebra*
> *esta coronada villa.*

La generalización del nuevo término «comedia» va acompañada de una nueva evolución de todos los temas tradicionales, que tiende hacia un drama cuya estructura se ciñe cada vez más a las teorías correspondientes a dicha comedia. Pero hasta López de Vega (1642) se sigue llamando con relativa frecuencia «farsas» a las «nuevas comedias», por la fuerza de la costumbre [26].

5. LA ABUNDANCIA DE MATERIAS Y SU ORDENACIÓN EN COMEDIA, TRAGEDIA Y TRAGICOMEDIA. LA SITUACIÓN PARTICULAR DE LA TRAGEDIA.

La abundancia de materias dramáticas conocidas y apreciadas del público por su representación o lectura había que tratar de ordenarla —de acuerdo con la preceptiva— en tragedias y comedias, y aun en tragicomedias cuando no correspondían a ninguno de los dos géneros clásicos. En cuanto a la tragedia propiamente dicha, es solamente al volverse a descubrir y a conocer la *Poética* aristotélica y el teatro griego que ésta llega a ocupar una posición de importancia particular. Esta circunstancia en el desarrollo de la teoría, junto con el hecho de que el abundante patrimonio dramático tradicional, se componía de obras a las que se podía aplicar con mayor propiedad el nuevo término de «comedia», más bien que el de «tragedia», es la causa de que predominase naturalmente el género cómico, y no sólo en España. Por consiguiente, no hay que esperar que las tragedias, aun cuando, como, por ejemplo, las de Oliva, sean adaptaciones de Sófocles y de Eurípides (1521), sigan los preceptos aristotélicos ni puedan parangonarse con el drama clásico francés del siglo XVII. No obstante, las *Tragedias bíblicas* de Díaz Tanco de Fregenal, de antes de 1535, y títulos como la *Farça a manera de tragedia* de 1537 o la *Farsa de Lucrecia, tragedia de la castidad de Lucrecia* de Juan Pastor, revelan que se hacían esfuerzos por asimilar ese nuevo género dramático que era la «tragedia».

---

[26] Así por ejemplo, en la *Plaza universal* de Cristóbal Suárez de Figueroa (1615) y en el *Heráclito y Demócrito* de Antonio López de Vega (1641), pág. 122 ss.; también en Carvallo, Rojas Villandrando, Pellicer, Lope de Vega y Cascales.

No estará de más recordar aquí de nuevo la observación de Carvallo, según la cual la tragedia no se diferencia de la comedia en su «disposición y forma», o sea, en su estructura [27]. Esta idea tiene vigencia sobre todo durante la primera mitad del siglo XVI, cuando se ignoraban aún las diferencias esenciales entre la tragedia y la comedia, tal y como se conocieron luego con la difusión de la *Poética* de Aristóteles [28]. Por otra parte, sin embargo, los principios estructurales de la tragedia, tal y como se encuentran en Aristóteles, vinieron a aplicarse más tarde también a la comedia. A este respecto, no debemos dejar de apreciar en su justo valor la tesis de Gillet, según la cual las comedias de Torres Naharro influyeron en la evolución ulterior de toda la poesía dramática. Gillet demuestra sobradamente sus aseveraciones y el artículo de Eduardo Juliá Martínez sobre «La literatura dramática del siglo XVI» [28a] viene a confirmarlas: en efecto, si la comedia de Torres Naharro tuvo influencia en la poesía dramática en general, tuvo que tenerla también en la constitución de la tragedia, particularmente mientras no se conocía ni se había difundido la teoría aristotélica. Véase el artículo publicado por Gillet en 1937: «Torres Naharro and the Spanish Drama» (*Hispanic Review*, 5, 3 [1937], p. 193), en el que la *Comedia Ypolita* (1521), la *Comedia Grassandora* de Juan Uzeda de Sepúlveda (después de 1524), la *Tragedia de los amores de Eneas y de la Reina Dido* de Juan Cyrne (1550) [29], la *Farsa* de Alonso de Salaya y el *Aucto del Nacimiento* de Timoneda, se estudian en relación con las comedias de Naharro, en lo que se refiere a la estructura de la acción y a los medios técnicos empleados para desarrollarla.

6. TRAGICOMEDIA Y GUERRA LITERARIA. JUAN DE LA CUEVA, LUPERCIO LEONARDO DE ARGENSOLA, ANDRÉS REY DE ARTIEDA.

Las observaciones precedentes sobre la aparición del título *tragicomedia* aplicado al teatro nacional, sobre las relaciones mutuas entre las teorías medievales y la tradición, y sobre los esfuerzos que se hacían por ordenar de acuerdo con las reglas clásicas la multiplicidad de materiales tradicionales de éxito probado, tenían por objeto señalar cuál era

---

[27] Carvallo, *Cisne*, fol. 129 v: «Tragedia resta aora que digamos la qual en su disposicion y forma no se diferencia de la comedia, porque de las mismas partes consta. Pero en la materia es diferente.»

[28] Como es sabido, la difusión de la *Poética* de Aristóteles se inicia solamente mediado ya el siglo XVI. No puede hablarse de un verdadero conocimiento de sus teorías hasta que aparecen las grandes poéticas de los italianos, en la segunda mitad del siglo XVI y sobre todo hacia los últimos años del mismo.

[28a] En *Hist. gral. de las lit. hisp.*, vol 3 (Barcelona, 1953), págs. 105-213.

[29] Véase Gillet, «Juan Cyrne, Tragedia de los Amores de Eneas y de la Reina Dido», *PMLA*, 46 (1931), págs. 353-431.

la herencia que recibieron Lope de Vega y los autores que inmediatamente le precedieron, contemporáneos de sus años mozos. El progreso de la teoría, su difusión cada vez mayor y, con ella, la tendencia cada vez más generalizada a adoptar posiciones precisas con respecto a ella, llegan a su culminación —como ya indicamos— en la época de Lope de Vega. Consecuencia de ello es que se critica en el teatro español todo lo que no está de acuerdo con las nuevas concepciones teóricas. En el prólogo al *Peregrino en su patria* (1604) escribe Lope: «Adviertan los extrangeros que las comedias en España no guardan el arte, y que yo las proseguí en el estado que las hallé, sin atreverme a guardar los preceptos, porque con aquel rigor, de ninguna manera fueran oídas de los españoles». Podemos creerle bajo palabra. Todos los esfuerzos hechos en la segunda mitad del siglo XVI por conseguir un teatro más «clásico» o por dar carta de naturaleza al drama de la Antigüedad fracasaron por falta de éxito de público, sin el cual no puede subsistir el autor dramático.

En 1588, Juan de la Cueva observa en la poesía *Al libro,* de su colección *Coro febeo de romances historiales* [30], que lo trágico y lo cómico se han unido para formar un nuevo género, en el que se mezclan personajes elevados y vulgares [31].

En el *Exemplar poético,* que algunos eruditos consideran escrito como respuesta polémica al *Arte nuevo* de Lope de Vega o, por lo menos, para atacar la actitud de Lope, quien ya por aquellos años se consideraba inventor de la nueva comedia española, encontramos estos versos:

> *A mí me culpan de que fui el primero*
> *que reyes y deidades di al tablado*
> *de las comedias traspasando el fuero* [32].

---

[30] *Coro Febeo de Romances historiales compuesto por Juan de la Cueva...* (Sevilla, 1588). (Bibl. Nac. Madrid, R/6285).

[31] *Al Libro* (op. cit.), fol. 8 ss:
> ...Aunque el Tragico, y el Comico,
> es uno ya, y una cuenta,
> que ombres altos, y ombres baxos,
> en ambos se representan,
> qu'en vestido, ni en personas,
> en nada se diferencian,
> assi, que ya es todo uno,
> un paño, y una librea,
> Euripides, y Terencio,
> el risueño Plauto y Seneca.

[32] Se cita por ed. Clás. Cast. (véase nota 7 al cap. II. pág. 25). Compárese también *Coro Febeo... compuesto por Juan de la Cueva, Libro Quarto, Thalia* (fol. 121 ss.):
> ...en la fabula fingida,
> de la risueña Comedia,
> que por ti a sido sabida,
> disponer al gusto tuyo,

Este otro pasaje confirma de nuevo:

> *y de mí vio el mundo*
> *en cómico estilo trágico*
> *lo que no fue de ningún tiempo*
> *visto ni de otro usado,*
> *sino de mí y por mí*
> *conocido, y de mí dado*
> *por invención propia mía* [33].

Agustín de Rojas lo confirma también en su *Viaje entretenido* [34]. Walberg, en su edición y comentario del *Exemplar poético,* hace observar, sin embargo, y con razón, que, además de los ya mencionados Encina, Torres Naharro, Lope de Rueda, etc., también Alonso de la Vega introduce la mezcla de personas en su *Duquesa de la Rosa* (1565) [35]. Naturalmente, ni Cueva ni Rojas eran historiadores de la literatura y el error, si así puede llamársele, que cometen es perfectamente comprensible, aunque significativo. Tan significativo como lo es también la observación de Cervantes en la introducción de sus *Ocho comedias y en-*

> sin que obligación te impida,
> después de medir el tiempo,
> que a de ser en solo un día.
> y entre gente popular,
> acabando en gozo, y risa,
> repartiendo autos, y cenas,
> de la suerte ya sabida,
> en lo demás libremente,
> no ay cosa que les impida
> de poder invencionar,
> de modo que sea vestida
> la obra, con todo aquello
> que la adorna, y atavía,
> que al Poeta, y al Pintor
> es licencia concedida,
> de poder ataviar
> sus obras, y revestillas,
> con el matiz, y color
> con que mejor se matizan,
> sin guardar decoro a nada,
> mas que a ornallas, y a pulillas.

[33] *A Thalia,* ed. Gallardo, *Ensayo,* II col. 653-4. Véase también Morby, «Notes on Juan de la Cueva: Versification and Dramatic Theory», *Hispanic Review,* 8 (1940), páginas 213-8.

[34] *Viaje entretenido* (NBAE XVIII); ed. Crisol pág. 149, pág. 113; (publ. orig. en 1604):

> luego los demás poetas
> metieron figuras graves,
> como son reyes y reinas.
> Fue el autor primero de esto
> el noble Juan de la Cueva.

[35] Juan de la Cueva, *Exemplar poético,* ed. y com. Walberg (Lund, 1904).

tremeses [36] y los comentarios de Lope de Vega sobre el teatro de sus predecesores. Todo esto es muy natural en una perspectiva histórica abreviada que ignora, por ejemplo, el influjo de Naharro, lo que no debe llevarnos a creer que el teatro de éste no tuviese consecuencias para los que le siguieron. ¿Qué serían los prelopistas sin Naharro, sin las ideas que de él toman los autores dramáticos de la primera mitad del siglo XVI y que, por ejemplo, inician la nueva subdivisión de la obra, al modo típicamente español, en cuatro y también ya hasta en tres jornadas? Ni siquiera la creciente influencia de los comediantes italianos y del teatro de un Lope de Rueda, que tan estrecha relación tenía con los italianos, bastan a neutralizar el efecto de Naharro, de la *Celestina* y de Encina.

Hasta qué punto se «modernizaba» la tragedia aun conservando un tipo de acción característicamente trágico, lo demuestra la loa de la *Tragedia Alejandra* de Lupercio Leonardo de Argensola. Al igual que en Francia, se aprueba la eliminación del coro trágico, y la del quinto acto [37]. Por aquel mismo tiempo escribe Rey de Artieda en una *Epístola*, que precede a modo de introducción su tragedia de los *Amantes de Teruel*:

> *Si la materia dizen que no es alta,*
> *pues para hablar de principes, y Reyes,*
> *el nombre, y reyno a los amantes falta* [38].

Los protagonistas de la fábula son sencillamente «un cavallero y una dama». Se trata, pues, de una situación amorosa casi burguesa, pero tomada de la historia, y precisamente de la historia nacional. Al igual que Argensola, y que Virués antes de él, insiste Rey de Artieda en que

---

[36] Para Cervantes, el teatro empieza con Lope de Rueda: «Las Comedias eran unos coloquios como églogas.»

[37] L. L. de Argensola, *Tragedia Alejandra* (op. cit.):

> El sabio Estagirita da liciones
> cómo me han de adornar los Escritores
> pero la edad se ha puesto de por medio
> rompiendo los preceptos por él puestos
> y quitandome un acto que solía
> estar en cinco siempre dividida:
> me han quitado también aquellos coros
> que andaban por medio entre mis scenas
> a verdad no siento ya esta falta.

Jacques Grévin, *Brief discours pour l'intelligence de ce théâtre* (1561): «J'ay eu en ceci esgard que je ne parloy pas aux Grecs ny aux Romains mais aux François, lesquels ne se plaisent pas beaucoup en ces chantres mal exercitéz, ainsi que j'ay souventes fois observé aux autres endroicts où l'on en a mis en jeu» (en Weinberg, *Critical Prefaces*, pág. 185).

[38] Ed. 1581. *Al Ilustre Señor Don Thomas de Vilanova.*

el autor tiene el derecho de adaptar la tragedia a las circunstancias modernas, en vez de seguir ciegamente las tradiciones antiguas [39].

7. La disputa de los preceptistas en torno a la tragicomedia.

En Italia, la guerra literaria en torno a la legitimidad de la tragicomedia produjo un notable aumento de tratados y escritos teóricos hacia fines del siglo XVI. En España combatían en ella tanto los críticos y teorizadores literarios como los mismos autores.

El Pinciano conocía la disputa entre Guarini y Denores con respecto al *Pastor Fido* [40]. En la respuesta a la Epístola XI de la *Poética,* que trata de la epopeya, critica la actitud de Denores y de sus partidarios, que declaraban «monstruosa» la mezcla de lo trágico y de lo cómico. Los que propugnaban en España las ideas estéticas de Denores no se dejaban convencer por el argumento de que un autor clásico, Plauto, había dado él mismo el título de «tragicomedia» a uno de sus dramas. El Pinciano, por el contrario, mantiene —por lo menos en lo que a la poesía épica se refiere— la actitud que encontramos más tarde expresada en el capítulo 47 de la primera parte del *Quijote:* que de la fusión de lo cómico con lo épico, y también con lo satírico y naturalmente con lo trágico (que es lo más cercano a la epopeya) surge, no un monstruo sino una «criatura muy bella» [41]. ¿No había sido recomendada, en vez de condenada, esta mezcla por Aristóteles mismo, quien cita como ejemplos de epopeya precisamente la *Odisea* y la *Ilíada* homéricas? La *Odisea,* de acuerdo con las observaciones del mismo *praeceptor egregius,* autoridad clásica en materia de estética, no era una tragedia pura, sino tan ligada a elementos de comedia que, según el Pinciano, bien se podía

---

[39]   Pero como lo antiguo al fin se acaba,
diez tablas, dos tapices, y una alfombra,
hinchen aquella fábrica tan brava.
     Ya de los coros ni hay rastro, ni sombra
... ...
bolvernos a los coros, es bolvernos
los graves, y antiquissimos arneses,
     Ya no queremos tanta hevilla y pernos
bastanlos que nos sirven a la justa:
mas bien grabados, llanos y modernos.

[40] Véase Herrick, *Tragicomedy,* cap. «Pastoral Tragicomedy», pág. 135. Denores atacó el *Pastor Fido* de Guarini aun antes de que viese la luz de la imprenta. El *Discorso,* de Denores, se publicó en 1587. La primera respuesta de Guarini, *Il Verato primo,* en 1588. Denores contestó en 1590 al ataque de Guarini con su *Apologia contra l'Autor del Verato.* En 1593 contraataca Guarini de nuevo con *Il Verato secondo.* Ambos textos apologéticos los reunió Guarini en 1599-1601 en su *Compendio della poesia tragicomica.*

[41] *Philosophía antigua poética,* vol. III, pág. 220.

con propiedad llamarla «tragicomedia». La *Ilíada,* por el contrario, se aproximaba más al ideal de perfección trágica [42].

En el capítulo sobre la comedia de la *Philosophía antigua poética,* uno de los interlocutores se refiere al *Anfitrión* de Plauto. ¿No prueba esta «comedia», así como las *togatas* y *trabeatas,* que en el drama clásico se presentan mezcladas las personas, y que los destinos de los personajes elevados están relacionados con los de los plebeyos? ¿Es que no les cuadra también a aquellas obras la nueva definición de la comedia, o sea, que se trata de «imitaciones activas hechas para deleyte y risa»? Fadrique se ve obligado a conceder la verdad de lo aducido por su interlocutor, pero le parece que aquel tipo de obra no contiene todo lo cómico y ridículo, todas las bromas, bufonadas y parlamentos ingeniosos que caracterizan a la «comedia pura» [43]. En todo caso, es evidente que el Pinciano no tiene nada que objetar a la existencia y uso del término «tragicomedia» en relación con el género dramático, aunque no recomiende específicamente este tipo de obras dramáticas a la imitación. La idea que él mismo se hace de la comedia modelo queda bien clara si observamos que, si bien adopta la definición y la descripción del género que encuentra en la teoría y en los ejemplos clásicos, se sirve de ellas para elaborar una nueva concepción del género cómico que toma muy en consideración, aun corrigiéndola, la práctica de la época en esta materia.

Cascales, por el contrario, es adversario de la tragicomedia. Está de acuerdo con Denores en lo que se refiere al fondo de la cuestión, y con Giraldi Cinthio, en lo que concierne al nombre. La referencia de rigor a la «tragicomedia» de Plauto se encuentra en el capítulo que Cascales dedica a la tragedia [44]. Allí explica que la «tragedia doble» contiene

---

[42] *Philosophía antigua poética,* vol. III, pág. 158
[43] *Philosophía antigua poética,* vol. III, págs. 21-2.
[44] Cascales, *Tablas, Tabla tercera, De la tragedia,* págs. 328 y ss.

De otro modo es doble también la Fabula, quando en ella ay personas ilustres, y humildes, como el Amphitrion de Plauto. Y a esta llaman algunos Tragicomedia, pero falsamente: porque la Poesia Scenica no abraça mas que la Tragedia y la Comedia: y si la Fabula tiene materia Tragica, acabado en felicidad, será Tragedia doble, y si tiene materia Comica con personas graves, y humildes, será Comedia doble; y desta manera es el Amphitrion de Plauto...

PIERIO: Váleme Dios! Luego según eso no son Comedias las que cada día nos representan Cisneros, Velazquez, Alcaraz, Rios, Santander, Pinedo y otros famosos en el arte histrionica; porque todas o las más llevan pesadumbres, revoluciones, agravios, desagravios, bofetadas, desmentimientos, desafios, cuchilladas y muertes; que aunque las aya en el contexto de la Fabula, como no concluyan con ellas, son tenidas por comedias.

CASTALIO: Ni son Comedias, ni sombra dellas. Son unos hermafroditos, unos monstruos de la Poesía. Ninguna de essas Fabulas tiene materia Comica, aunque mas acabe en alegría.

PIERIO: A lo menos llamarse han Tragicomedias.

CASTALIO: Quita alla, no os e dicho el vicio de las Tragedias dobles?

PIERIO: Luego serán comedias dobles?

CASTALIO: Ni por pensamiento: porque la comedia doble es aquella que

dos peripecias, una persona que pasa de la felicidad a la desgracia, y
otra de la desgracia a la felicidad, como se ve en la *Odisea.* También
se llaman dobles, según él, las tragedias que incluyen una mezcla de
personas de distintos estratos sociales, y, sobre todo, una mezcla de
«personas graves y humildes». La tragedia mixta, que Cinthio llama
«tragedia de liete fin», se llama aquí, pues, «tragedia doble». El *Anfitrión,* por el contrario, es una «comedia doble» con materia cómica y
con mezcla de personas graves e ilustres y de personas humildes.

Pasa entonces a atacar la clase de comedias que se representan en
la práctica escénica de la época. Según la nueva definición que da Cascales de la tragedia, aquellas obras que representan, bajo el nombre
genérico de «comedia», actores conocidos como lo eran Cisneros, Velázquez, Ríos, etc., apenas merecen el nombre que se les da. Es verdad
que las acciones llenas de luchas y muertes concluyen por lo general
con un desenlace feliz, pero habida cuenta de la sangrienta materia
de que tratan, del carácter típicamente trágico de los detalles de la
acción, no se las puede llamar más que tragedias dobles, y aun esto con
reservas, puesto que carecen de las características esencialmente trágicas,
tal y como se conocían ya por la *Poética* de Aristóteles. Estos «herma-
froditas» y «monstruos de la poesía», como los llama Cascales, no pueden tampoco llamarse tragicomedias, título que parece a Cascales de
todos modos absurdo para dado a un drama. En este punto fue atacado por Sepúlveda, el filólogo que profesaba en Alcalá. Tampoco com-
partían la opinión de Cascales ni Feliciana Enríquez de Guzmán ni López
de Vega, ni otros más. Pero, como el título no se puede separar sin
mayor ceremonia de la cosa, la defensa del mismo entrañaba al mismo
tiempo la defensa de un género dramático que permitiese, por lo menos, la mezcla de los personajes. La teoría se unía a la práctica. En
realidad, la defensa de la teoría de la tragicomedia no se puede separar
de la práctica teatral en España.

En la *Deffensa de la poesía,* traducción española de la obra de Sir
Philip Sidney, se critica la tragicomedia en términos análogos a los de
Cascales. En este texto se tolera aún la tragicomedia clásica, pero se
critica violentamente el teatro inglés de la época, que mezcla «cornamu-
sas y esequias». Pero no se ataca solamente la mezcla de acontecimientos
y de personas que caracteriza la tragicomedia, sino también la violación

lleva algunos principes y personas ilustres junctamente con las humildes: pero
a de tener sujeto Comico, y acontecimientos de donde se pueda sacar la risa,
y pasatiempo.

PIERIO: Llamemoslas pues Tragedias dobles: ya que el cuerpo de toda
la Fabula es Tragico, y para en felicidad.

CASTALIO: Apretaisme de manera, que no os puedo negar esso en fin son
Tragedias dobles, que es tanto como dezir malas Tragedias, y aun este nombre
les doy de mala gana: porque tienen muy poco de sujeto Tragico, con que se
à de mover a misericordia, y miedo.

de las unidades de tiempo y lugar, en términos análogos a los que emplea Cervantes en el capítulo 48 de la primera parte del Quijote. Spingarn hizo ya observar la similitud entre estos dos textos [45]. La lucha de los preceptistas y de ciertos autores contra las tragicomedias que se escribían y representaban en la práctica es la misma en España, en Inglaterra y en Italia. Pero aun entre los preceptistas no había unanimidad.

No sólo Lope de Vega, sino también Juan de la Cueva, se sentían aludidos por las citadas críticas [46]. También Virués, entre otros, y los ya citados Argensola y Rey de Artieda se daban perfecta cuenta de que sus comedias y tragedias no correspondían totalmente a lo que exigía la teoría de la tragedia o de la comedia puras y perfectas.

En el *Arte nuevo*, Lope de Vega trae a colación aquella frase de «monstruo cómico», tomándola quizá de Cascales [47]. La mezcla de lo trágico con lo cómico, de Séneca y Terencio, que da a ciertas partes de la obra dramática un cariz triste, y a otras regocijado, encuentra su modelo en la naturaleza misma. He aquí un argumento completamente nuevo en la defensa del teatro de la época, argumento que se relaciona estrechamente con la estética de la poesía en general, puesto que incide en la interpretación del verdadero significado de *mimesis* o *imitatio*. Cualesquiera que fuesen los ataques a la tragicomedia en el teatro español, pocos eran los dirigidos contra Lope de Vega personalmente. Lo que se criticaba eran los intolerables excesos que se llegaban a cometer, y que no merecían tampoco la aprobación de los autores de mayor reputación. El hecho de que tales ataques vayan casi siempre acompañados de alabanzas dirigidas a la comedia en general, y a la de Lope de Vega en particular, no debe interpretarse en sentido irónico [48]. Esto no significa que no se lanzasen también efectivamente ataques polémicos muy personales contra Lope de Vega. Pero éstos van entonces dirigidos no sólo contra la obra, sino contra la personalidad misma del autor de éxito y no se basan solamente en el argumento de que el Fénix de los Ingenios hubiese violado los preceptos de la teoría.

El arriba mencionado Francisco de Córdoba, apologista de la nueva lengua de Góngora, rompió también, en su *Didascalia Multiplex,* una lanza en defensa de la tragicomedia [49]. Empieza por rechazar el ataque de Denores contra la tragicomedia de la *Celestina*. Dicen algunos —pro-

---

[45] Spingarn, *Literary Criticism in the Renaissance,* pág. 290.
[46] Las de Cascales, en particular.
[47] Lope de Vega, *Arte nuevo:*
>   Si pedís parecer de las que agora
> Están en possession, y que es forçoso
> Que el vulgo con sus leyes establezca
> La vil Chimera deste monstruo Cómico.

[48] Ni en el *Quijote*, ni tampoco en Rizo ni en otros. Véanse los dos capítulos de la *Introducción* del presente trabajo.
[49] Véase *Apéndice: Textos,* pág. 175.

sigue— que las comedias españolas van en contra de los preceptos de
Aristóteles, porque incluyen en las fábulas reyes y personas ilustres, y
porque no observan la unidad de tiempo. Francisco de Córdoba reconoce que, en España como en todas partes, hay muchos ignorantes que
se atreven a componer dramas. Pero en lo que se refiere a la presencia
de personas ilustres en la fábula, no puede decirse que hayan errado
los autores españoles, puesto que Aristófanes hace lo mismo en sus
Ranas y sus *Caballeros,* y Plauto en el tan citado *Anfitrión.* También
en Aristóteles (*Poética,* cap. II) puede encontrarse una justificación de
lo que se hace en España, y ¿no dice Cicerón: «Comoedum in Tragoediis,
et Tragoedum in Comoediis placere vidimus»?

Este capítulo de la *Didascalia,* publicada en 1615, cierra con las palabras: «Nihil ergo cum hac in re peccant Hispani, obmutescant necesse est accusatores ceteri.» Es posible que este texto tuviese por objeto dar una respuesta a Cascales [50] y sobre todo a Cristóbal de Mesa [51],
quien, midiendo por el rasero de Tasso y de las teorías italianas no sólo
el teatro español, sino toda la producción literaria de su época, la rechazaba en su totalidad.

La poética de Cascales no se publicó hasta 1617, aunque se hubiese
podido imprimir ya en 1604 [52]. En 1617 se publicó también el *Pasagero*
de Cristóbal Suárez de Figueroa, cuya teoría de la comedia es sencillamente una copia del capítulo correspondiente de la obra de Cascales. Se
ha dicho que tanto estos dos textos como también ciertos versos de las
Eróticas de Villegas eran un ataque personal contra Lope de Vega [53]. Es
muy posible que esto sea cierto en lo que a Villegas se refiere, pero en
cuanto a Cascales, no hay que olvidar que por la misma época dirigía una
epístola al *Apolo de España, Lope de Vega Carpio: En defensa de las
comedias y representación de ellas.* García Soriano, autor de la monografía sobre Cascales y editor de las *Cartas philológicas,* da el 5 de julio

[50] La difusión bastante generalizada de manuscritos aún no impresos era rela-
tivamente corriente en aquella época. De todos modos, lo interesante es que Cascales ilustra de modo muy claro e inmediato los problemas estéticos que, paralelamente a lo que se estaba haciendo en Italia, se debatían también en España a
fines del siglo XVI y principios del XVII.
[51] López Prudencio, «Valores olvidados, Cristóbal de Mesa», *Rev. Centro
Est. Extremeños,* 16 (1942), págs. 165-78.
[52] García Soriano, *El humanista Francisco Cascales. Su vida y sus Obras. Estudio biográfico, bibliográfico y crítico* (Madrid, 1924).
[53] Véase Entrambasaguas, *Estudios sobre Lope de Vega,* vol. I (1946), páginas 179 y ss., y 187 y ss.
Villegas, Elegía VIII de sus *Eróticas o amatorias* (1618), Clas. Cast., pág. 333:

> Fábulas compusieron Plauto y Ennio
> que ya para Castilla son escoria,
> según se viste de favor Cilenio...
> Con nuestros españoles ya no hay fieros,
> que ellos se son los dueños del Parnaso,
> y, aunque tarde, se sientan los primeros.

de 1617 como fecha probable de esta epístola [54]. En cuanto al *Pasagero*
de Suárez de Figueroa, encontramos en él ciertamente críticas dirigidas
contra Lope, pero también sobre el teatro en general, sobre los abusos de
las *comedias a lo divino* y de las *comedias de capa y espada*. Uno de los
pasajes se refiere, evidentemente, a Cervantes [55].

La apología de Ricardo del Turia, de 1616 [56], ataca a los «censores»
del teatro español, de igual modo que Francisco de Córdoba había arre-
metido contra los «detractores» de la comedia española en su *Didascalia
Multiplex* de 1615. «Suelen los muy criticos Terensiarcos (!), y Plautistas
destos tiempos —escribe Turia— condenar generalmente todas las Comedias que en España se hazen, y representan, assi por monstruosas en la
invención, y disposición.» Este pasaje inicial de la apología podría igualmente interpretarse como referencia concreta de Turia a la poética de
Cascales que estaba por aparecer, y también a las críticas de Suárez de
Figueroa [57].

Turia hace observar que la «comedia española» no es otra cosa sino
una mezcla de lo cómico con lo trágico, o sea una «tragicomedia», y que
no peca por ello ni contra la naturaleza misma ni contra el uso y la experiencia. Si hasta en las tragedias y comedias «puras» de los clásicos, como
el *Edipo* de Sófocles y las comedias de Aristófanes, hay mezcla de personajes, con mayor razón podrá seguirse esta práctica en la tragicomedia.
Por otra parte, no son precisamente los españoles los inventores de este
género mixto, aunque no dejaría de honrarles el haberlo sido.

La comedia española, pues, o mejor dicho, la tragicomedia, no es una
mezcla mecánica de lo alto con lo bajo, sino un nuevo tipo de composición,
un nuevo género. Entre muchos otros argumentos en apoyo de su tesis
aduce Turia el éxito del *Pastor Fido* en Italia como prueba fehaciente que
justifica la existencia del nuevo género dramático.

Encontramos otra apología de la comedia española en el *Meior Príncipe Traiano Augusto* de Francisco de la Barreda, que persigue ante todo
el mismo objeto que la epístola de Cascales a Lope de Vega, o sea la
defensa del teatro contra los ataques de las autoridades civiles y eclesiásti-
cas. El tratado de Barreda sobre la nueva comedia española parece, además, manifestar una actitud polémica dirigida específicamente contra la

---

[54] Francisco Cascales, *Cartas filológicas,* ed. Justo García Soriano (Clas. Cast.,
Madrid, 1940), vol. II, pág. 70.
[55] Cristóbal Suárez de Figueroa, *Pasagero,* Alivio III: «Pónense las niñeces del
santo en primer lugar; luego, sus virtuosas acciones, y en la última jornada, sus mi-
lagros y muerte, con que la comedia viene a cobrar la perfección que entre ellas
se requiere.» Esta es precisamente la división en jornadas del *Rufián dichoso,* de
Cervantes.
[56] En *Norte de la poesía española* (Valencia, 1616), Bibl. Nac. Madrid, R/12280.
[57] En el segundo capítulo de la *Introducción* hemos hecho ya observar que
Figueroa toma los pasajes más importantes de su teoría dramática de las *Tablas*
de Cascales.

poética de Cascales [58] (el cual había llegado entretanto, sin embargo, a re-conocer el valor del teatro español tal y como lo practicaban sus mejores autores —evolución que ya empezaba a perfilarse en sus *Tablas* [59]). La comedia española, dice Barreda, es «un orbe perfecto de la Poesía, que encierra y ciñe en sí toda la diferencia de poemas, cuyas especies, aun repartidas, dieron lustre a los antiguos».

Contra la teoría de Aristóteles, prosigue, se puede elevar la objeción de que correspondía perfectamente a las necesidades de su época, pero que los tiempos modernos exigen algo más que la mera copia servil de la antigüedad (opinión que se venía oyendo ya desde principios del siglo XVI). La ley fundamental de toda poesía es una imitación adecuada, que no puede producir, en la época moderna, más que una comedia como la que efectivamente se practica. De la teoría del Estagirita se toma lo que tiene importancia para la estructura del nuevo drama, como ya lo hizo Lope en el *Arte nuevo*. Si se procede a una comparación crítica de la teoría de Aristóteles con el teatro de la antigüedad, no se puede dejar de llegar a la conclusión de que, aun en aquel tiempo, la práctica no seguía en todos sus detalles los conocidos preceptos del Estagirita. De todos modos, la obediencia excesiva revela falta de genio creador. La maestría se demuestra precisamente por la capacidad de adaptarse a la época en que vive el autor. He aquí, en resumen, los puntos principales de la argumentación en favor del nuevo teatro español, a los que venían a unirse argumentos como el de que la mitología de la Antigüedad no era materia adecuada para la era cristiana —aunque no fuese más que por motivos de verosimilitud— y otros del mismo género. Se argüía también que el carácter lascivo de la comedia antigua le restaba mucho valor como modelo. Este último argumento había sido ya esgrimido por Vives, y también el Pinciano estimaba que la comicidad del teatro español era más depurada que la del antiguo [60].

El mismo método apologético —basado en la comparación sistemática y filológica entre la teoría y la práctica de la antigüedad— que ya

---

[58] Francisco de la Barreda, *El Meior Principe Traiano Augusto* (1622. Aprobación de 1618):

> No prohibió pues Trajano las comedias, sino los bayles dellas. Muchos han tomado contra las nuestras, particularmente algunos críticos que no teniendo obra con que apagar la sed de su ambición, y darse a conocer, usan deste artificio, para que la misma admiración de su deslumbramiento, hable por ellos, y los de duración en las memorias. Las naciones estrangeras vibran los mismos rayos, condenando por faltas de arte todas las comedias que no se arriman a la antigüedad... (fol. 124).
>
> Pecó en esto un moderno que trasladó el arte de Aristóteles y ultrajó nuestras comedias como extrañas... (fol. 126)

[59] Cascales, *Tablas*, pág. 332: «PIERO: Pues tan faltos son de entendimiento los Poetas de España, que no aciertan a hazer una buena comedia?

CASTALIO: Faltos de entendimiento? absit. Antes en caudal de entendimiento se aventajan a las demas naciones».

[60] Pinciano, *Philosophía antigua poética,* vol. III, pág. 60.

hemos visto en la *Didascalia* de Francisco de Córdoba, en Barreda y también, aunque en forma menos vigorosa, en la apología de Turia, lo encontramos utilizado por Sánchez de Moratalla, profesor de la Universidad de Alcalá, en su *Expostulatio Spongiae,* escrita en pro de la rehabilitación personal de Lope de Vega [61]. Lo que había sido lícito para los antiguos también tenía que serlo para el Fénix de los Ingenios. Hay tragedias griegas con desenlace apacible. Hay comedias griegas con mezcla de personas humildes y elevadas. El mismo proceso de desarrollo por el que pasó el drama de la antigüedad, desde una fase primitiva, pasando por una fase media hasta la más reciente, también debe de permitirse al teatro español.

Los ya conocidos argumentos de que la experiencia y la costumbre van modificando el drama, de que la imitación de la actualidad tiene necesariamente que modificar las férreas leyes que rigen la acción dramática, los encontramos de nuevo en los *Cigarrales* (1621) de Tirso de Molina, esgrimidos en defensa de la tragicomedia, o sea de la comedia española. Tirso añade que precisamente Lope de Vega conoce muy bien las reglas del arte dramático, aunque no se atenga a ellas escrupulosamente. Este texto y la *Expostulatio* son los únicos que nos permiten inferir que se habían lanzado ataques personales contra el teatro de Lope de Vega. Rizo [62] y López de Vega se pronuncian en contra de la tragicomedia como género. Este último condena en *Heráclito y Demócrito* (que Entrambasaguas supone escrito por 1624) precisamente la mezcla de personas [63], a pesar de

---

[61] Véase *Apéndice: Textos,* pág. 183 ss.

[62] Juan Pablo Mártir Rizo, *Poética,* cap. 8. De la Constitucion de una perfectissima Comedia (fol. 61 v): «Ay algunos que en sus fabulas cómicas van afectando casos atrocissimos para hacer después resulten y tengan fin en alegría creiendo que con semejantes constituciones de fabulas daran mayor satisfaçion a los oientes, mas engañanse notablemente porque procuran una suerte de deleyte que es propio de la Tragedia y no de la Comedia, porque en la Comedia se deven representar algunas desessiones y pesadumbres ligeras como son las de Janolo y Mingino que trahe el Boccaccio que con brevedad se reducen a amistad, en parentesco en burlas y en alegrías siendo la reconciliacion entre enemigos propia de las personas particulares de la Comedia, pero las muertes entre las mismas es propio de las personas Illustres de las Tragedias...

... No conviene que sea de dos actiones la una de las quales conduzca de la felicidad a la infelicidad, porque aunque la Comedia por tal variedad puede ser deleytosa para los ignorantes no por esso sera admitida de los doctos traspasando a lo que es propio de la Tragedia.»

[63] Entrambasaguas, *Estudios sobre Lope de Vega,* vol. 2 (1947), pág. 79 y sigs. *Heráclito i Demócrito de nuestro siglo,* por Antonio López de Vega (1641), págs. 174 y siguientes.

El Cómico (comencemos por el) se confunde con el Tragico: i no siendo uno, ni otro, no solo alterna en una misma Fabula el Coturno con el Zueco, mas aun al mismo tiempo dando su pie a cada uno, se los calça a entrambos juntos. Llora i rie en una misma ocasion. A un mismo punto (si se cotejan las personas con el lenguaje) es Patricio, y es Plebeyo. Introduce lo jocoso muchas veces en el paso de suspension, que moviendo à risa, disminuye i aun desvanece el afecto que era del intento... No digo que se guarden con supersticion las antiguas reglas (que algo se a de permitir al gusto diverso del siglo diferente)... Pero que cada poema, en lo esencial, se escriva según sus particulares leyes, distinto, i no confuso con el otro.

reconocer toda clase de libertades a la comedia española en otros aspectos. Ni en esta obra ni en la ya mencionada *Poética* de Rizo (1623) encontramos una actitud absolutamente hostil a la comedia española.

Feliciana Enríquez de Guzmán da el título de tragicomedia a su drama de los *Jardines y campos sabeos* (1624), obra en la que, por otra parte, se esfuerza en observar las unidades de tiempo, lugar y acción, dividiéndola, aun en la segunda edición, en actos y no en jornadas [64]. En la introducción dirigida a los lectores escribe, con una alusión polémica a Cascales: «El nombre de Tragicomedia, aunque juzgado rigurosamente de alguno por impropio, y no bien impuesto al Amphitryon de Plauto: en nuestra fabula, o historia tiene toda propiedad» [65]. También López de Vega se eleva contra Cascales. En el capítulo de su *Heráclito y Demócrito* que trata de los críticos y gramáticos, describe una reunión en la que, después de concluida una comedia, se discute si no sería mejor llamarla, por su contenido, tragicomedia. Unos se inclinan por este título, pero «negavan los otros —dice— aver Tragicomedias, diciendo ser monstruosidad la union de terminos tan contrarios» [66].

8. La polémica entre Sepúlveda y Cascales sobre la teoría de la tragicomedia.

González de Sepúlveda, profesor de gramática y retórica en Alcalá, coincide con Feliciana Enríquez de Guzmán en afirmar la licitud del nombre de «tragicomedia» que Plauto impuso a su *Anfitrión*. Las observaciones que formula sobre la tragicomedia al criticar las *Tablas poéticas* (críticas que no quedaron sin contestación por parte de Cascales [67]), contribuyen a aclarar la interpretación del drama de Plauto y, por ende, la forma en que se concebía la comedia o el teatro en general.

Al tratar de la comedia en sus *Tablas poéticas* [68], Cascales había insistido en el hecho de que la acción cómica no puede, como tal, desenvolverse más que entre personas de nivel humilde o mediano. La comedia pierde calidad y, por consiguiente, efecto en la medida en que la categoría social de las personas se eleva por encima del nivel humilde o medio que describe la regla. Existe, sin embargo, una posibilidad para mezclar personas de clase humilde con otras de elevado rango, que consiste en que

---

[64] Feliciana Enríquez de Guzmán, *Tragicomedia de los jardines y campos sabeos* (Lisboa, 1627; licencia de 1624) (Bibl. Nac. Madrid, R/782). *A los lectores* (pág. 48).

[65] *Op. cit.*, pág. 48.

[66] *Op. cit.*, pág. 122.

[67] *Cartas philológicas* (Bibl. Nac. Madrid, R/2680), págs. 149 ss. Conocemos los argumentos de Sepúlveda solamente a través de su refutación en estas *Cartas,* no habiéndose conservado (o, por lo menos, encontrado hasta ahora) ningún escrito suyo.

[68] Cascales, *Tablas,* pág. 357.

haya una acción principal confiada a los personajes humildes y otra acción secundaria desenvuelta por los personajes de mayor gravedad e importancia. Podría encontrarse un ejemplo de este tipo de comedia, si bien en relación inversa, en la *Odisea*. En ella las personas de la acción principal son reyes y nobles, y las de las acciones episódicas, gente del pueblo. A todo esto objeta Sepúlveda que la risa y el entretenimiento, que son la finalidad que persigue la comedia, no tiene necesariamente que ser producidos por la acción principal. Es perfectamente posible, pues, confiar la acción esencial de la obra a personajes graves y elevados, mientras que los personajes humildes ofrecen en los episodios materia para risa y ridículo. Sepúlveda estima, además, que lo cómico no tiene necesariamente que ser resultado de la acción misma, sino que pueden conseguirse los deseados efectos cómicos recurriendo solamente a la palabra. La comicidad que resulta puramente de la palabra no desdice de la gravedad que corresponde a personas de elevado rango, como lo demuestra, según Sepúlveda, el juego con el doble personaje de Sosia y Mercurio en el *Anfitrión*. Plauto no tenía reparo en poner a un dios en situaciones burlescas. Con otras palabras: ¿por qué no han de ser también los personajes de alto rango materia de regocijo y de efectos cómicos? He aquí una idea verdaderamente revolucionaria para una época en la que, de acuerdo con los preceptos de Horacio, se exigía que cada estado observase escrupulosamente el decoro correspondiente. Según este humanista de la Universidad de Alcalá, no se puede desechar sumariamente el nombre de tragicomedia para describir acciones dramáticas de esta clase, especialmente si se tiene en cuenta que el mismo Plauto lo utiliza. Concede también considerable importancia a la autoridad de Baptista Guarini, quien dio asimismo el nombre de tragicomedia a su *Pastor Fido*. Pero la autoridad de mayor peso que aduce es Aristóteles, quien, según Sepúlveda, autoriza en su *Poética* esta clase de acción dramática, aun sin darle concretamente el título de tragicomedia. Hasta aquí la argumentación de Sepúlveda. La respuesta de Cascales es la misma que en otras ocasiones: «Digo lo que tengo dicho en mis Tablas.» La acción principal del *Anfitrión,* que es la verdaderamente cómica, está confiada a personas de clase humilde. En cuanto a la dificultad que podía plantearle la interpretación que da Sepúlveda del elemento Mercurio/Sosia, Cascales la sortea con habilidad manteniendo que, en el contexto de la acción dramática, Mercurio no representa en este caso un dios, sino Sosia. El efecto cómico que puede tener en escena se explica, pues, por este cambio de personas. En términos teóricos se diría que, bajo capa de la forma visible que ha adoptado, no deja de observar el decoro en todo momento. Anfitrión, Alcmena y Júpiter no son, según Cascales, más que personajes episódicos. Si fuesen los personajes de la acción principal, el efecto cómico de la obra tendría que surgir de ellos, puesto que el efecto de una obra está siempre inseparablemente unido a la acción principal de la misma. Pero el decoro impide que personas de categoría tan elevada constituyan jamás materia cómica. Cuando sucede que personajes de alto rango muevan a risa con sus parlamentos, lo hacen siempre con «donaires urbanos», o sea con el ingenio y agudeza que les son propios y sin menoscabo del decoro. Plauto se chancea cuando da el nombre de *tragicomedia* a sus dramas. El título más apropiado para el *Anfitrión* es el de *comedia doble,* tal y como se proponía en las *Tablas poéticas.* Con este nombre se indica que las personas de la acción principal son gente humilde, y las de la acción secundaria, de rango elevado. Estas últimas hablan poco en el *Anfitrión,* y Mercurio no es dios, sino Sosia en la acción principal.

Estas opiniones teóricas sobre la tragicomedia eran atacadas o defendidas según iba evolucionando, en la práctica, la escena española. Quevedo, en una de sus poesías, niega aún con energía la licitud estética de un género como la tragicomedia [69]. Su amigo y colaborador González de Salas, por el contrario, no vacila en su poética en distinguir la comedia española precisamente con este nombre [70]. Observa que las representaciones de tragicomedias (= comedia española) han redundado en mayor gloria de la nación. En el *Teatro scenico a todos los hombres,* que acompaña a los comentarios de Salas sobre la *Poética* de Aristóteles, dice: «para ambas representaciones Tragedias os doi, i Comedias, o las Tragicomedias que hoi florecen mas, en que aquellas dos se ven unidas».

Por esta época, la comedia española (a veces, como hemos visto, precisamente bajo el nombre de tragicomedia) goza de aceptación general, como lo demuestran, entre otros, nombres como Soto de Rojas [71], Polo de Medina [72], Pellicer [73], Bartolomé Leonardo de Argensola [74] y Castillo Solórzano [75].

---

[69] *Comenta contra setenta y tres estancias que don Juan de Alarcón ha escrito a las fiestas de los conciertos hechos con el príncipe de Gales y la señora infanta María,* en *Obras completas de Quevedo (prosa),* ed. Astrana Marín (1932), pág. 645. «Que no hay elogio despectivo, como no hay hombre y cavallo, ni tragicomedia, por ser de diferente especie.»

[70] Salas, *Nueva idea,* pág. 184.

[71] *Desengaño de amor en Rimas, Del Licenciado Pedro Soto de Rojas* (1632) (Bibl. Nac. Madrid R/7806), pág. 5. (ed. C. S. I. C. Madrid, 1950). «Esto se haze en dos maneras (según las dos partes en que se divide la poesía, por razon de sus objetos) que son, o cosas altas, y graves, o cosas bajas y humildes: aunque tal vez son mixtas, de donde nace la tragicomedia, y semejantes escritos.»

[72] Polo de Medina, *Obras en prosa y verso* (ed. Zaragoza, 1670), pág. 61 (Academia del Jardín, 1630). «Y a los que dizen que las comedias terencianas fueran desayradas si se escrivieran oy por aquella imitación, respondo que lo accidental del arte bien se puede mudar.»

[73] José Pellicer de Tobar, *Idea de la comedia de Castilla,* en *Lágrimas Panegíricas a la temprana muerte del gran poeta Juan Pérez de Montalbán* (Madrid, 1639) (Bibl. Nac. Madrid, R/7302), fol. 150 v.: «Donde muere el heroe, que es el primer Galan, es Tragi-Comedia la que consta de caso que acontece entre Particulares, donde no ay Principe absoluto».

Ello no impide, sin embargo, que los grandes autores, como Lope de Vega, se esfuercen por formular distinciones de tipo clásico entre tragedias, comedias y tragicomedias dentro del ámbito general del nuevo género de la *comedia española* [76].

Fol. 151 v.: «Y en la Comedia Tragica que se funde en lo melancólico y funebre de la lastima que dispone, aunque cargava todo el artificio sobre el Horror, la mezclava [Pérez de Montalbán] de Episodios Heroicos y Liricos».

[74] *Obras sueltas,* ed. Viñaza, II, p. 296: «No ha de juzgarse por ofensa del arte el adorno de que se ha vestido la comedia y la sátira, porque la autoridad del uso lo ha permitido no sin justos respetos...», «se pueden traspasar los preceptos antiguos, y que cuando se vió Roma en la grandeza de su edad concedió mayor licencia a los escritos y a los versos».

[75] Castillo Solórzano, *Aventuras del Bachiller Trapaza* (Madrid, 1635), pág. 233. Solórzano estima que Lope, aunque rompió con las reglas antiguas, las ha reemplazado por otras, que no sólo persiguen el aplauso del público, sino que representan preceptos «más puestos en razón..., aunque pasen más horas que las que pide Terencio».

[76] Véase Morby, «Tragedia and Tragicomedia in Lope», *Hispanic Review,* 11 (1943).

Hemos tratado de mostrar cómo el término «comedia» fue gradualmente adquiriendo el sentido genérico de «drama» (véanse los capítulos IV y VIII del presente estudio). Alrededor de 1600 se observa una especie de evolución en sentido inverso, o sea una nueva diferenciación del concepto global de comedia en los géneros de tragedia, comedia y tragicomedia. Un ejemplo de estos esfuerzos por formular distinciones dentro del ámbito de la «comedia», luego que el término hubo perdido la capacidad de designar una especie concreta del género «drama», lo encontramos en Alonso Gerónimo Salas de Barbadillo. En sus *Coronas del Parnaso y Platos de las Musas* (Madrid, 1635) (Bibl. Nac. Madrid, R/4621), se enumeran:

Comedias de tramoyas, que no merecen la aprobación de Apolo. Las permite excepcionalmente sólo cuando se trata de celebrar un gran acontecimiento en versos magníficos y elevados, con ricos decorados y representando grandes palacios y reyes, como saben hacerlo excelentemente Antonio de Mendoza, Mira de Amescua, el doctor Juan Pérez de Montalbán, Pedro de Calderón y Gerónimo de Villazain. Lope de Vega es el mejor autor de *comedias de capa y espada.* Se distingue la categoría de los *entremeses.* Apolo alaba las *tragedias* de Guillén de Castro. Hay *comedias de historia docta y grave* y *comedias de alta y prodigiosa eloquencia.* Además, se conocen los *autos sacramentales* del maestro José de Valdivielso.

Distinciones análogas a las que formula Torres Naharro entre la *Comedia a noticia* y la *Comedia a fantasía,* las encontramos también en Carvallo, Suárez de Figueroa y Pellicer. Este último formula una distinción suplementaria, aparte de la que separa las obras históricas y las de tipo novelístico (que comprenden intrigas de amores): se trata de las comedias completamente inventadas, que por lo general no obedecen a los dictados de la verosimilitud, como, por ejemplo, las tramoyas.

Carvallo, *Cisne,* diálogo II, § 3, formula la distinción siguiente: «Su propria materia [de la comedia] fueron las Fabulas y Ficciones semejantes a la verdad..., mas agora se hazen comedias de historias ciertas ansi profanas como divinas y aun de personas phisicas que ansi las quiero llamar a las que de suyo son espirituales, o intelectuales, que no tienen al fin figura de personas, y debajo della se representa como es la paciencia, fortaleza, o alguna otra virtud, o vicio, o la persona de una ciudad, rio o pueblo, de que todo ay ya representaciones».

Figueroa, *Pasagero,* Alivio III, divide la comedia del siguiente modo: «Dos caminos tendreis... Al uno llaman Comedia de Cuerpo; al otro de ingenio, o sea, de capa y espada. En las de cuerpo que... suelen ser de vidas de santos, intervienen varias tramoyas o apariencias».

Pellicer distingue entre *comedia heroica, comedia de maraña amorosa, comedia trágica* y *comedia de mucho enredo.* La comedia heroica representa grandes acontecimientos, encarnizadas batallas, con elementos líricos y trágicos. La comedia de maraña amorosa es una intriga de amores con episodios trágicos y heroicos. En la comedia trágica hay mezcla de acción trágica con elementos líricos y heroicos.

En general, la influencia de la teoría clásica es suficientemente poderosa para que los nuevos tipos dramáticos vuelvan a clasificarse en las categorías de tragedia, comedia y tragicomedia, aunque no correspondan completamente a la regla por su contenido (véase el artículo citado de Morby). Vemos así que Lope de Vega opina que los dramas en que hay mezcla de personajes merecen el título de tragicomedia (*Comedias,* parte XIV, 1620, a Guillén de Castro).

Entre tanto ha cambiado también la faz de la tragedia: «Esta Tragedia esta escrita al estilo español, no por la antigüedad griega y severidad latina; huyendo de las sombras, nuncios y coros, porque el gusto puede mudar los preceptos, como el uso los trages y el tiempo las costumbres». *El castigo sin venganza* (1631). Véanse asimismo las notas 37-39 del presente capítulo.

CAPÍTULO X

EL ENTREMES EN LA POETICA ESPAÑOLA

Tenemos sobre el origen y la evolución del entremés exposiciones muy bien documentadas, como las de Cotarelo y Mori [1] y, más recientemente, de J. W. Shaffer [2]. Trataremos ahora de completarlas brevemente desde un punto de vista inédito, o sea partiendo de la teoría poética de los siglos XVI y XVII.

Bajo este aspecto, lo que mayor interés ofrece son los esfuerzos que hace la preceptiva por interpretar conceptos poéticos clásicos, como *episodio, satyros* y *mimos,* a la luz de la práctica teatral de un género popular y corriente: el entremés.

Wickersham Crawford señala el prólogo de la *Comedia* de Sepúlveda, de 1547 [3], como uno de los primeros documentos en que se emplea el nombre de «entremés» como sinónimo de «paso» (paso gracioso). Cotarelo y Mori no menciona, que sepamos, este documento en la introducción de su edición de los entremeses españoles, a pesar de haberlo publicado él mismo en la *Revista Española de Literatura, Historia y Arte,* vol. I (Madrid, 1901). Se trata de un texto que documenta una importante etapa en la evolución del entremés: por una parte, la relación entre el

[1] E. Cotarelo y Mori, NBAE, tomo 17 (1911).
[2] Jack William Shaffer (J. L. Palau y Dulcet, *Manual del librero,* 1954), *The Early entremés in Spain: The Rise of a Dramatic Form* (The Univers. of Pennsylvania, Filadelfia, 1923). Reseñas: *Bulletin Hispanique,* 27, y *Modern Philology,* 27 (1924).
Para la bibliografía del entremés, véase:
Luis Lamarca, *El teatro de Valencia desde su origen hasta nuestros días* (Valencia, 1840).
Ferd. Wolf, *Studien zur Gesch. der span. u. portug. Nationalliteratur* (Berlín, 1859).
Hugo Albert Rennert, *The Spanish Stage in the Time of Lope de Vega* (Nueva York, 1909).
E. Cotarelo y Mori, *Controversias sobre la licitud del teatro* (Madrid, 1904), página 377: «El entremés en el Auto Sacramental».
Rouanet, *Intermèdes espagnols.* Introducciones a los entremeses que edita.
Mantuano, *Entremeses del siglo XVII atribuidos al maestro Tirso de Molina.*
Northup, *Ten Spanish Farces.*
Corominas, *Diccionario etimológico.*
Eugenio Asensio, *Itinerario del entremés desde Lope de Rueda a Quiñones de Benavente. Con cinco entremeses inéditos de don Francisco de Quevedo* (Madrid, 1965).
[3] *Apéndice: Textos:* A. 1547, pág. 193.

nombre y el carácter cómico, tal y como se sigue entendiendo hoy día
y, por otra parte, su función estructural en el drama.

Este último aspecto lo confirma incidentalmente, en 1558, un pasaje
del comentario del Brocense a la *Epistola ad Pisones* de Horacio [4]. Se trata
de los versos 220-50, que se refieren al *satyros* y a su función en la estructura de la tragedia y que constituyen, según el Brocense, un pasaje muy
oscuro. Que el maestro de Salamanca encuentre «oscuro» este pasaje se
explica si recordamos rápidamente la evolución histórica de la clasificación
de los géneros [5].

Por el *Tractatus Coislinianus* podía ser conocida la clasificación del
drama en comedia, tragedia, mimo y sátiro. Horacio incluye también la
pieza de sátiros entre los géneros poéticos (versos 220-50). En la clasificación de Diomedes se le incluye, junto con el mimo y algunas églogas, de
nuevo en el *genus dramaticum*. Pero hasta fines de la Edad Antigua, y
luego durante el Medioevo, se olvida el sentido original de los términos
mímico y *dramático,* con el resultado de que vienen finalmente a confundirse en las poéticas dos géneros distintos, a saber: la sátira romana y el
episodio de sátiros griego. Muy conocido es a este respecto el pasaje de
San Isidoro de Sevilla, en el que se trata de caracterizar a la *sátira,* y no
al *satyros:* «unde et nudi pingentur, eo quod per eos vitia singula denu-
duntur». Vemos cómo se confunden ahí la finalidad de la sátira y el aspecto físico del sátiro. En Honorio de Autun encontramos luego la sátira,
en vez de la pieza de sátiros, citada como tercer género dramático, además de la comedia y la tragedia.

Hasta el siglo XVI no se empieza a hacer de nuevo la distinción entre
la *satyrica poesia* escénica y la épica (véase Minturno). La definición precisa de los dos géneros distintos tuvo que esperar hasta 1605, en que
Casaubonus escribe su *De Satyrica Graecorum Poesi et Romanorum Satira.*

Una vez se hubo vuelto a comprender que «dramático» significaba propiamente «escénico», existía asimismo de nuevo la posibilidad, al leer a
Horacio, de reconocer e interpretar atinadamente las características de la
pieza de sátiros. A pesar de ello, persistía la confusión de ideas en esta
materia, confusión que el Brocense —por vez primera, según dice él mismo— trata de remediar.

También el Pinciano declara textualmente (III, 233) que el sátiro,
fauno o sileno griego no debe confundirse con la sátira romana. En muchos pasajes de su poética describe el Pinciano la pieza de sátiros en su
verdadero sentido, pero en II, 233, le atribuye, sin embargo, en tiempos
históricos, la misma función que las sátiras de Horacio en lo que a la
materia se refiere. La sátira surgió de la comedia antigua —que él llama

---

[4] *Apéndice: Textos:* B. 1558, págs. 193-4.
[5] Behrens, *Einteilung der Dichtkunst (op. cit.)*

precisamente «satyros» en este pasaje— en el momento en que vino a prohibirse su representación escénica.

El Brocense interpreta el *satyros* horaciano como un episodio, en el sentido que Aristóteles da a este término en su *Poética*. A esta comparación, muy criticada después por Cascales, gran conocedor de Aristóteles, le había impulsado un pasaje de Suidas. Horacio dice que el *satyros* es una acción regocijada; en Suidas, esta calificación se aplica al episodio. Se trata de un elemento ajeno al argumento principal de la acción, en el sentido de que no es imprescindible ni esencial para el desarrollo de la misma. Hay ciertos pasajes en la *Poética* de Aristóteles que pueden, efectivamente, justificar las referencias al «episodio» aristotélico. Bastaba ya un solo paso para llegar, en la concepción del género dramático, a equiparar sátiro, episodio y entremés, tanto con respecto a la materia de que tratan como a su función estructural, sobre todo si el entremés tenía ya, como género dramático, el sentido que parece darle Sepúlveda. Covarrubias, en su definición del entremés (1611), se refiere aún a Suidas, pero indica que ha tomado el pasaje que cita de la *De Poetarum historia*, diálogo 6, fol. 231, de Lil. Gregorio Giraldo [6].

En 1596 vuelve el Pinciano a comparar la pieza de sátiros y el entremés, pero formula al mismo tiempo, en lo que al episodio se refiere, una distinción a la que el mismo Cascales no podía tener nada que objetar. En efecto, este último corrige en sus propios escolios a la *Epistola Horatii Flacci de Arte Poetica* (1639) las explicaciones del Brocense, de acuerdo con la *Poética* aristotélica: «Haec satyrica dicteria vocat Sanctius Brocensis episodia, Hispanicé entremeses. Miror in homine doctissimo negligentiam tam supinam. Adeat Poeticam Aristotelis incredulus: ubi inveniet episodia esse actiones secundarias, et precipué illis uti epicos poetas, qui nullibi ludicra admittunt, quod videre licet in Homeri, Virgilique poematis heroicis.»

También para el Pinciano existe ahora estrecha relación entre el episodio y la acción principal de la obra. La pieza de sátiros que acompaña a la tragedia puede difícilmente considerarse un episodio propiamente dicho de la misma, ya que ésta no admite en ningún elemento de su acción bromas de esta clase. Ello no impide intercalar en la representación un sátiro o entremés, que no tienen nada que ver con la acción trágica, para diversión y entretenimiento de los espectadores.

Las cosas son distintas cuando se trata de la comedia, ya que el episodio cómico puede muy bien constituir en ella un elemento integrante de la acción y ser, por consiguiente, parte verdaderamente «episódica» de la misma. Algunos entremeses, sigue el Pinciano, «aunque la trayda carece de arte, ellos no carecen de deleyte» [7]. Para la teoría de lo cómico

---

[6] *Apéndice: Textos*: J. 1611, pág. 196.
[7] *Apéndice: Textos*: C. 1596, págs. 194-5.

y del episodio cómico, el Pinciano se inspira en el entremés [8], de modo que bien puede considerarse el episodio de comedia a que él se refiere aquí como una especie de entremés. Describe el sátiro como una pieza intercalada entre acto y acto, en la que hombres en figuras de sátiros o faunos requiebran y solicitan a las ninfas, con las consiguientes escenas ridículas y de pasatiempo [9].

De todo lo dicho se desprende que el «paso gracioso» podía desempeñar dos funciones distintas: en primer lugar podía estar relacionado con el argumento de la obra principal, constituyendo un episodio de la misma en sentido propiamente aristotélico; en segundo lugar, podía también presentarse como entremés, sin relación alguna con el argumento de la obra, aun en la tragedia —como lo demuestra la práctica teatral de la época—. En este último caso podía tratarse de una diversión intercalada en la acción principal, interrumpiéndola, o de un entremés propiamente dicho, representado entre una y otra jornada de la obra principal. La gradual identificación de un tipo particular de pieza cómica, que corresponde más o menos al mimo de la antigüedad —o sea, en el caso del entremés, su disociación deliberada de la tragedia, no sólo del género en la teoría, sino también materialmente en lo que se refiere al modo de intercalar su representación, en la práctica—, refleja, a nuestro modo de ver, la evolución de la teoría y de la erudición dramáticas en España. Según Salas Barbadillo, el entremés es la «comedia antigua» de los españoles [10].

El entremés podía ser una breve comedia en prosa, pero también podía presentarse, en su sentido más primitivo, en forma de canto y baile. A pesar de los esfuerzos de los sucesores de Rueda por darle forma más ingeniosa y artística, no dejó de ser un género dramático de clase inferior.

Todos los autores condenan el elemento lascivo del mimo, de la pequeña comedia antigua. Para explicar la situación del mimo en la Antigüedad se le compara, por lo general, con el entremés, razón por la cual el Padre Mariana cree deber condenar también las representaciones de entremeses en España, sobre todo cuando llegan a penetrar hasta el interior de las iglesias. A fines del siglo XVI parece volverse a manifestar —en repetición algo grotesca pero natural— la actitud ante el teatro que caracteriza, como se ha observado con harta frecuencia, a las *Partidas* de Alfonso el Sabio, y que se evidencia también en documentos posteriores a ellas [11].

---

[8] *Apéndice: Textos:* C. 1596, págs. 194-5.
[9] *Apéndice: Textos:* C. 1596, págs. 194-5.
[10] *Apéndice: Textos:* N. 1635, pág. 196.
[11] En Jack William Shaffer, *The Early entremés in Spain,* pág. 18. El documento procede de Milá y Fontanals, *Obras completas,* VI, págs. 322-3.

CISNE DE APOLO, DE
LAS EXCELENCIAS, Y DIG
nidad y todo lo que al Arte Poetica y verfifi-
catoria pertenece. Los metodos y eftylos que
en fus obras deue feguir el Poeta. El decoro y
adorno de figuras que deuen tener, y todo lo
mas a la Poefia tocante, fignificado por el
Cifne, ynfignia preclara de
los Poetas.

*Por Luys Alfonfo de Caruallo clerigo. Dedicado
a don Henrique Pimentel de
Quiñones.*

Con licencia del Confejo Real.
En Medina del Campo, Por Iuan Godinez
de Millis. Año. 1602.

A cofta de Pedro Ofete, y Antonio Cuello.

Fig. 1.—Portada del *Cisne de Apolo,* de Luis Alfonso de Carvallo. Ejemplar R/1499
de la Biblioteca Nacional, Madrid.

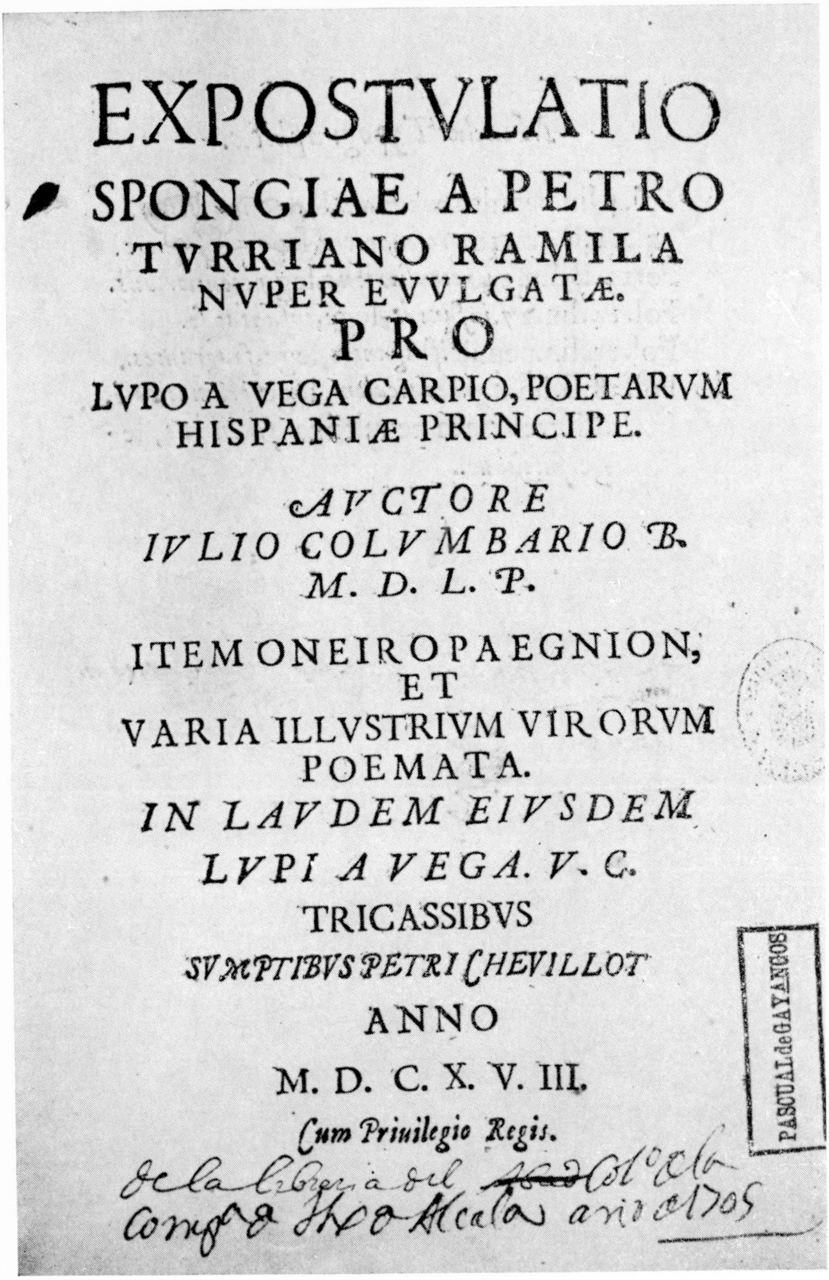

EXPOSTVLATIO

SPONGIAE A PETRO
TVRRIANO RAMILA
NVPER EVVLGATÆ.
PRO
LVPO A VEGA CARPIO, POETARVM
HISPANIÆ PRINCIPE.

AVCTORE
IVLIO COLVMBARIO B.
M. D. L. P.

ITEM ONEIROPAEGNION,
ET
VARIA ILLVSTRIVM VIRORVM
POEMATA.
IN LAVDEM EIVSDEM
LVPI A VEGA. V. C.
TRICASSIBVS
SVMPTIBVS PETRI CHEVILLOT
ANNO
M. D. C. X. V. III.
Cum Priuilegio Regis.

Fig. 2.—Portada de la *Expostulatio Spongiae.* Ejemplar R/13184 de la Biblioteca Nacional, Madrid.

TABLAS
POETICAS,
DEL LICENCIADO
Francisco Cascales.

Dirigidas al Excelentiß.mo Señor Don Francisco
de Castro, conde de Cast o, Duque de Taurisano,
Virrey, y Capitan general del
Reyno de Sicilia.

Vt ex columba pax,

ita ex arte perfectio.

CON PRIVILEGIO.

En Murcia, Por Luis Beros, Año de
M. DC. XVII.

Fig. 3.—Portada de la poética de Francisco Cascales. Ejemplar R/21061 de la Biblioteca Nacional, Madrid.

FRANCISCUS CASCALIUS.

Fig. 4.—Retrato de Francisco Cascales, reproducido de sus *Tablas Poéticas*. Ejemplar R/21061 de la Biblioteca Nacional, Madrid.

Fig. 5.—Portada de la poética de Jusepe Antonio González de Salas. Ejemplar T/1521 de la Biblioteca Nacional, Madrid.

APENDICE
TEXTOS

JUAN LUIS VIVES, OPERA

Basileae 1555 (Bibl. Nac. Madrid R/25671)

De arte dicendi

liber III:

De Poeticis

In theatris ad publicam exhilarationem exprimebatur hominum vita, velut tabella quadam vel speculo, quae res vehementer delectat propter imitationem, sicut Aristoteles ait in arte poetica, quippe imitatione, inquit, omnes capiuntur mirificè, et est homo animal maximè imitatione natum, et ea quae in natura sua nollemus cernere, expressa et assimulata non detine(n)t. At verò quoniam theatru(m) ex promiscua constat turba, viris, mulieribus, virginibus, pueris, puellis, animis rudibus, teneris, et ad corrumpendum obnoxiis, quantum scelus est venenum inter illos spargere? Ea propter scenicae fabulae propona(n)t sibi tanqua(m) album, commendationem virtutis, insectationem vitiorum, doceant usum rerum, et prudentiam communem. Nihil exprimant unde molles animi flecti possint in peius. Rectè Horatio. Omne tulit punctum, qui miscuit utile dulci. In argumento potiores sunt hoc tempore vulgares fabulae, atque antiquae Latinae aut Graecae. In recentibus enim personatae inducu(n)tur virtutes, vitia, resp(ublica), populi, elementa, naturae rerum, et de utilibus rebus agunt, quaeque spectatores cu(m) voluptate rectè admoneant. Debent hoc civitates pudori humano, debe(n)t reverentiae Christiani nominis, quod initium sumpsit a domino, et Deo nostro Christo Jesu magistro totius veritatis ac sanctimoniae. Transferant quoque eum morem in cantiunculas ore vulgi protritas, quas cantillent puellae, ne novae mentes vitioru(m) cupidine, atque experimentis inquinentur, priusqua(m) bonum et malum dijudicent. Nolim illis co(n)tineri res sacras aut divinas ne pervulgata co(n)suetudine obsolescant, vilesca(n)tq(ue) tanta misteria, sed res boni exempli, quibus virtus extollatur laudibus, et fiat amabilis, flagitium vituperatione deprimatur, et fiat invisum. Nam etiam priscis temporibus populi Romani, sicut traditur à M. Catone, magnoru(m) virorum laudes solitae erant in conviviis decantari, ut essent velut quidam stimuli animis audientiu(m) ad eas ipsas virtutes, quas illi pro maximis ducebant. Quod si nec virtutis placet materia, cantentur saltem ea, quae sine animorum corruptela audiantur, et teneant: cuius generis sunt descriptiones amoenoru(m) locorum, [p. 147] aut temporum, casus varii, ridiculi, admirabiles, tristes, laeti, dicta arguta, lepida, salsa, et alia eiusmodi. Allegoriae personarum in scenicis poematis

vehementer allubescu(n)t, nec est in iucunda quaedam obscuritas, in qua
auditor ingenium intendat, modò intra captum vulgi, cui ludi illi parantur.
Nam quod populus assequi non potest, molestum est illi magis obscuritate,
quam gratu(m). Possunt tamen prima esse populo reconditiora, quae sensim
per sequentia proferantur, atque explicentur, ut argumentu(m), quod ante
primum actum recitabitur, multum adferet lucis toti fabulae, apertiora
enim eru(n)t, quae dicentur, spectatori, qui summa(m) tenebit rei totius.
Erit argumentum breve, co(m)pendiosum, quodq(ue) praecipua materie
totius attingat, verbis simplex, et facile, sensiq(ue), quoad eius praestari
poterit, dilucidum, ut comprehendi et teneri a quovis citra negotium possit.
Plurimu(m) adfert gratiae personarum discrimen, et decorum usque ad
extremum servatum. (De quo in superioribus praecepi.) Non prodibunt
personae multae pariter in proscenium, nisi fortè mutae, ne si variae inter-
loquantur, confundatur intelligentia rei, nec quarta loqui persona laboret,
inquit Horatius...

[p. 147] Fuerunt quondam alia fabularum genera in populo Romano
Atellanae, tabernariae, mimi, de genere argumenti et personarum nomi-
natae, hae ad nos non pervenere. Omnino actio scenica co(m)munem teneat
sermonem, numeris ad delectationem spectatoris sit aliquantum concinnis,
et harmonicis, nec in sensis modo servet decorum personarum, sed in versis
quoque, in temporibus, et tota compositione quod à Latinis et Graecis
cernimus in comoedia et tragedia factitatu(m), idq(ue) nos rei ipsius natura admonet, cum etiam in materia ad eundem modum. Aspera enim et
dura rebus tristibus competunt, lenibus lenia, laetis dulcia, denique quate-
nus effici dabitur, talis sit motus, et vigor et actio et habitus versuum,
qualis est rerum non solum in fabulis scenicis, sed in quocunq(ue) poemate,
potissimum dramatico, quodque motus ac vim illam recipit, sicut in Homero et Virgilio docti viri annotarunt.

LUPERCIO LEONARDO DE ARGENSOLA

Loa y epílogo de la «Tragedia Alejandra»

Bibl. Nac. Madrid, Ms. 18094 y Ms. 14837

Ms. 18094   *Tragedia llamada Alexandra*

Loa   Sale una muger llamada Tragedia a decir esta loa con una toca sangrienta, una espada desnuda y una acha encendida.

Tragedia:

> Estas tocas sangrientas, y corona
> y la luçida espada de dos cortes,
> os descubre mi nombre, que es Tragedia
> nascida de pecados (de los) Reyes
> 5   imbentada al principio por los Griegos,
> celebrada despues por los Latinos,
> y puesta en perfeccion por muchos otros
> como fueron Euripides, y Sófocles
> y buestro celebrado Español Seneca,
> 10   quieren decir que Tespis fue mi padre
> y que nací en las fiestas del dios Baco:
> al fin es mui antigua mi prosapia,
> y de mas gravedad que la Comedia.
> El sabio Estagirita da liciones,
> 15   cómo me han de adornar los Escritores
> pero la edad se ha puesto de por medio
> rompiendo los preceptos por él puestos
> y quitandome un acto que solia
> estar en cinco siempre dividida:
> 20   me han quitado tambien aquellos choros
> que andaban de por medio entre mis scenas
> y a la verdad no siento ya esta falta
> por no cobrar el nombre de prolija

Variantes:

Ms. 14837: Tragedia fabulosa comp(ues)ta / por don Lup. Leonardo / de Argensola / intitulada / La Alexandra. /

Prologo: Sale una muger fingiendose la Tragedia, con unas tocas sangrientas a una mano y la spada en la otra. Tragedia:

Ms. 18094, v. 4: «de pecados Reyes».

Ms. 14837, v. 4: «de pecados Reyes».

por ver que voy vestida de este Luto
25   más es costumbre ya de nuestros tiempos
que forman los Vestidos a los hombres
y muchos son Doctores en los trajes,
mas los doctos varones, y que tienen
los altos pensamientos remontados,
30   con ellos van midiendo y ajustando
la real gravedad de la Tragedia;
pero aqui perderé de mi decoro,
por que havia de estar continuo triste
y ya no puedo estar sino contenta
35   de ver la gravedad del auditorio,
y espiritus ilustres que me aguardan.
O como es cosa cierta las mas veces
salirnos al revés del pensamiento
las cosas que allá dentro se imaginan!
40   yo pensé que os hallara alborotados,
impacientes, coléricos, sobervios,
y una masa de vulgo todos hechos;
y al fin os hállo blandos y amorosos,
con un silencio tal, que me parece
45   que estais aqui la flor de los nascidos.
Tambien imaginabadeis vosotros
que aqui saliera Pla(u)to con su Anfítrio
o Terencio quizá con sus marañas
y os mostrara a su Sosia, o a su Dabo,
50   a Pamphilo o a Simo con su Cremes,
y al rebés os saldrán los pensamientos,
que todo ha de ser llanto, muertes, guerras,
embidias, inclemencias, y rigores.
Imaginais que estais aora
55   contentos en la noble y fuerte España,
y en la insigne Ciudad de Caragoça
ribera del antiguo padre Ibéro,
debajo aquellas leyes tan benignas
que los Reyes famosos hos dexaron
60   atando la clemencia y la justicia
con tantas y tan grandes libertades.
Pensais que estais en tiempo de Filipo,
segundo Rey invicto deste nombre?
y estais (ai desdichados de vosotros!)

Ms. 14837, v. 24: «i/ver que voy vestida».
Ms. 14837, v. 26: «que los vestidos forman».
Ms. 18094, v. 47: «Plato».
Ms. 14837, v. 47: «Plauto».
Ms. 14837, v. 50: «Pamfilo».
Ms. 14837, v. 54: «Adonde imaginais que estais aora».
Ms. 14837, v. 59: «que sus Reyes».

65   ¿en donde si pensais? en medio Exipto,
            rivera del famoso y ancho Nilo,
            en la grande Ciudad llamada Mefis,
            en donde reina y vive un Rey tirano,
            cuyo fuerte palacio veis presente,
70   aqui la casa real tiene su asiento,
            aqui se albergan los infernales:
            Mirad en poco tiempo quantas tierras
            os hace atrabesar esta Tragedia;
            y asi si en ella veis algunas cosas
75   que os parezcan dificiles y graves,
            tenedlas sin dudar por verdaderas,
            que todo a la Tragedia le es posible,
            pues que muda los hombres sin sentido
            de unos Reinos en otros, y los lleva.

Ms. 14837, v. 67: «Memphis».

Ms. 14837

Sale la Tragedia con los mismos vestidos que al prólogo.

            Mortales revolved en la memoria
            quan ciertas han salidas mis palabras
            mirad quantos desposos me han rendido,
            los vicios arraigados en los principes.
5   Mirad de la codicia de Acoreo
            los daños y las muertes que redundan.
            Mirad todos los hechos de Lupercio
            manchados con romper la fe debida
            a la casa Real y al valor propio.
10   La Reyna ya haveis visto en lo que para
            por no guardar la ley del matrimonio
            aunque solo pecha con los deseos.
            Pues Remulo y Ostilo tambien tienen
            los premios y castigos que merecen
15   que aunque es cierto que amor los incitaba
            a volver a su estado al triste mozo
            emvidia los movio contra Lupercio
            que es comun maldicion contra privados
            los quales morir vieron a sus hijos
20   y con la sangre justa y inocente
            el cielo permitio que se vengase
            la que ellos derramaron por sus gustos.
            Los otros dos traydores que pensaban

Ms. 18094, vv. 18-9: «que es comun maldicion en tus privados / ellos que vieron morir sus charos hijos».

ser libres por matar al señor propio
y entregarlo despues al enemigo
la pena merescida les dio el cielo
y al principe imprudente que olvidado
de la justa venganza de su Padre
en tratos amorosos se occupaba
30 tambien para en los brazos de la muerte
y Sila juntamente porque puso
en tan baxo lugar sus pensamientos.
Mirad ciegos los laços de este mundo.
Mirad que de estas cosas me alimento
35 y con tales desposos me hago Rica
mas la mayor riqueza que yo quiero
es que todos batais asi las palmas
en señal de que os dio gusto nuestra fabula.

Ms. 18094, v. 24: «matar el señor propio».
Ms. 18094, v. 30: «tambien paró».
Ms. 18094, v. 32: «en tam baxo lugar».

Ms. 18094 (falta en el 14837)

Donde advierte que la vision paresce de esta manera
Por debaxo el tablado aparesce una figura hasta la
cinta como viejo con una camisa sangrienta y una
hacha encendida en la una mano y un Tocado sangriento
y si es posible an de estar hechando fuego de pez a
su lado. Todo esto es de ymportancia por que se finge
ser el sepulcro de Tolomeo a quien Acoreo mato con traycion.

VALLE DE LAGRIMAS Y
DIVERSAS RIMAS DE CHRISTOVAL DE MESA

A Don Lorenzo Suarez de
Figueroa y Cardona, Duque de Feria, Marques
de Villalena, Señor de las casas de Salvatierra
Virrey, y Capitan General en el Reyno
de Sicilia etc.

Fides quae per charitatem operatur

con privilegio

En Madrid, En casa de Juan de la Cuesta.
Año MDCVII
A costa de Estevan Bugia Mercader de libros

Colophon: En Madrid Por Juan de la Cuesta Ano MDCVI

Tassa: 1606

Erratas: 1606

Privil.: 16 nov. 1604

Censura: Valladolid 20 oct. 1604

Compendio
Del Arte Poetica

A Juan de Velasco Condestable de Castilla.

Es la Poesia imitadora unica
   De la naturaleza en todo prospera,
Y es como amiga y compañera in-
   trinseca,
De verisimil, de quien siempre es proxima,
Y de la Poesia el fin legitimo
Es deleytar por vario modo el animo,
Y del Poeta el fin, siempre es la fabula.
   Pone tres diferencias Aristoteles,
De la Poesia, como gran Filosofo,
La Epopeya, que es el Poema heroyco,
Y la que calça el gran coturno tragico,
Y la que usa el çueco humilde comico,
Las dos imitan siempre acciones inclitas,
La comedia comunes y domesticas.
El fin a que contino aspira el Epico,
Es a maravillar con alto espiritu,
Y sublimes cantando empresas belicas,
De Marte entona la sangrienta tunica,
Armas, vitorias, y batallas horridas,
Con que suspende los mortales animos.
   Lleva siempre por fin el grave tragico,
Con provocar a horror, y tiernas lagrimas,
Mover a compassion a la republica,
Tristes representando obras magnanimas,
Altas hazañas, y successos miseros,
Grandes ruynas, espantosas perdidas,
Varias mudanças de fortunas subitas,
Que baxan la grandeza de altos principes,
De la Real corona, cetro, y purpura,
Hasta que pueblan los sobervios tumulos,
Valese de la accion de nuevos Sofocles,
Del aparato de nocturnas lamparas,
Teatro, y coros sonora musica.
   Lo que pretende de ordinario el Comico,
Es enseñar al simple vulgo Barbaro,
Mostrandole una vez al viejo misero,
Que reprehende, y riñe al moço prodigo.
Otra el recato del esclavo timido,
La celosa que da al marido tosigo,
El bravo rufo fanfarron fantastico,

El ardid del sutil mañoso picaro,
La taymada tercera, el bovo paparo,
El falso amor de la ramera publica,
Siendo vivo retrato, y claro simbolo
De la humana moral vida politica,
En varios casos de diverso genero,
Mediante las acciones scena, y mascara,
Y ambos representando son Dramaticos.

Ay tres estilos, alto, mediano, infimo,
Usa el sublime el Epico, y el Tragico,
Y es el humilde siempre propio al comico,
Y assi queda el mediano para el lirico,
Que con dezir florido, ornado y placido,
Ya en Epigrama, ya en Elegia, o Egloga,
Ya en Capitulo, Satira, o Epistola,
Sabroso en todo, aunque en la Satira aspero
Tiene el medio que enseña la Retorica,
Que se atribuye a la elegante platica.

Es el estilo del heroyco altissimo,
Ni tan simple, y desnudo como el Tragico,
Ni tan florido y fertil como el lirico.

En tres cosas se muestra el grande artifice
En elegir materia ampla magnifica,
En saberle aplicar la forma comoda,
En adornarla por buen modo y termino,
La materia ha de ser capaz, y celebre,
Y fundada en historia antes que en la fabula,
Acomodando al uso, trato, y habito,
Para que no parezca el verso frivolo.
Quanto a la forma que es del Poema el anima,
Una, y entera siempre sea la fabula,
De suerte, que sin otro alguno capitulo
Sea ella misma de si propia epilogo,
Sin que prosa le sirva de preambulo,
Y antes descubra un artificio Poetico
Que el verdadero de observante historico,
Que al uno no le es dado ser apocrifo,
Ni ha de passar de la verdad los limites,
Y otro con episodios propios, y utiles,
Pinta las cosas como verisimiles.

Ay de opiniones varias gran catalogo.
Qual es mas noble estilo heroyco, o tragico,
Mas el que ya passare de dicipulo,
Podra ver si florece mas la Iliada
De Homero entre los Griegos, q(ue) no Euripides,
Y del alto Virgilio la Eneyda unica,
Que las tragedias diez del grave Seneca.

Lo que toca al ornato, y modo Poetico,
Sea la locucion agena de enfasis,
No hinchada, no rigida, no languida,
Que quien guarda el decoro propio, y licito
Escusa inconvenientes, y desordenes,
Y no pinta el cipres al pobre naufrago,
Que del mar tiene toda la ropa humida,
Ni al cavallo le pone plumas de Aguila,
Que al infelice desterrado misero,
Muy mal conviene la sobervia, y colera,
Quien avra que figure al triste Eraclito,
Sino muy pensativo, y melancolico,
Y quien por el contrario que a Democrito,
No le descriva muy alegre, y placido,
Y quien que trayga a pelo el caso de Icaro,
Que no nos represente al padre Dedalo,
Provocando a dolor tristeza, y lastima,
Quien pintará la hambre, y sed de Tantalo,
Que no nos muestre alçarsele los arboles,
Y baxarse huyendo el agua liquida,
Muy mal parecerá sobervia Niobe,
Transforma(n)dose sus hijos vie(n)do en marmoles,
Y rogando le dexen la hija ultima
A los Dioses, honor de la isla Delia.

Las palabras que siempre son imagenes
De los concetos, no han de ser inutiles,
Mas las que usan los autores clasicos,
Guardando de la lengua noble, o barbara,
Los mas propios, y mas galanes terminos,
No afectados vulgares, o dificiles,
Ni los usados de la gente rustica.
Sean los epitetos a proposito,
Propias las traslaciones, y metaforas,
No largos por estremo los periodos,
Y a tiempo usadas las figuras Poeticas,
Mezclando cosas dulces con las utiles,
Guardando el verso el conveniente numero,
No solo en la medida de las silabas,
Que son como en el arbol hoja, o cascara,
Y la Energia desta excelsa maquina,
Que pretende las cosas ver no viendolas,
Consigne esta virtud al vicio proxima.

Los Idiomas que del largo exametro,
No son capazes, verso en decasilabo,
Les obliga a guardar muchas prematicas,
Pues repartio naturaleza prodiga
En varias lenguas varia gracia, y dadivas,

Que unos en cosas son claros, y fertiles,
Y en otros ay escuridad, y obstaculos,
Y nada sale bien sin vena prospera.
Que no va en el favor de Apolo delfico,
Ni en sus fuentes, y montes, ni en sus tripodas,
Ni en consultar sus intimos oraculos,
Ni en invocar su ayuda, y de Caliope,
Sino en continuo estudio, que es el baculo
En que estriba la fuerça desta fabrica,
Aquestos documentos son genericos,
Para los en estudios tales practicos,
A los quales les basta un breve epilogo,
Si en ellos no se halla algun obstaculo,
A ti que de Castilla el mayor titulo
Tienes, consagro aquesta mi Poetica.
Tu nombre, o Juan sera feliz pronostico,
Que ha de ser grata a los lectores candidos,
Mientras luz diere Febo al quarto circulo.

POETICA DE ARISTOTELES
Traducida de Latin
Illustrada y Comentada
por
JUAN PABLO MARTIR RIZO
Ms. 602 Bibl. Nac. Madrid

De la constitucion de una perfecta Tragedia
Cap.º 9.º

Despues que habemos tratado de la Tragedia, y de las p(ar)tes de su calidad, que son Fabula, Costumbre, Sentencia, Diction y de sus partes de quantidad que son Prologo, Epissodio, Exodo, y Choro es cosa mas conveniente para lo que asta aqui habemos dicho recoxer en un breve Epilogo, la constituçion de una Excellente, y perfecta Tragedia. Deve pues ser, no de una continuada fortuna infeliz desde el prinçipio al fin, sino con transmutaçion de fortuna de la prosperidad a la infelicidad y que sea imitacion de una action humana, horrible y miserable de las personas de mediocridad, entre buenas y malas que se hallen en alguna grande prosperidad, porque si fuesen en todo buenos, o en todo malos, o no tan grandes y poderosos no causarian aquella maravilla, ni horribilidad, ni aq(ue)lla misericordia que se soliçita en semejante constitucion de fabula viendose q(ue) representando un prinçipe lleno de maldades reducido a miseria, engendra en los animos de los oyentes mas presto alegria que horror y compassion, y el representar un prinçipe virtuoso y justo mudarse de la prospera en la adversa fortuna engendra en los buenos desesperaçion y pareçe que es contra lo raçonable, y devido. Sera segun esto la persona Tragica, prinçipal, Illustre, entre buena y mala que se mude del un estado en el otro. por algunos hierros de n(uest)ra humana naturaleça acostumbrados a intervenir a los grandes y poderosos, por donde rresulta en los animos de los oyentes horror y compasion, viendo padeçer a alguno por el hierro que cometen los mas de los dias todos los demas grandes y poderosos, como son los de la incontinençia, del odio, del temor, y de la ignorançia, en los quales incurren muchas Veçes la mayor parte de los hom(br)es Specialmente los que tienen algun señorio, o superioridad. por lo qual el primer grado de la mas perfecta Tragedia se atribuira a la constituçion de la fabula, Simple, de una action sola, orrible y miserable y que de feliçidad decienda en infeliçidad como el Aiax de Sophocles, o el Edippo.

El segundo grado se atribuira a la constitucion de la fabula duplicada de dos actiones y que la una de los buenos se termine en bien, y la
otra de los malos termine en ynfelicidad como se ve en la Electra del
mismo, adonde a Egisto y a Clitemnestra resulta la muerte y a Electra
la livertad de la tirania del padrastro y de la madre. y a Horestes el
contento que Reciue de haber vengado la muerte del padre y aunque a la
primera por raçon y por artifiçio se le de el primer lugar con todo esso
muchos dan la superioridad y ventaja a esta segunda, lo que se haçe por
ygnorançia, por ymperfection de los circunstantes a los quales agrada la
variedad de ver terminar las fabulas, sino en todo a lo menos en alg(un)a
prospera fortuna y habiendo esto considerado los antiguos poetas aunque
juzgassen por mejor y mas artifiçiosa la Tragedia de constitucion Simple,
con todo esso por adquirir la graçia de los que en semejantes contiendas
habian de oir y juzgar sus obras poeticas conponian sus fabulas tragicas
por la mayor parte de dos actiones y no simples. Mas verdaderamente
el deleite de ver acavar las Tragedias en prosperidad no es propio ni
perteneçe a la Tragedia sino de la Comedia adonde todo enojo y enemistad
al fin se reduçe a paz en fiestas y en gustos sin venir jamas, a derama-
m(ien)to de sangre o muertes pero en la Tragedia, toda leve disension
y enojo se muda en miseria y calamidad, y todas aquellas desdichas que
pueden seguirse despues de semejantes accidentes, de modo que el propio
y natural efecto de la Tragedia consiste, en la representaçion de las actiones horribles y miserables, y todo lo que a semejantes pasiones pueda
provenir del representarlas actualmente en el Theatro, y por esto es cosa
mucho mas Poetica, i mas ingeniosa haçer que provenga de la constituçion de la fabula por relaçion, de modo que la Tragedia no solo deleyte
en tanto que se representa de los Histriones pero tambien quando se lee
y se considera como en la Tragedia de Edippo y de Aiax se manifiesta.

Los que en las actiones monstruosas no se deleitan ni contentan de
lo horrible y miserable estos verdaderamente se apartan de los terminos
de Poetas Tragicos porque si bien alguna vez deleytan, no por esso
procuran adornar su fabula con el deleyte que es propio de la Tragedia
que naçe de las cosas orribles y miserables las quales son o entre enemigos, o entre un amigo y otro, o entre los q(ue) no son amigos ni
enemigos, pero lo que comete un enemigo contra el otro no puede
causar conmiseracion ni quando se haçe ni quando esta aparejado para
haçerse, ni tampoco incluye en si conmiseracion lo que se comete entre
los que no son ni amigos ni enemigos, mas es cosa digna de Conmiseraçion,
quando el mal se comete, adonde ay amistad y parentesco como un hermano mata, o esta aparejado para dar muerte al otro; o el hijo al padre,
o la madre al hijo, o el hijo a la madre, o quando alguno se mata a si
mismo o haçe o quiere haçer alg(un)a crueldad o atrocidad semejante.
y por esto en las actiones de las personas illustres se deben elegir las
que tienen en si esta manera de horribilidad ni se deben variar de lo
que antes han sido reçividas de todos en la action principal como quien
yntentasse el haçer Tragedia de Clitemnestra de Egisto y de Horestes
no deve alterar la action de que Clitemnestra no aia muerto a Agamenon

y que Horestes no matasse a la madre, pero usando de lo que ya esta recevido es bien disponerlo de manera que se termine en un dia natural y que tenga su transmutacion de la feliçidad a la infelicidad con su devida peripetia y Agnicion segun los preçeptos que habemos dado para disposicion de tal manera de Poesia, y para saver bien disponer exerçer esta atrocidad con satisfaçion de los oyentes se deve considerar q(ue) alguna vez las actiones crueles se haçen con conocimiento del que las haçe como Medea en Euripides, mata a los hijos saviendo y conoçiendo que eran sus hijos. Otra vez se haçen no saviendo y despues de haberlo hecho reconociendolo, como hiço Edippo que mato al padre y trato con la madre no sabiendo que aquel fuesse su padre, y esta su madre. Otras veçes se haçen quando alguno saviendolo, esta para haçer algun delito y despues no lo haçe Emon en el Antigono de Sophocles el qual estando p(ar)a matar a Creonte pues sabia manifiestamente que era su padre no le mata despues. Otras veçes se hace quando alg(un)o no lo sauiendo esta para haçer una action cruel y despues la reconoçe y no lo haçe como la Yphigenia la qual estaba para sacrificar a Horestes no le teniendo por su hermano, pero despues que le reconoçe lo dexa y se abstiene de sacrificarlo. Mas entre todas estas la mejor dellas es la de Yphigenia. La segunda es la de Edippo, la Terçera la de Medea, porq(ue) tiene menos de lo Tragico, en dar muerte a sus hijos, La ultima y peor de todas es la de Emon porque tiene la parte de la maldad, y no la de lo Tragico. Debe pues ser la constitucion de una perfecta Tragedia, de una action sola, horrible y miserable de quien se halla en alguna exçelsa fortuna y que no es ni en todo bueno ni en todo malo, mas con mediocridad de lo uno y de lo otro, y antes de una action simple que duplicada con transmutaçion de fortuna de la felicidad a la infelicidad entretexida con Peripetia y con Agnition y que haga resultar lo terrible y miserable antes de la constitucion de la fabula por relaçion que de los actos de la representaçion y del Apparato, y que esta action horrible y miserable, o toda se cometa por ygnorançia o estè para executarse no saviendolo, y despues de saverse no se cometa. asta aqui se ha dicho sufficientemente de la constitucion de la mejor y mas perfecta Tragedia y en particular de todo lo que mirava principalmente a la conposicion desta manera de Poesia.

De la Constitucion de una perfectissima Comedia

Cap.º 8.º

Deve ser la constitucion de una Comedia perfecta no de una continuada fortuna, feliz desde el principio al fin, sino con transmutacion de la infelicidad, a la prosperidad, y que sea imitacion de una action sola, agradable y ridiculosa de personas particulares con mediocridad de buenas y malas porque si fuessen en todo buenas no pudieran en ellos haber lugar con propiedad los motes, las burlas y lo rediculoso siendo cosa ympropia, y contra el estilo Çivil despreciar y burlarse dellos, y si fuesen

en todo malos y perversos merecian mayor castigo y pena que trahe consigo
lo ridiculo. Seran por esta raçon las personas introducidas entre buenas
y malas por los hierros y fragilidad de n(uest)ra naturaleza, o por alguna
ygnorançia o simplicidad que conçite los animos de los oientes a risa
y a deleite como por un cierto desprecio y desestimacion segun la humilde
i inferior condicion de las personas particulares que intervienen en la
fabula comica, ha de ser segun esto la persona principal de la comedia
entre buena y mala y que se mude de la infelicidad a la felicidad. por
algun defecto humano acostumbrado a intervenir comunmente a las personas particulares de humilde condiçion de donde naçe lo rediculo.

Ay algunos que en sus fabulas comicas van afectando casos atrocissimos para haçer que despues resulten y tengan fin en alegria creiendo
que con semejantes constituciones de fabulas daran mayor satisfaçion a los
oientes, mas engañanse notablemente porque procuran una suerte de
deleyte que es propio de la Tragedia y no de la Comedia, porque en la
Comedia se deven representar algunas desenssiones y pesadumbres ligeras
como son las de Janolo y Mingino que trahe el Bocaccio que con brevedad
se reduçen a amistad, en parentesco en burlas y en alegrias siendo la
reconciliacion entre enemigos propia de las personas particulares y de
la Comedia, pero las muertes entre las mismas es propio de las pers(on)as
Illustres y de las Tragedias.

Mas aunque la Comedia este fundada en lo rediculo con todo esso no
deve exceder mucho la graciosidad pero devesele atribuir conforme los
terminos de la urbanidad de las personas particulares que viven con
alguna çivilidad como son muchas de Menandro traducidas algunas dellas
de la lengua griega en la latina por Terencio. No conviene que sea de
dos actiones la una de las quales conduzca de la felicidad a la infelicidad,
porque aunq(ue) la Comedia por tal variedad puede ser deleytosa para
los ignorantes no por esso sera admitida de los doctos traspasando a lo
que es propio de la Tragedia. Conviene pues que tal suerte de Poema sea
totalm(en)te de una action simple con transmutacion de fortuna. entretexida con Peripetia y Agnicion, de algun leve ympedimento, que se
mude en prosperidad, en fiestas en vodas y a otras alegrias semejantes,
y si alguna vez tal genero de los rediculos no honestos subcedieren actualmente de la representacion y del aparato, con todo esso es cosa mas
poetica haçerlos que resulten por Enunciacion de la constitucion de la
fabula. De manera que la Comedia deleyte no solo viendo representar
pero tambien leiendola y considerandola, como haçe Terençio en muchas
Comedias suyas, en las quales muchas cosas subçedidas dentro de casa
las haçe despues referir en alguna Sçena.

Por estas raçones deve una Sçemedia perfecta ser de una sola action,
simple ridiculosa de personas particulares con mediocridad de buenas
y malas por algun hierro o defecto de n(uest)ra humana naturaleça de
ignorançia, o Simplicidad por transmutacion de fortuna de la adversidad
a la prosperidad con Peripetia y con Agnicion. Y que lo ridiculo que
proçede por desenboltura, resulte antes por relacion de algun Mensajero
de la constitucion de la fabula que actualmente del aparato y de la representacion.

FRANCISCI FERNANDII DE CORDOVA CORDUBENSIS

Didascalia multiplex
Nunc primum in lucem emissa Cum quinque indicibus necessariis
Lugduni Sumptibus Horatii Cardon
M DC XV Cum privilegio Regis

222 *Comoediae, ac Tragoediae differentiam aliam esse ab ea, quae vulgò creditur*

Caput XXI

lib. 3
RHOD. lect.
Antiq. L. 7.
ca. 4. dt. 24.
ca. 10.

GYRAL. L.
de Poet.
tract. de
Comoedia

(P. 223)

NAUS. in L.
Primord. in
Poes. tract.
de Comoed.
LABIN. Suc-
cessivor. L.
I c. 15

CARRER
nel'discorso
contra l'opera
del Dante

POET. L.
I. c. 4
NORES nel
discorso de
la Tragico-
media. Et
deinceps nel

Multi non spernendae autoritatis viri, quique tam nostra, quam parentum, et avorum aetate nostrorum non mediocrem in scribendo adepti sunt laudem, aliud agentes, cum tamen de Tragoediae, ac Comoediae agerent differentia, eam aut in hoc dumtaxat, aut saltem praecipuè versari dixerunt, quod Comoediae finis laetus ac hilaris, Tragoediae è contrà terribilis semper, ac funestus debeat esse. Ita censuit opinionis huius antesignanus (ut credo) priscus ille Grammaticus Diomedes, haec enim de Tragoediae, ac Comoediae differentia inter alia. «Deinde (inquit) quod in illa (Tragoedia nimirum) frequenter et pene semper laetis rebus exitus tristes, et liberorum, fortunarumque priorum in peius agnitio: in hac (Comoedia) tristibus laetoria succedunt.» Haec ille, quamvis non à necessariis, sed à communiter accidentibus differentiam videatur sumpsisse, absolutè tamen deinceps id sensuêre Caelius Rhodiginus, Lilius Gregorius Gyraldus, Franciscus Nausea, Floridus Labinus, Alexander Carerius: Caesar Scaliger; Yason de Nores, licet hic parum sibi constans contrarium deinde affirmavit; sed quid enumerandis scriptoribus immoror? omnes ferè, qui de Poetica scripserunt, sensêre ita, communis haec vulgi opinio. Verum enim verò quanvis certò sciam maximè periculosum scribenti esse communem contradicere sententiam, atque eam niti eradicare opinionem, quae in animis hominum altis inhaeret infixa radicibus, tanto tamen veritatis detegendae desiderio flagro, ut non dubitem Statianus alter Hippomedon hinc intumescentis magistellorum gurgitis nudis, inde contra sentientis vulgi telispectus opponere meum: sed dispari (ut spero) ille

enim infensum sibi Deum expertus occubuit, me verò
veritatis vindex numen victorem reddet. Dico ergo fere,
Horatio sol contra Toscana tutta:
satis constare ex Aristotele aliam esse definitionem Comoediae, aliam Tragoediae, et quidam valde inter se
differre. Comoedia nanque praetermissis aliorum definitionibus, de quibus Lilius Gyraldus, ex Aristotele haec: «Comoedia autem est peiorum quidem imitatio, non tamen
secundum omne vitii genus: quanquam ridiculum à turpi
proficiscitur: ridiculum enim aliquo pacto peccatum est,
et turpitudo sine dolore, minimèque. noxia: perinde ac
ridicula statim appareat deformis facies distorta sine dolore.» Tragoediae autem talis definitio ex Aristotele bene
à Minturno explicata quantumvis, eam reiiciat Caesar Scaliger. «Tragoedia est imitatio actionis illustris, absolutae,
magnitudinem habentis sermone suavi separatim singulis
generibus in partibus agentibus, non per enarrationem;
per misericordiam verò atque terrorem perturbationes
huius modi purgans.» Si ergo tam verum est, quam quod
verissimum, res primò, et principaliter, per suas differre
essentias (liceat nunc logico loqui sermone) et rationes
generis, aut speciei constitutivas, veluti animatum quod ab
inanimato differt per animam animatum illud constituen-
dum, et homo ab equo per rationem, quae illum animal
rationale reddens differre simul facit ab equo, leone, et
aliis rationis expertibus. Differentia certè Tragoediae, et
Comoediae in actione consistet, quae in altera est illustris,
et illustrium personarum terrorem continens, ac misericordiam: in altera verò humilis, humiliorum, et ridicula, seu
turpis, et non in exitu foelici, aut infoelici, hilari, aut
moesto, cuius certè in definitionibus nullam fecit men-
tionem Aristoteles. At hilaris, dicet aliquis, in Comoedia
exitus, et funestus in Tragoedia, sin minus essentiae propria tamen sunt quarto modo (ut Logici dicunt) id est
absque subiectorum corruptione inseparabilia: vel certè
conditiones, sine quibus non: aut complementa, et aliquo
saltem ex hisce modis necessario in similibus requiruntur
poematibus. Sed nullo ex praedictis modis requiri iam
probabo autoritate, ratione, et exemplo. Aristoteles huma-
norum omnium studiorum princeps de Tragicae fabulae
magnitudine agens, haec subdit. «Eum sanè dicimus legi-
timum huic fore magnitudinis terminum eum sive ad
commodam fortunam ex incommoda, sive ex commoda
ad incommodam perpetua serie mutata fuerit.» Hoc etiam
ratione convincitur, et exemplo. Nam si proprium quarto
modo esset hilaris exitus Comoediae, funestus Tragoediae,
eum proprium sic, seu propria passio convenire debeat illi,

Vbi suprà
Arist. de
Poet. c. 2.
(5)

De Poet.
L. 3 Ubi
supra
Poet. c. 3
(6)
(P. 224)

Poet. c. 5

cuius proprium est, omni, soli, et semper, non posset ab
eis separari absque subiecti destructione; dantur tamen
Comoediae aliquot exitus nequaquam hilares, et Tragoediae laeti eventus, non igitur illud proprium est Tragoediarum et Comoediarum. Neque potest esse conditio sine
qua non: si enim talis esset conditio, neque dici posset
absque illa Comoedia, Comoedia, neque Tragoedia, Tragoedia, neutraque suum assequerentur finem, non enim
delectando iuvarent: at verò Comoediae absque laeto exitu,
et Tragoediae etiam absque tristi exitu, seu exodo (ita enim
vocat Aristoteles eam Tragoediae partem extra quam nullus

Poeta. ca. II est chori cantus) et sua retinent nomina, et suum asse-
quentur finem: in Tragoedia nanque à timore, misercor-
diáve delectationem per imitationem Poeta parat, teste
Aristotele, non igitur est necessarius assignatus ab aliquibus
hisce Poematibus finis: retinere nomen patet: assequi
finem per peripetias, agnitiones, et perturbationes, quae in
illustrium virorum actionibus reperiuntur, satis apparet,
intentum ergo habemus. Rursus neque tanquam comple-
mentum requiritur hilaris, aut lugubris finis, absque illo
enim Comoedia, et absque hoc Tragoedia perfectae sunt,

(P. 226) nullo igitur modo requiritur. Exemplis confirmabitur hoc
totum, ex ipsis nanque dependet ferè superius dictorum
comprobatio; in Comoediis namque Aristophanis Comoedia *Nebulae* nuncupata, Strepsiadis vindicta. Socraticae
domus incendio, ipsius Socratis ac discipulorum lacrymis
terminatur. Plauti *Asinaria,* et *Miles Gloriosus* poena, et
luctu terminantur, senis illa, haec militis, cum tamen ambo
essent praecipuae actionis personae. Inter Tragoedias prae-
termissa Sophoclis *Electra* (de qua iure potest disputari,
laetusne dicendus illius finis sit, in qua iniustam patentis
necem, suasque ipsius iniurias Tyranni, et matris nece
Orestes ulciscitur, regnoque potitur terno.) *Philoctetem*
certè illius nullus negat, imò neque negare poterit, laetitia
terminari, in illa enim intentum assequitur Ulysses, qui
Philoctetem secum ad Troiam vehit ex Lemno, neque
iam reluctantem. Quod si negent, testimonio nobis erit
Chorus, sic enim ultimam Tragoediae inanum imponens
canit.

Cho. Eamus ecce omnes congregati
Nymphis marinis precati
Reditus salvatores venire.

Quod si parum videatur hilaris Tragoediae huius Sopho-
cleae finis; Euripidis duae Iphigeniae, altera in Aulide,
in Tauride altera, Ion, Alcestisque, nec non Oetaeus Her-

cules caelitibus iam adscriptus, gloriosusque matri apparens,
fidem nobis in hac parte satis, superque facient. Neque est
cur effrons ex adversariis quis errasse hos dicat Poetarum
proceres; Aristotelis enim testimonio, non minimam in
hoc meruisse laudem affirmabimus: sic nanque ille de Euri-

(P. 227)
Poet. c. II

pide. «Quamobrem illi quidem decipiuntur ob id ipsum,
quo Euripidem damnat, ut qui in Tragoediis suis illud ob-
servet, earumque plures in foelicitatem terminentur, id
quod omnino, ut dicimus, ex arte est, argumento verò illud
fit maximo, quod in scenis, atque adeò in certaminibus
hae, si recte recitentur, maximè quidem Tragicae appareant,
Euripidesque ipse tametsi aliqua parum rectè dispenset,
omnium tamen Poetarum maximè Tragicus videri potest».
Haec Aristoteles, et haec ex illo nostra, ac verissima circa
Tragoediae differentiam, et finem sententia, cui nullus,
quod sciam, adstipulatus est, exceptis duobus, Minturno

lib. 3

videlicet in suo Poeta, qui licet dubiè prius loqui visus sit,
demum de Tragoediae actione agens concludit ita. «Id porrò
in Tragoedia servandum omnino censemus, ut actio sit
luctuosa, ancepsque fortuna, sive tristem, sive iucundum
exitum habeat, et quorum quidem res agitur in maximo
illi discrimine versentur»; atque illo qui sub Altizzati nomine libellum contra Jasonem de Nores vulgari sermone,

Replica del
Altizzato
contra
l'Apologia
del Nores

sed non vulgari elegantia conscripsit: et (si placet) excepto
etiam ipsomet Jasone de Nores vel parum sibi constante,
vel iam saniore facto in sua Apologia. Caeterum quoniam
Jasonis de Nores iudicit mentio, aequum erit nostras adver-
sus ipsum tueri partes, nec non contra alios Hispanicarum
Comoediarum detractores. Praedictus nanque autor cum
non satis fortasse habuisset iure, vel iniuria, imò iniuria certè illud reprehendere immortali laude dignum, ac nunquam

(P. 228)

in memoria doctorum, aevorumque omnium inter moritu-
rum opus ingeniosissimi equitis, ac Poetae Ioannis Baptistae
Guarini, *Il Pastor fido Tragicomedia Pastorale,* maximo
cum iudicio nuncupatum, falcem etiam mittere voluit in
alienam messem (Hispanum idioma intelligo) peregrinatus
ille, idque etiam damnare opus, quod omnes nostri admi-
rantur, praedicant quot quot linguam callent exteri, Tragico-
moediam videlicet Calisti, et Melibeae, Caelestina vulgò
dicimus, et licet eius patrocinium facile possem suscipere,
nec caderem, ut puto, à causa, quantumvis alicuius Medeae
praestigiis bonus noster uteretur Iason; iis tamen commi-
tere satius duxi, quibus Guarini Tragicomoediae curae fuit,
aut erit deinceps iustissima defensio, quando quidem apud
Nores in eadem sunt ambae damnatione. Caeteras quidem
Comoedias nostras aliqui dicunt longè ab Aristotelicis aber-
rare praeceptis, quippe quae in ipsorum sententia et tem-

poris ab Aristotele Comoediis praefixi spatium longè exce-
dant, quae Regum, et Illustrium virorum fabulis texantur;
quae denique ex praeclaris partim, partim ex infimis cons-
tent personis. Fateor in Hispania, sicut et in Provinciis
aliis, plurimos reperiri imperitos (eorum enim, ut vetus
asserit proverbium, infinitus est numerus) quicum in omnibus quid faciant, ignorent, omnia tamen facere aggrediun-
tur; ii dubio procul quantum distat ortus ab Occidente,
ab artis semper aberrabunt scopo, neque vitio dabunt ac-
tioni duabus, aut tribus horis duraturae decem, aut viginti

(P. 229) annorum tempus accomodare. Cordati verò homines (ut
sunt multi in Hispania) quibus nec laeva mens, nec levis
literatura unius diei duntaxat spatio suam concludunt actionem, quod si duobus concluderent diebus, id in Heaut.
fecit Terentius: Fabulam ibidem sententiarum gravitate,

Pridie Kal.   facetiarum dulcedine, argutiarum (quibus prae aliis nostra
Mai   scatet lingua) venustate ornant; qualem hisce diebus Cor-
dubae vidimus cuiusdam amici, et concivis mei Comoediam
nihil non satis, leporis, ac venustatis, nihil non argutiarum,
nihil non exactissimae artis continentem. Versari autem circa Illustres personas Comoediae actionem erratum certè
Hispanorum non fuit; et hoc Aristophanes Graecus in
Ranis, et *Equitibus* fecit, et Italus Plautus in *Amphitruone*
Comoediis; neque improbavit (ut mox dicam) Aristoteles,
quem admodum neque Comoediam, quae partim ex humilioribus, partim ex praestantioribus constat personis sic enim
ille. «Secundo loco sequitur quae a nonnullis in primo

Poet. c. II   collocatur, illa ex duplici genere composito, quo ex ordine
Odyssea est: ut quae diversa ratione partim ex praestantioribus personis, partim ex humilioribus constet. huic sanè
primas tribuit theatralis imperitia, quippe vates hanc auram
sequuntur componentes quidem ad vota spectatorum. Caeterum voluptas illa non Tragoediae sed Comoediae propria
est, in hac enim siqui velut Orestes, et Aegysthus secundum fabulam inimici fuerint, reconciliata tandem inter se
amicitia, neuterque ab altero obtruncatus discedet. Ecce
tibi utriusque rei exemplum in Oreste, et Aegystho illustrium in Comoedia; constantis verò ex illustribus, et hu-

(P. 230)   milibus, ut in Odyssea» quam Aristotelis opinionem secu-
De orat.   tus procul dubio Cicero dum ait. «Comoedum in Tragoediis, et Tragoedum in Comoediis placere vidimus». Quod
etiam lepidissimè suo more ostendit Plautus mixtae huic
compositioni Tragico Comoedia imponens nomen in illa,
quammodo nominavimus Amphitruone, in cuius prologo
ita Mercurius.

Post argumentum huius eloquas Tragoediae,
Quid contraxistis frontem, quia Tragoediam

Dixi futuram hanc? Deus sum, commutavere
Eandem hanc, si voltis: faciam ex Tragoedia
Comoedia ut sit omnibus iisdem versibus.
Utrum sit annon vultis? sed ego stultior,
Quasi nesciam vos velle, quis Divos siem.
Teneo quid animi vostri super hac re siet.
Faciam ut commista sit tragico Comoedia.
Nam me perpetuo facere, ut sit Comoedia,
Reges, quo veniant, et Dii, non par arbitror.
Quid igitur? quoniam hic servos quoque partis habet,
Faciam hanc proinde, ut dixi Tragico Comoediam.

Nihil ergo cum hac in re peccent Hispani, obmutescant
necesse est accusatores ceteri.

LA POETICA DE ARISTOTELES
DADA A NUESTRA LENGUA CASTELLANA

Por

DON ALONSO ORDOÑEZ

das Seyjas y Tobar, Señor de San Payo

Al. Exmo S^or: Don Manuel de Zuñiga, Fonseca y Azevedo, Conde de Monterrey y de Fuentes, Señor de la Casa de Ulloa, Gentilhombre de la Camara de Su Majestad, de su Consejo de Estado y Guerra, y su Presidente de Italia, etc.

Año   1626

Con Privilegio
En Madrid, Por la Viuda de Alonso Martín.
(Bibl. Nac. Madrid R/5472)

Al. Exmo Sor Conde de Monterrey y de Fuentes, etc.

Los que han empleado sus Plumas en traduzir, y explicar este tratado de Aristóteles (Excelentíssimo Señor) disputan largamente, qual sea de los que en esta materia escrivio? y si está entero, ò defectuoso? Las razones de la mas cierta opinion muestran, que debajo deste titulo dexò el Filosofo mayor suma, que la posteridad no goza, con perdida muy digna de sentirse por los estudiosos. Y la principal dellos se vee, cotejando la proposición con el Epilogo, como advirtio bien Alexandro Piccolomini, ingenio claro, y amante de la verdad. El primero que le passó felizmente de su Idioma Griego al Latino, fue Alexandro Paccio Florentino, por que si bien fue antes empresa de Gregorio Giraldo, erró tanto en ella, que es cortesia no memorarle. Averroes le parafraseó excelentemente, y con particularidades en los exemplos de su dotrina, que muestran quan bien la avia penetrado. Comentaronle despues, el primero Francisco Robertelio, que si otros han estendido las riendas del discurso en el descubrimiento de sus dificultades, a el se le deve la primera, y mayor ilustracion desta materia. Siguieronse Bernardo Segni, Pedro Victorio, Vicencio Madio, Ludovico Castelvetro, estimadissimo de los Italianos, Alexandro Piccolomini, a quien, aunque no puede negar la ventaja de añadir a lo inventado, tampoco puede dejar de concedersele un preeminente grado en juzgar de las opiniones de los de antes, ni el ser segurissima su intelligencia. Julio Cesar Scaligero, y Antonio Minturno, aunque no comentaron este tratado; en los siete libros de Poetica el uno, y el otro en el Poeta Latino, y en la Poetica Toscana, que yo recibi de la mano y liberalidad de V. Excelencia, siguen su dotrina. Y mas el Minturno en la Poetica Toscana, donde (aunque no confessados) se hallan, ò traduzidos, ò en sustancia, todos los preceptos de Aristoteles, con tan gallarda y docta disposicion, que para quien desee ser enseñado, yo le tengo por el primero. Mayormente entre nosotros, con cuyos Poemas los de los Italianos tienen en muchas cosas muy considerable conformidad, y semejança mas que los Latinos. Usó el Minturno en esta Poetica el metodo de felicissima eleccion, con que pudo sacar aquella dotrina tan cumplida, tan distin-

ta, tan cierta, y tan clara, quanto no ay otra en la materia, y es como las cosas que diferencian los Poemas entre si, y de las demas artes de imitar con lo que se imita, y el modo, y el instrumento de la imitacion: y que por lo que se imita, y el modo tienen gran vezindad con otros generos de escritos: escogió el camino de los instrumentos, por donde la dividio, como por lo mas propio desta arte, y en que menos comunica con las demas. Y hizo como tres predicamentos, de lo Epico, Dramatico y Melico, reduziendo al primero los Poemas que imitan solo con el lenguage en verso; al segundo lo Teatral y Representativo, y al tercero lo apto y dispuesto para cantarse y acomodarse a los instrumentos musicos. En nuestra lengua

el Pinciano escrivio la Filosofia antigua Poetica, parecida a esta, en ser escrita en Dialogos sino hiziera parecer las personas de los que hablan, ni fue en este camino de los instrumentos, pero es muy buena doctrina, y toda de Aristoteles. Salvo en el juycio sobre la Tragedia, y el Poema heroico, que siendo tan expresso el de Aristoteles, antes afectado en favor de la Tragedia, le quiere ingeniosamente obligar a que sintiesse lo contrario. Y todos los que han escritos Poemas heroicos llevan mal este parecer de Aristoteles, hasta el Tasso en uno de sus discursos se aparta de su amistad, y derechamente se opone a su sentimiento, y no se le oponiendo en otro caso, muestra ser el dolerse fundamen-

to del contradezirle. A Francisco Lopez de Zarate he visto sentir mas ajustadamente en este punto, con dever tanto amor a su Poema heroico de la Invencion de la Cruz, obra en que tengo por cierto que la alteza, y valentia del ingenio ha de ser competida de la correspondiente, y artificiosa formacion de sus partes. Y assi, Señor, en todas las lenguas los que con acierto en lo especulativo, y praticandola, se han empleado en los exercicios desta arte, han tenido por maestro este papel de Aristoteles, aunque tan pequeño de mas importancia, como dice Castelvetro, que todo lo demas que della por otros diversos ingenios està escrito. Quise pues darla a nuestra lengua, juzgando por necesidad indigna de la opulencia, que alcança en todas facultades, carecer de la basa, y fundamento desta, en que tan nobles ingenios suyos se exercitan.

EXPOSTULATIO SPONGIAE

a Petro
Turriano Ramila
Nuper Evulgata

PRO

LUPO A VEGA CARPIO

Poetarum
Hispaniae Principe
Auctore
Iulio Columbario B.
M. D. L. T.

Item Oneiropaegnion

et

Varia illustrium virorum Poemata

in laudem eiusdem
Lopi a Vega V. C.
tricassibus
sumptibus Petri Chevillot
anno
M.D.C.X.V.III.
cum privilegio regis

Magistri Alphonsi
Sanctii V. Eruditissimi, et
sacrae linguae in Complutensi Academia
Professoris publici Primarij.

Appendix ad Expostulationem Spongiae

Venit modo (Lupe clarissime) ad manus, quamvis melius ad pedes
veniret, libellus quidam, Spongia nomen erat, quem, quia contra te, dis-
cerpsi statim: sed dubitare coepi, spongia ne, an pumex? sic tua exirent
arida modo pumice expolita? Ita asperrime verberabat aures stridor sylla-
barum, et sesquipedalia verba, ut, sicut Nili cataractae vicinos accolas, me
prope surdum reddiderint. Animadverti, neque spongiam, neque pumicem,
sed fragmenta, quaedam e poetarum rupibus devoluta ab invidentia quadam in amoenissimos tuae poeseos hortos. Inimica frugibus grando, obvia
quaeque prosternit, universam Arcadiam diluvium istud Deucalionis inun-
dat. Contra pietatis officium Peregrinum a patria deturbat. Semen, quod
sanctissimus noster indigena, et providus arator foecundo solo commiserat,
inficit, superseminato zizania inimicus homo, te dormiente. Comicos tuos
soccos tragaedorum cothurno Satyrus iste dilacerat, dum illos caprinis suis
pedibus inducit. Fer-

---

res aequo animo, magne Lupe, si non Assyriae viribus succinctus novus
iste Babylonius Rex in Hierusalem civitatem sanctam cum quibusdam ad
maledicendum natis coniurasset. Nam quis patiatur pulcherrimam Civitatem, toto orbe nobilissimam tam crudeliter diripi, tam immaniter subiec-
tis flammis incendi, et reliquias infelicis populi in Babylonios abduci?
Hebraeorum instrumenta musica, quae ad salices captiva plebs appenderat,
actus furore confingit, ne tu illis flumina sisteres, feras demulceres, quer-
cus auritas duceres. Quae ergo tempestas ista? Quod olim ego in quendam,
        Fit fragor in verbis, rupto pulmone dehiscit,
        Parturiunt montes, nascitur inde? Nihil.
Isti tamen contigit, quod angui presso, non a pede, sed a conto, effun-
dit venenum, non laedit,
        Tellus tantum illius humore madescit.
Quid censes? Ego hominem venia dignum puto: Nam famae et nominis ergo templum Dianae voluit incendere. Male audivit Demosthenes,
Cicero reprehensio ne non carvit, quid Homero et Maroni non detraxit
tabificus livor? Ne mireris ergo, si sit quoque Lupo mastix. Fateor te
maiorem in scribendo famam adeptum, quam possit ulla invidentia ex
parte minuere. Sed impellit ratio, et natura cogit pro patria pugnare, tueri
innocentiam, arcere vim, et, si aliter nequeas, inferre. Vetat tamen pudor
maledicendo vincere, cum benedicendo possis. Defendendum ergo te sus-

cepi, non quod me oratore ad tuam causam egueris, cum satis ipse omnium adversariorum tela non solum propul-

---

sare, sed in eos retorquere potuisses. At praestat rem aggredi, quia
aequum est criticam istam audaciam e reipublicae nostrae finibus emendare, quae ita in optimos quosque labores, et vigilias, tamquam pestifera
lues irrepsit, ut nulla sit iam tam tuta innocentia, quam ista malitia non
sugillet: Nullus tam acutus in scribendo stylus, quem ista dura materies
non retundat. Vix datur modestiae locus, ius probitari, prostat pudor,
insidiae criticae ubique. Ubique serpit hoc genus hominum, quibus nihil
praeter sua placet, sua tantum pulchra, et ab oraculo, aliena et trivio.
Aliena denique aliena, sua tantum sua. Sic ergo
          Scribimus indocti, doctique poemata passim.
Iuvat ergo aperto Marte pugnare, et leonina pellis, vulpina deponatur.
Procul fraudes et malevolentia, agamus pingui Minerva et more maiorum,
facessat supercilium, et ampullae vestrae, quibus plenae buccae vestrae tonant, sunt enim molesta Ciceroni. Adeste ergo Lupo mastigi critici.
     Haec igitur prima lex esto, quam nemo negat, Artes a natura profectas. Leges enim dat natura, non accipit. Nolumus Dialecticorum more
initio argumentorum impedimenta explicare, cum quae dicimus certa, firmaque sint, et e media philosophia petantur: ne contentio potius hoc
nostrum institutum esse videatur, protrahaturque ad syllogisticam Erin.

Constat enim homines experientia, et ratiocinando multa invenisse, ex
quibus paulatim artem posteris reliquerunt, imperfectam primo et rudem,
quam alii postea expoliverint, et perfecerint, et pro hominum captu, regionum temperie, temporum varietate multa disputata acute, mutata prudenter, reiecta considerate, utquae antea multis placuerint, postea non
probarint alii. Nam in eadem esse sententia profecto artibus perniciosum
fuisset, posterisque efecisset plurimum, cum sic artes omnes rudes et
impolitae in aevum omne permanerent, nisi quae melioribus ingeniis mutanda viderentur, fas, iusque; non mutare iussisset Pleraque; Seneca Stoicus ipse multa ab Epicuro libenter amplexus est, quod essent praeclare
dicta, et nihil a quo, sed quid dicatur, referat. Id enim certe naturae,
rationique expedire videtur, ut in omni re semper, quod melius est eligatur. Nam cum ars imitetur naturam, ut scriptum reliquit Aristoteles, ille
melior artifex est, qui naturae propius accesserit. Sic Apelles, Parrhasius,
et alii in pictura amplissima laude floruerunt, quod nativos colores expresserint, et velut animatos vultus effinxerint, qui autoribus etiam suis aliquando admirationi fuerunt. Unde sit, ut multa ab aliis inventa alii assequi,
aut comprehendere nequiverint. Certe Archimedes cum arte sua periit, ut
tradit Plutarchus, qui apud Syracusas tam excellenti floruit ingenio, ut

nemo mortalium, nec antea, nec postea saltem tam magni viri discipulus inveniri potuerit, qui tam praeclara inventa posteris tradidisset.

Ergo licebit viro docto, prudentique ex his quae a maioribus inventa perfectaque sunt, eximere multa, addere, mutare? Quis negat? In mechanicis id quotidie videmus, cur ergo in disciplinis id vetat lex criticorum? Certe Plato perfectam philosophiam reliquit, a qua discipulus Aristoteles discessit, ut taceam de Carneade, Panetio et aliis, qui diversas scholas diversis opinionibus, aut instituerunt, aut institutas coluerunt, a quibus nos multa et amplectimur, et repudiamus. Multa docuit Cicero in Rhetoricis, quae ipse in dicendo non servavit, quia naturae hominum et rerum conditioni videbat expedire, illa relinquere, quae alibi profutura sciebat, ibi non ita. Hodie tota iudiciorum ratio mutata est, cum Romanis legibus agatur. Non illa imperiosa magistratuum verba hodie in usu, non illa severa senatus maiestas. Profecto, ut recte Tertullianus in Pallio, ipse quoque; homo in dies mutatur, et non illi semper eadem sententia constat. Unde Ovidius:

Nil equidem durare diu sub imagine eadem
Crediderim, sic ad ferrum venistis ab auro.

Et illud Lucret:

Semper in assiduo motu res quaque geruntur. Quae est ergo ista vestra lex poetarum, o critici tam sacrosancta, cui nefas addere, detrahere scelus? *An nostro seculo negatur, quod superioribus seculis licuit?*

Leges puto divinas ab illis accepistis, quibus incidendis in aes vos Consules adfuistis, quando visum est patribus, nihil de priscis institutis mutari. Non alterius naturae nos Hispanos Deus effinxit, nos quoque homines sumus, et Romani cives, quibus alia datur invenire, Romana iura tuemur, communia nobis et Horatio, quem Scaliger notat artis praecepta sine arte dare. Extat apud eum praeceptum de non exordiendo a gemino ovo, et tamen Sallustium bellum, quod contra Catilinam gestum est, scribentem non servasse, notat idem Iulius et laudat, quia id ratio et natura rerum postulabat. Epicis Scaliger Aethyopicam Heliodori proponit exemplar, et tamen Homerus est princeps, regnatque inter Epicos. Divi num appelat Maronem, quod opus in partes, secundum naturam distinxerit, et tamen ille moriens non probavit Aeneida. Non ergo erit ars certa, ad quam nostra componamus? dices. Falsa est complexio, est ars, sunt praecepta, quae nos astringunt, ut quod naturam oporteat imitari; exprimunt enim naturam, mores et ingenia seculi, quo scripserunt, opera poetarum; item versuum servare leges, quamvis in his conceditur doctis invenire, et novare. Astrictior est de numeris et syllabis lex. Ad hylem componere, grandia aut humilia ut res poscunt. In narrationibus est sua peculiaris ratio, aliter rusticus, aliter urbanus, sapiens et indoctus aliter, et tamen una et eadem narratio diversa a se in modo pro personarum varietate, quia id postulat natura, ut quibus vir doctus animos in nar-

---

rando suspensos teneat, eisdam rusticus moveat risum. Sed ista dices contra Lupum tuum? Absit. Nemo melius ista servavit, de quibus mox. Arte natura perficitur. Ergo imperfecta erat? Fateor. At hominibus, qui non ut ratio, aut natura iubet, vivunt, datae sunt leges, ut est in sacris, quibus ad bona compellantur, deterreantur ab iis, quae rationi naturaeque contraria. Certe civis, dum civis est. Civitatis iure vivit. Si vero postea Caesar et imperator. Corneliam aut Iuliam corrigit, aut antiquat, quia, ut est in re civili, tempora distinguenda, mores notandi pro lege, aut ferenda, aut antiquanda. Ecce qui modo legibus parebat, mox dat leges. Idem de natura iudicium. Excolitur disciplinis ingenium, arte natura impolita perficitur - perfecte tamen iam regnat. Supra ius est, sed non extra. Semper enim rationis imperio, et naturae legibus serviat oportet. Invenit saepe meliora inventis, quia non idem omnibus ingenium. Quibus natura, ut est in apibus, non dat reges ut sint, cives sunto, pareant alieno, imperio regantur: quos vero ipsa reges facit, ipsi regnent, et imperent. Est in disciplina militari metandis castris ars, est sua dispositio et ordo acici, in diversis tamen regionibus more gentis pugnatum, pro natura, et parta victoria. Macedonica phalange Magnus Alexander Asam do-

muit, contra Roma sua explicuit cornua, quibus complexa mundum est, et iam tota bellorum facies mutata est, et disciplina. Sic in artibus, veteri simplicitate in comoediis Graecia primum delectata est, post umbra pastorali, ad theatra traducta, et a poetis culta rustica inventa. Deinde personata tragoediae reperta, cothurni, socci, de palliatis Romani fecere togatas, chori in pretio olim, hodie nec versus in Italia. Si Graecos consideres, a quibus tota ratio poematis Latinis effluxit, videbis inter se ita discrepantes, ut in tragoediarum quoque titulis dissentiant. Sic Hecuba in Euripide, male Senecae Troas inscribitur. Neque recte ab Aeschylo Eumenides, et melius ab Euripide Orestes. Tragediarum propium exitus infelix, non ista tamen lex servata, modo intus sit res atroces, lege Aeschyli Eumenides, Electram Euripides, Helenam, Cyclopem, et alia quorum exitus laeti, et tamen contra hos nemini licet agere lege tragediarum, quia natura et ratio contra legem artis, aut supra est, in comedia Graecae numquam reges, forte, quia in pallio, at Romanis, quod in toga, id permissum. Quem cursum teneas in ista varietate? licebit ergo Lupo nostro quod illis. Ego sane recte existimare videor, ut quemadmodum apud Graecos comedia in veterem, mediam, et novam divisa est, sic apud nos omne poema. ut mox dicam, quamvis non sit animus de his disputare, modo hoc statuamus.

Ergo Lupo isti tuo, quia poematis antiqui leges transgreditur, novae ut principi condendae poematis artis ius esto? id sibi ille prae modestia non arrogat, quamvis praecepta tradiderit more Horatiano. Ego tamen libenter do, quod prius illi natura concessit. Ille excusat comoedias ita in-

ventas prosequutum, ne a more patrio discederet, non esse tamen veteri
more a se compositas. Sed quid ad te magne Lupe comoedia vetus, qui
meliora multo saeculo nostro tradideris, quam Menandri, Aristophanes,
et alii suo. Est in pretio antiquitas, quia prima, et longinquitas parit vene-
rationem. Sed stet illis sua laus sine fraude, tibi gloriam immortalem
praesentia saecula impartiantur, futura servent. Sed ad rem. In omnibus
disciplinis, si de re aliqua lis, aut controversia, iudicio prudentis et docti
viri dirimitur. Cur non in poemate sententiae excellentis poetae acquies-
cendum? Id negas in Lupo, ego contra contendo. Latras in Lupum, ego
te illi ovem objicio. Multa ab illo prodita praeter veteres leges poetarum,
sed non contra ius suum Latio Graeciaeque, nobis Hispanorum iura
faveant, meliora ista nobis, quam illa. Et quidem si de comoediis agitur,
profer quaeso antiquo more comoediam, exhibilaberis, lapidibus a theatris
abigeris. Scriptum reliquit Cicero, illum esse bonum Oratorem, qui multi-
tudini placet. Consule ergo multitudinem, nemo discrepat, omnes uno ore
id optimum, quod Lupus.

_____

dixerit, id pro lege, normaque poematis. Hic siste parumper, et admirandum
famam, gloriamque singularem contemplare, quam nemo mortalium, ut
opinor, est adeptus. Omnis conditionis sexus, omnis et aetas, cum quid
optimum probat, id a Lupo esse dicit. Optimum est aurum, argentum,
esculenta, polulenta, et si quae ad usum humanae naturae alia, elementa
denique ipsa a Lupo, rebus inanimatis vulgus nomen Lupi indidit, detulit
illi sceptrum plebs, boni libentes, mali inviti regnum attulerunt iure ergo
regnat inter poetas

Velut inter ignes
Luna, minores.

Sic ergo ut Rex ius dicit poetis, ipse supra ius poetarum, ipse sibi ratio
normaque poematis, quod sibi visum id ratum firmumque esto. Si quid tibi
ab illo factum dictumve in poemate contra ius, fasque poeseos esse videtur. Non assequeris, causa latet, ille novit, tu pare illius imperio, sic Rex
iubet, ius regi est iura dare, non accipere. legislator est, comitiis cenu-
riatis, et tributis, in Campo Martio e Senatus-Consulto legem sua sit Apollo
ipse, primus musarum chorus scivit, postea plebs, et quod magis mirere
nullo intercessit e collegio tribunorum, nulla obnuntiatio. Augures omnes
spectione diligenti fausta omnia nuntiaverunt, leges accepit summa accla-
matione plebs, in aes incisae, in Capitolio repositae. Quid restat. Hoc
tibi suadeas tantam gloriam in scribendo assequutum, quantam nemo
unquam superioribus saeculis, sive de literis, sive de armis sit sermo, com-
paravit. Dedit Alexander liberaliter nomen, Caesar imperatoribus, sed
hominibus. Forte

_____

civitatibus quibusdam, sed id fecit ambitio. At Lupus rebus omnibus, quae meliores esse probantur, nomen imposuit suum, et habent, et hunc dubitas novem poeseos artem posse condere? id modo flagitat natura, postulat saeculi conditio, res denique poscunt. Ciceronis orationes hodie in admiratione habemus, si tamen ad iis manibus venisset Cicero, et in Complutensi theatro unam es illis repeteret, prae molestia omnes dilaberentur. Quia natura rerum, ingenia hominum prisca illa fastidiunt, nova ergo invenienda, sequendum quo natura, ne deseramur. Tempore quo Mena floruit ipse fuit Hispane Ennius, Pacuvius, et Livius, ecce vetus poema. Sequitur Garsias Lassus, qui poema excoluit, sylvas, bucolica et amores induxit, en medium. Postremo Lupus, en novum, et noster Maro Ovidiusque sic eum libet appelare, non Terentium; Natura Maro et Ovidiu est. Terentium quaestus fecit cum vivendum ab ingenio fuit. Si Epici poematis nobis artem reliquisset Maro, non sequeremur? At quia Lupus dat respuemus? An facundius illi ingenium, quia e Latio, isti non ita, quia ab Hispania? Profecto hic apud nos multo magis floret, quam Maro et Ovidius apud Romanos floruerunt, ingrata patria, exteros adorat, cives suos debito fraudat honore.

Parum est Lupum novam artem poeseos invenire posse, plus laudis illi tribuo. Nova nomina, quibus caremus dare potest, Nemo melius, cum tantae sit authoritatis, ut quidquid dixerit, omnes li-

benter amplectantur. Neque id sine exemplo Romanis id minus licuit, et tamen multa a Graecis formata nova a Sergio Flavio refert Quintilianus, quorum dura admodum videntur, ut ens, essentia. Quae cur tantopere aspernarentur veteres non video, nisi quod iniqui iudices adversos ipsos et nos fuerunt, qua propter inopia Latini sermonis laboramus. Messala primus raetum, Augustus munerarium dixit. favorem et urbanum nova dixit Cicero ad Brutum, qui obsequium a Terentio primum dictum ait. Cur ergo non ita apud nos? Alphonsus Rex cognomento sapiens, primus Thesorero dixit, antiquato nomine Arabico Almoxariph. Ego cum illis Arabibus peregrina nomina abegissem a patria, et solum Latina aut propria retineri malvissem.

Nonsolum ergo novam artem posse tradere ad poemata iudicio, sed omnibus eum tanquam artem, et poetices omnis regulam proponerem, quem sequi, imitarique deberint. Quae enim facit, ea hodie natura, mores et ingenia poscunt, ergo arte facit, quia sequitur rerum naturam? contra si ad regulas veterumque leges Hispanae componeret, contra naturam rerum et ingenia faceret. Quia ars ab ingenia et natura proficiscitur, ut diximus: et vetera illa non capiunt nostri saeculi ingenia. Si latine scripsisset veteres sequi iuberem, non enim nobis ius in alieno regno. Habent Romani quos sequantur duces et pares aquilas, apud

nos melius Lupus instruet, et diriget aciem, quam peregrinus imperator. Exemplum sit divinus Maro, qui in Latio regnat, si qua Latine cecinit

Maro Hispane redideris, an non illum Angelicae aequares? Idem iudicium
esto de Graecis in Latinam linguam traductis. Irreditur Homerus si cum
Virgilio conferatur. Non enim datur omnibus idem ingenium et natura.
Restat ergo apud Hispanos Lupum nihil sine arte, immo omnia artificiose,
prudenterque scribere, ipsumque sibi et aliis artem esse. Durum videbitur
multis me tantum tribuere Lupo voluisse, quod omnibus illum, Quod
naturam poetices spectat, praetulerim. Ego profecto existimo hoc solum
illi defuisse, quod non priscis illis saeculis vixerit cum Homero, et Marone.
Sed melius nobiscum actum est, nam forte Homero, Marone et aliis care-
remus, si cum illis iste vixisset, deterreret enim omnes a scribendo noster
Apollo. De illo omnia, quae mendax Graecia fabulata est, posteritas credi-
disset, ipse Thebanos muros extrueret, ipse coniugis manes ab inferis revo-
caret, quanquam hodie etiam multos Midas effecerit, qui inconditum
rustici dei tantum suavissimo Apollinis concentui praetulerunt. Sed hos
omittamus nam ipsi se suis auribus produnt. Illud affirmare audebonullam
naturam tam ad poetica natam me legisse, quamvis in Graecis, Latinis,
que non mediocriter fuerim versatus: nam qui aliter sentiunt

poetas Graecos nec audierunt quidem, ab illis enim sua quaeque Latini
expresserunt. Propterea iudicium meum magis aliis probari debet cum ab
eo sit, qui a Graeco fonte ista derivet.

Restant pauca et per partes. Tria praecipue in poemate considerantur.
Versus secundum se, e quibus constat. (placet appellare dictionem) et opus
ipsum. In versu facilitas, suavitas, proprietas, in his figurae, ut in nomi-
nibus, tropi, Allegoriae, ut in rebus, et reliqua in poemate totum corpus,
quod ex his, tanquam membris constat et componitur. Expende singular.
Facilis est in faciendo versu Ovidius? et dulcis, nullumque reperies apud
Latinos suaviorem, et ad poeticem habiliorem. At in his non sequitur
Lupus noster, sed praecedit, in facilitate par, in suavitate praestantior, in
natura superior, in dissolutionibus nulli comparandus, in translationibus
et allegoriis admirabilis, in omnibus, quae pertinent ad artem, quam natura
postulat. Ipso videtur natura ipsa eloquens, quae se exprimit, in plurimis
imitabilis, in multis, quem imitari non possis, quod supra ingenia. Corpus
vero poematis sic ornat, componit, et illustrat, ut nihil a symmetria et
pulchritudine discrepet. imo si aptat, ut non ab humano ingenio, sed ab ipsa
natura profectum esse videatur. In Latinis paucos reperies illi pares in
aliquibus, in omnibus neminem. In Graecis multo plures, est in Latinis
Maro divinus huius tamen Aeneida ad Ierusalem Lupi appone. Grandis
est in illa Maro, grandior in ista Lupus. To-

nat in illa Iupiter, in ista fulgurat. Saevit in illa Mars, in ista furit: quam-
quam in Achille Homerus et Tryphiodorus in excidio non dissimillimi. In
Latinis non est cum quo Draconteam aut Angelicam componas. Sylvescit

enim Papinius et Valerius, non tam meo stomacho. In Graecis accedit
Orpheus et Apollonius. Ad Angelicam nemo, nisi quod multa sparsa in
multis, praecipue in Homero de Helena, et Penelope. In Musaeo de Hero
quaedam, et alia in aliis, sed quae tantum alludant. Caetera apud Graecos
Erotica, salacia sunt, et petulanter dicta, ut ab ingenio Graeco. Italia imi-
tata est plurimum, ut est in satyra epigrammata. Hispania nunquam admi-
sit nudam Venerem. Ideo quae a Lupo tractantur amatoria, urbane omnia
et lepide, quae turpitudinem vestiant translationibus admirandis. In Isidoro, quia nova poesis maior difficultas, est enim patrium poema, ad quod
non Graecum, nec Latinum trahas, ni malis Pindarum aptari, et Horatium
in Odis, Sed dissimillimi sunt! Idem iudicium de caeteris, quae miscellanea
possunt dici, in quibus soluta oratione verbis loquitur poeticis, et poematia
quaedam ingerit, in quibus bucolica, pastoralia, georgica, raro Sybotica,
numerantur, novitium opus, cuius finis delectatio, principium in Italia, in
Hispania a Lupo culta, et expolita, et quae ad urbanos sales proximes acce-
dant, quod adversarii illi vitio vertunt, tanquam a pastorali natura in re
pastorali discedat. puerilis obiectio, quae non advertit multa hic allegorica,
et urbanas personas habitu pastorali in sylvis ut in Albano. At objicis in
Heroicis, unum debere esse Heroem, ad

---

quem caetera referantur, in quo a Lupo saepe peccatum. Falsum. Non
enim hoc semper servandum: nam sic Homerum à poetarum numero ex-
pungas, in quo Agamemnon totius belli Dux, sed Achilles, et Telamonius
Aiax, et Diomedes illo fortiores, Ulysses et Nestor prudentiores, consilio
et astutia. Certe in Argonauticis Herculis gesta non referas ad Iasonem.
Sed quid plura pro Lupo tota acclamante et consentiente rerum natura,
mirante saeculo! Non omnes ad omnia nati. Ille soluta claruit oratione,
astricta alter, et alii quidem ad heroica, alii ad Dithyrambos nati: sicut in
disciplinis, alii Theologi, Philosophi et Medici, Mathematici alii, non enim
in omnibus omnia. At in Lupo tam admirable ingenium, et ad omnia facile,
ut qui modo in uno genere floreat, in altero regnare videatur. Sic in omni
poemate est Lupus, et omnia poemata in Lupo exculta, perfectaque. Quare
procul livor et invidentia, quamvis invidiosus existat, quia extra omnem,
aut supra invidentiam est Lupus. Soli ne invideant astra, lumen accipiant,
et sileant. Nam simul ac Sol iste Hispaniae affulsit nostrae, nulla visa sunt
astra poetarum, nisi noctu. Vive diu,

> Vir Celtiberis non tacende gentibus,
> nostraeque laus Hispaniae.

Te Musarum chorus adoret, Apollo illis praesidere te annuat, et in
magno deorum concilio aurea sede iuxta se Iuppiter assidere iubeat inter-
duas perpetuas comitas, Minervam et Venerem, anteponoque. Gratiis,
Musis, deabus acclamantibus. Dicite Io Paean.

El entremés en la poética española

A. 1547   Comedia de Sepúlveda (Lorenzo de S.). Ahora por primera vez impresa según el manuscrito del Excmo. Sr. D. Marcelino Menéndez y Pelayo. Con prólogo y notas de E. Cotarelo y Mori de la Real Academia Española. Madrid. Imprenta de la Rev. Esp., 1901.

Prólogo (págs. 13 ss.)... Becerra: No os puede dar gusto el sujeto ansi desnudo de aquella gracia con que el proceso dél suelen ornar los recitantes y *otros muchos entremeses* que intervienen por ornamento de la comedia, que no tienen cuerpo en el sujeto della, pero prosupuesto esto; si todavía quereis saberlo, os diré lo que se me acuerda dello.

Escobar: Antes me hareis muy gran merced. Becerra: El frasis (fransis) del negocio es éste...

Cf. Cotarelo y Mori, *Rev. Esp. de Lit., Hist. y Arte,* volumen I (Madrid, 1901).

J. P. Wickersham Crawford, «Notes on the 16th century 'Comedia de Sepúlveda'» *Romanic Review,* vol. XI (1920).

J. P. Wickersham Crawford, *Spanish Drama before Lope de Vega* (1922), pág. 118: The prologue contains some original material, including the earliest Spanish reference with which I am acquainted to the dramatic unity of time, and of the first recorded uses of the *term entremés as synonymous with paso.*

B. 1558   I. Francisci Sanctii Brocensi in inclyta Salmanticensi Academia Rhetoricis professoris de arte dicendi liber unus denuo auctus et emendatus. Cui accessit in artem Poeticam Horatii pereundem auctorem brevis elucidatio. Salmanticae, Excudebat Mattias Gastius 1558, 8º (Bibl. Nac. Madrid R/27267).

II. Antverpiae excudebat Christophorus Plautinus, Architypographus Regius, Anno MD.L.XXXI. Mense Septemb.

De autoribus Interpretandis sive de Exercitatione, Francisci Sanctii Brocensis, in inclyta Salmanticensi Academia Rhetorices Professoris (Bibl. Univ. Salamanca 1a/33578).

III. Francisci Sanctii Brocensis, in inclyta Salmanticensi Academia Rhetorices Graecaeque Linguae Primarii Doctoris, In Artem Poeticam Horatii Annotationes. Salmanticae apud Joannem et Andream Renaut fratres 1591 (Bibl. Univ. Salamanca 1a/35343).

Se cita por el texto I: Sextum Praeceptum, de rerum decorum vel de Comoedia et Tragoedia, et ipsarum partibus: (cf. Horacio, *Epistola ad Pisones,* vv. 220-50).

... Agit tandem Horatius de Episodiis ut vocat Arist. quos hic vocat Satyros. Locus hic est obscurissimus, et a nemine hactenus (quod sciam) animadversus. Episodium, est (ut ait Suidas) id quod inducitur et adiiciunt praeter legitimam fabulam risus gratia. hoc vocat Horatius Satyros, vel Faunos, vel Silenos. *Hispani vocamus, Entremeses,* quod inter medias actiones irrepant. Unde igitur haec episodia ortum habuerint, declarat, inquiens: Poetae tragici, etiam si graves sint et asperi, tentaverunt an risum possent dicere salva tragica gravitate: quare Satyros nudaverunt, id est, inverecunda induxerunt Episodia, qui functus sacris auditor et bené potus, et sine lege et ordine sedens, erat iocis et aliqua novitate detinendus...

C 1596   A. López Pinciano, *Philosophía antigua poética* (1596), ed. A. Carballo Picazo (Madrid, 1953).
I. Vol. 2, pág. 23, epístola 5:
Yo he entendido ya, a mi parecer, dixo el Pinciano, esto de los episodios; digo qué cosa sean, mas no entiendo que deuan estar tan asidos y cosidos como queréys suadir. Veo yo que *los entremeses,* según vuestra definición, son episodios; y tan fuera de la fábula *algunas vezes* (!), que ninguna cosa más.

Fadrique dixo: Y aun los Sátiros que los antiguos solían usar en las tragedias para adulçar la melancolía dellas, eran también muy fuera de fábula. Eran estos Sátiros unos monstruos con pies de cabras y frente cornuda, los quales salían, fuera de todo propósito de la tragedia, a solicitar las nimphas con canastillos de fruta.

Ugo respondió assi: Yo hablo de las actiones perfectas y de artificio, del qual éstas carecen en esto; aunque en las tragedias, por la causa que da Fadrique, se pueden disimular, digo, porque en la tragedia no se consiente, ni en las fábulas, ni en los episodios, deleyte de risa y passatiempo, y assi (página 24) es bueno entrexerir algo fuera de la fábula que entretenga y dé passatiempo. Mas en las comedias, a do la risa es lo principal que se ha de buscar, fuera de la doctrina, es justo que los episodios ridículos parezcan una misma cosa con la fabula; y esto vemos practicado en las comedias de Aristóphanes y Terencio y las demás antiguas y modernas italianas. Con todo esso, digo que *algunos entremeses,* aunque la trayda carece de arte, ellos no carecen de deleyte; y como sean verisímiles y ridículos, se pueden y deven disimular. Y esto baste quanto a la declaración del argumento y del episodio. Vamos a la fábula toda, que es compuesta destos dos.

II. Vol. 2, págs. 306/7:

... y por tener de todo, tomó después algo de lo (pág. 307) ridículo y gracioso, y, entre acto y acto, a vezes engería los dichos sátiros —podremos decir entremeses—, porque entrauan algunos hombres en figuras de sátiros o faunos a requebrar y solicitar a las siluestres nimphas, entre los quales passauan actos ridículos y de passatiempo. Esta, pues, era la forma de la tragedia antigua...

III. Vol. 1, pág. 207:

Y también las comedias italianas en prosa son poemas y parecen muy bien; y los que dicen *entremeses* también lo son, y parecen mucho mejor en prosa que parecerían en metro.

D. 1602   Carvallo, *Cisne de Apolo,* fol. 128 v./129.

Los provechos y utilidades de la comedia III. § 5. «... se entiende de aquellos que usando mal deste exercicio lo convierten en torpes juegos representando hechos dichos y ademanes deshonestos y sin fruto, en tiempos de penitencia, en lugares sagrados y personas Eclesiasticas, haziendo entremeses y danzas torpes imitando los antiguos faunos y satyros que antiguamente eran como entremeses en las comedias a cuya causa fueron en Roma vedadas por algun Tiempo y en el nuestro porque se ivan algo imitando en danças inventadas a lo que se puede presumir del enemigo comun, y por otras muchas causas que devió de auer fueron prohibidas...»

E. 1604   Agustín de Rojas, «Viaje Entretenido»; véase Cotarelo y Mori, NBAE vol. 17, pág. LX.

F. 1609   Lope de Vega, «Arte Nuevo de hacer Comedias»; véase NBAE vol. 17, pág. LX.

G. 1610   P. Juan de Mariana, *De Spectaculis* (1609).

«Pretendo empero que los faranduleros se deben de todo punto desterrar de las fiestas del cristiano y de los templos... Pues ¿con qué cara los cristianos faranduleros tomados de la plaza y de los mesones los meten en los templos para que por ellos se augmente la sagrada alegría de las fiestas?... Y es cosa muy grave no poder negar lo que confesar es grande verguenza; sabemos muchas veces en los templos sanctissimos, principalmente en los entremeses, que son a manera de coros, recitarse adulterios, amores torpes y otras deshonestidades, de manera que cualquier hombre está obligado huir tales espectáculos y fiestas si quiere mirar por el decoro de su persona y por su verguenza...»

H. 1615   Cervantes: *Comedias y Entremeses,* Prólogo al Lector:

«Las Comedias eran unos coloquios como églogas, entre dos o tres pastores y alguna pastora aderezábanlas con dos otros entremeses, ya de negra, ya de rufián, ya de bobo y ya de vizcaíno...»

J. 1611   Covarrubias: *Tesoro* 1611 (con las adiciones de B. R. Noydens publ. en la de 1676, Barcelona 1943). Entremés:

«Está corrompido del italiano intremeso, que vale tanto como entremetido o enxerido, y es propiamente una representatión de risa y graciosa, que se entremete entre un acto y otro de la comedia para alegrar y espaciar el auditorio. Los Griegos le llaman 'epeisodion' — episodion. Theophilus et Suidas scribunt, 'episodium appelari in fabulis id quod risus gratia infertur extra subiectum, vel argumentum fabulae' ex Lil. Gregorio Gyraldo, De poetarum historia, Dialogo 6, fol. 231.»

K. 1616   Carlos Boyl Vives de Canesma: «A un licenciado que deseava hazer Comedias/ Romance». En *Norte de la Poesía Española*... Valencia, 1616 (Bibl. Nac. Madrid R/12280).

«Letras, Loas, y *entremeses*
buscara de mano agena,
porque la propia de todos
como propia se condena...»

L. 1616   Ricardo del Turia: «Apologetico de las Comedias Españolas», en *Norte de la Poesía Española...,* op. cit.

«Y assi mismo en aquel breve termino de dos horas querrian ver sucesos Comicos, Tragicos, y Tragicomicos (dejando lo que es meramente comico para argumento de los entremeses que se usan agora), esto se confirma en la musica de la misma comedia, pues si comiençan por un tono grave, luego le quieren no solo alegre, y joli, pero corrido, y bullicioso, y aun abivado con *saynetes de bayles,* y danças que mezclan en ellos.»

M. 1617   Francisco Cascales, *Cartas Philológicas,* ed. García Soriano (Clás. Cast., 117, vol. 2, Madrid, 1940).

Epístola III. Al Apolo de España, Lope de Vega Carpio/ En defensa de las comedias y representación de ellas (págs. 43/ 44): «Había Histriones, según Ravisio, thymélicos, ethólogos, chirónomos, rapsodos, había representacion de comedias y tragedias, y de *mi*-(pág. 44)*mos, que eran unos entremeses* de risa, pero con grande disolución y lascivia.»

(pág. 64): «... y del arte histriónica aprende el orador sus acciones salvo que tiene algunas la histriónica que no convienen a la gravedad del orador, y éstas son las acciones mímicas, que son las que *se usan en los entremeses* o en los graciosos y vejetes de la comedia.»

N. 1635   Salas Barbadillo: *Coronas del Parnaso y Platos de las Musas* (Madrid, 1635).

«Cuatro comedias antiguas que el vulgo de España llama entremeses.»

O. 1639   Epistola Horatii Flacci de Arte Poetica in methodum redacta versibus Horatianis stantibus, ex diversis tamen locis ad
diversa loca translatis / Auctore Francisco Cascalio primario
in urbe Murcia humanioris litteraturae professore. / Com Facultate / Valentiae, apud Sylvestrem Sparsam / Año 1639
(Bibl. Nac. Madrid R/19517).
    Fol. 14. Verum Horatius ait plurimum interesse iocos co-
micos a tragicis. Comicus enim vindicat sibi omne iocorum
genus, tragicus graviores et liberiores, quos exhibebat populo
Satyri, Sileni, Fauni multis dicteriis et convitiis onerantes,
quos sibi ex more videbatur. *Haec satyrica dicteria vocat Sanctius Brocensis episodia, hispanice entremeses. Miror in homine
doctissimo negligentiam tam supinam.* Adeat poeticam Aristotelis incredulus: ubi inveniet episodia esse actiones secundarias,
et precipuè illis uti epicos poetas, que nullibi ludicra admittunt,
quod videre licet in Homeri, Virgiliique; poematis heroicis.
P. 1639   D. Joseph Pellicer de Tobar:: «Idea de la Comedia de
Castilla», en *Lagrimas Panegíricas a la temprana muerte del
gran poeta Juan Pérez de Montalbán* (Madrid, 1639), fol. 151:
    «Los Antiguos repartían sus Comedias en muchos actos.
Nosotros las llamamos por Metáfora Jornadas, a imitación de
los que caminan, por los descansos que hazen en la Primera
y Segunda, con el Entremés, que es lo propio que Intermedio,
y el Baile.»

BIBLIOGRAFIA

REVISTAS

BHi — *Bulletin Hispanique.*
BHS — *Bulletin of Hispanic Studies.*
BSS — *Bulletin of Spanish Studies.*
HR — *Hispanic Review.*
NRFH — *Nueva Revista de Filología Hispánica.*
PMLA — *Publications of the Modern Language Association of America.*
RF — *Romanische Forschungen.*
RFE — *Revista de Filología Española.*
ZRPh — *Zeitschrift für romanische Philologie.*

EDICIONES

BAE — Biblioteca de Autores Españoles.
NBAE — Nueva Biblioteca de Autores Españoles (1905-18).

BIBLIOGRAFÍA GENERAL

NICOLÁS ANTONIO, *Biblioteca hispana nova* (1788).
BARRERA, C. A. DE LA, *Catálogo bibliográfico y biográfico del teatro antiguo español* (Madrid, 1860).
GALLARDO, B. J., *Ensayo de una biblioteca española de libros raros y curiosos* (Madrid, 1863-89).
PÉREZ PASTOR, C., *Bibliografía madrileña* (Colección biográfica y bibliográfica, Madrid, 1891-1907).
VIÑAZA, CONDE DE LA, *Bibliografía histórica de la filología castellana* (Madrid, 1893).
PAZ Y MELIA, *Catálogo de los Ms. de la Biblioteca Nacional Madrid*, Vol. 1 (Madrid, 1934).
PALAU Y DULCET, A., *Manual del librero hispano-americano* (Barcelona, 1948; en publicación).
SERÍS, HOMERO, *Bibliografía de la literatura española* (Nueva York, 1950).
SIMÓN DÍAZ, JOSÉ, *Bibliografía de la literatura hispánica*, Vols. 1-5 (Madrid, 1950; en publicación).

KRAUSS, WERNER, *Altspanische Drucke im Besitz der ausserspanischen Bibliotheken - Berichte über die Verhandlungen der sächsischen Akademie der Wissenschaften zu Leipzig* (Akademie Verlag, Berlin, 1951).

JOSÉ PRADES, JUANA DE, *La teoría literaria* (Madrid, 1954).

FUENTES

AQUINO, STO. TOMÁS DE, *S. Thomas Aquinatis, O. P. Doctoris Angelici et omnium scholarum catholicarum Patroni, Summa Theologica,* Parisiis, 1887.

ARGENSOLA, LUPERCIO LEONARDO DE

—, «Loa» y «Epílogo» de la *Tragedia Alejandra* (Bibl. Nac. Madrid, Ms. 18094 y Ms. 14873).

—, *Obras sueltas de L. y B. Leonardo de Argensola,* ed. Conde de la Viñaza, *Colección de escritores castellanos,* vol. 1 (Madrid, 1889).

ARISTÓTELES, ΠΕΡΙ ΠΟΙΗΤΙΚΗΣ *mit Einleitung, Text und Adnotatio Critica, exegetischem Kommentar, etc...,* ed. Alfred Gudeman (Walter de Gruyter und Co., Berlin/Leipzig, 1934).

BADIO ASCENSIO, JOSÉ (*Jodoci Badii Ascensii familiarii in Therentium Prenotamenta*).

—, *Terentius cum commento. P. Terentii aphri comicorum elegantissimi Comedie a Guidone Juvenale per quem litterato familiariter explanate, et a Jodoco Badio Ascensio una cum explanationibus rursum annotate atque recognite, cumque eiusdem Ascensii prenotamentis atque annotamentis suis locis adhibitis* (Paris, agosto 1512). (Bibl. Nac. Madrid R/18001).

BARREDA, FRANCISCO DE LA, *El Mejor Principe Traiano Augusto, su Filosofia, Politica, Moral, y Economica, deducida y traducida de Panegyrico de Plinio, ilustrado con margenes y discursos.* Aprovacion 7+9 decem. 1618 (Madrid, 1922).

BATTEUX, L'ABBE, *Les quatre Poétiques: d'Aristote, d'Horace, de Vida, de Despréaux, avec les traductions et des remarques par M. l'Abbé Batteux,* 2 vol. (Paris 1771).

BOSCÁN, JUAN, *El Cortesano,* ed. RFE, Anejo XXV (Madrid, 1942).

BOYL VIVES DE CANESMA, CARLOS, 'A un Licenciado que deseava hazer Comedias. Romance', en *Norte de la Poesía Española: segunda parte de Poetas Laureados.*

BROCENSE, FRANCISCO SÁNCHEZ, el

—, *Francisci Sanctii Brocensis in inclyta Salmanticensi Academia Rhetorices professoris de arte dicendi liber unus denuo auctus et emendatus. Cui accessit in Artem Poeticam Horatii per eundem auctorem brevis elucidatio.* Salmanticae, Excudebat Mattias Gastius 1558 (8.º).

—, *De Autoribus interpretandis, sive de exercitatione, Francisci Sanctii Brocensis in inclyta Salmanticensi Academia Rhetorices Professoris.* Antwerpiae Ex officina Christophori Plautini (1581).

—, *Francisci Sanctii Brocensis, in inclyta Salmanticensi Academia Rhetorices Graecaeque Linguae Primarii Doctoris, In artem Poeticam Hora-*

tii Annotationes. Salmanticae apud Joannem et Andream Renaut fratres (1591).

LA BRUYÉRE, JEAN DE, *Oeuvres Complètes*, ed. La Pléiade (París, 1951).

CALDERÓN DE LA BARCA, PEDRO, *Autos sacramentales*, ed. Angel Valbuena Prat (Clás. Cast. 69, Madrid, 1924).

CARVALLO, LUIS ALFONSO DE,
—, *Cisne de Apolo* (Medina del Campo, 1602).
—, *Antiguedades y cosas memorables del Principado de Asturias* (Madrid, 1695). Reimpresión de *Antiguedades...* en *Gran Biblioteca histórico-asturiana* (Oviedo, 1864).

CASCALES, FRANCISCO,
—, *Tablas poéticas* (Murcia, 1617).
Reimpresión por Cerdá y Rico: *Tablas Poéticas del Licenciado Francisco Cascales. Añádese en esta II reimpresión: Epistola Q. Horatii Flacci De Arte Poetica in methodum redacta, Item: Novae in Grammaticam Observationes, item Discurso de la Ciudad de Cartagena*. En Madrid, Sancha 1779.
—, *Cartas Philológicas. Es a saber de letras humanas*. Murcia.
Reimpresiones: Cerdá y Rico (Sancha, Madrid, 1779).
                    J. García Soriano (Clás. Cast. 117, vol. 2, Madrid, 1940).

CASTELVETRO, L., *Poetica d'Aristotele. Vulgarizzatta et sposta* (Basilea, 1576).

CASTILLO Y SOLÓRZANO, ALONSO DEL, *Aventuras del Bachiller Trapaza* (Madrid, 1635).

CELESTINA, LA, [*Facsímile de la primera edición conocida*] (Nueva York, 1909).

CERVANTES SAAVEDRA, MIGUEL DE,
—, *Teatro*, ed. E. Cotarelo y Mori, NBAE, 17, pp. 1 - 51.
—, *Quijote*, ed. crítica F. R. Marín (ed. póstuma), 10 vols. (Madrid, 1947-8).
—, *Persiles*, ed. Schevill y Bonilla, 2 vols. (Madrid, 1914).

CICERÓN, *Vollständige Werke*, ed. Friedrich-Müller (Teubner, Leipzig, 1885-98).

CORREA, TOMÁS, *Thomae Corraeae in librum de arte Poetica Q. Horatii Flacci explanationes*. Venetiis, MDLXXXVII.

CUEVA, JUAN DE LA,
—, *Exemplar Poético* (Bibl. Nac. Madrid Ms. 10182).
Reimpresiones: E. Walberg (Lund, 1904).
                    F. A. de Icaza (Clás. Cast. 60, Madrid, 1924 y 1953).
—, *Coro Febeo de Romances Historiales compuesto por Juan de la Cueva* (Sevilla, 1588).
—, *Obras de Juan de la Cueva, dirigidas al Ilustrissimo Señor don Juan Tellez Giron* (Sevilla, 1582).

DIOMEDES, *Artis Grammaticae Libri III*, en *Grammatici Latini*, vol. 1 (Leipzig, 1857).

DONATO, *Thesaurus graec. antiq. ...Gronoviae 1735. Evanthii et Donati de Tragoedia et Comoedia Commentatiunculae*.

ENCINA, JUAN DEL, *Teatro*, ed. Cañete-Barbieri (1893).

ENRÍQUEZ DE GUZMÁN, FELICIANA, *Tragicomedia de los Jardines y Campos sabeos* (Lisboa, 1627).

ESCALÍGERO, JULIO CÉSAR, *véase* SCALIGER.

ESPINEL, VICENTE, *Diversas Rimas de Vicente Espinel, beneficiado de la Iglesia de Ronda, con el Arte Poética y algunas odas de Horacio, traducidas en verso castellano* (Madrid, 1591).

ESTACIO, AQUILES, véase STATIUS.

EXPOSTULATIO SPONGIAE *a Petro Turriano Ramila, Nuper evulgata pro Lupo a Vega Carpio Poetarum Hispaniae Principe, Auctore Iulio Columbario B., M. D. L. T., Item Oneiropaegnion et varia illustrium virorum poemata in laudem eiusdem Lupi a Vega V. C.,* tricassibus sumptibus Petri Chevillot anno M.D.C.X.V.III cum privilegio regis.

FALCÓ, J., *Jacobi Falconis Valentini in librum de arte Poetica Horatii Flacci scholia perutilia.* Aprob. 24 abril 1600.

FERNÁNDEZ DE CÓRDOBA, FRANCISCO, *Francisci Fernandii de Cordova Cordubensis, Didascalia multiplex, nunc primum in lucem emissa. Cum quinque indicibus necessariis.* Lugduni, Sumptibus Horatii Cardon, MDCXV.

GONZÁLEZ DE SALAS, JUSEPE ANTONIO,

—, *Nueva Idea de la Tragedia Antigua o Illustracion ultima al libro singular de Poetica De Aristoteles Stagirita por Don Jusepe Antonio Gonçalez de Salas* (Madrid, 1633).

—, *Nueva Idea...*, ed. Cerdá y Rico, 2 vols. (Madrid, 1778).

HEINSIO, DANIEL, *De tragoediae constitutione liber*, Lugduni Batavorum (1611).

HORACIO,

—, *Q. Horatius Flaccus, Ars poetica*, ed. Rostagni (Turín, 1930).

—, E. Norden, *Die Komposition und Literaturgattung der horazischen Epistula ad Pisones* (Hermes, 1905).

—, O. Immisch, *Horazens Epistel über die Dichtkunst* (Leipzig, 1932).

HUARTE DE SAN JUAN, JUAN, *Examen de Ingenios para las ciencias* (Baeza, 1575).

JIMÉNEZ PATÓN, BARTOLOMÉ, *Eloquencia Española en Arte* (1604).

LEÓN, FRAY LUIS DE, *Cantica canticorum* (Salamanca, 1580).

LÓPEZ PINCIANO, ALONSO,

—, *El Pelayo* (Madrid, 1605).

—, *Philosophía Antigua Poética* (Madrid, 1595).

—, *Philosophía...*, ed. Muñoz Peña (Valladolid, 1894).

—, *Philosophía...*, ed. Carballo Picazo (CSIC, Madrid, 1953).

LÓPEZ DE VEGA, ANTONIO, *Heraclito i Democrito de nuestro siglo* (Madrid, 1641).

LUJÁN DE SAYAVEDRA, MATEO, *Segunda Parte de la Vida del Pícaro Guzmán de Alfarache* (Bruselas, 1604).

MARIANA, P. JUAN DE, *De spectaculis* (1609).

MARINERIO VALENTINO, VICENTE, *El libro de la poetica de Aristoteles vertido a la verdad de la letra del texto griego por el maestro Vi-*

cente Marinerio Valentino (12 abril 1630), (Bibl. Nac. Madrid M. 9973/Ff. 51).

MÁRQUEZ, R. P. M. JUAN, *Vida del venerable P. Fr. Alonso de Orozco* (Madrid, 1648).

MÁRTIR RIZO, JUAN PABLO, *Poética de Aristóteles, Traducida de Latín, Illustrada y Comentada por Juan Pablo Mártir Rizo* (7 julio 1623), (Biblioteca Nac. Madrid, Ms. 602).

—, Ed. Margarete Newels, colección *Wissenschaftliche Abhandlungen der Arbeitsgemeinschaft für Forschung des Landes Nordrhein-Westfalen*, vol. 23 (Westdeutscher Verlag. Colonia y Opladen, 1965).

MAZZONI, JACOPO, *Discorso di Jacopo Mazzoni intorno alla Risposta, et alle oppositioni Fattegli dal Lic. Francesco Patricio* (Cesena, 1587).

MESA, CRISTÓBAL DE,

—, *Valle de Lagrimas y diversas Rimas* (Madrid, 1607).

—, *Rimas de Cristoval de Mesa* (Madrid, 1611).

—, *El Patrón de España* (Madrid, 1612).

—, *La Restauración de España* (Madrid, 1607).

MINTURNO, A. S., *L'Arte Poetica* (Venecia, 1564).

MONTAIGNE, *Essais. Texte établi et annoté par Albert Thibaudet,* ed. La Pléiade (París, 1950).

NEBRIJA, *Artis rhetoricae compendiosa coaptatio ex Aristotele Cicerone et Quintiliano Antonio Nebrissen concinnatore* (1515): 'De Pronuntiatione', S. G.iiii (Bibl. Nac. Madrid, R/1775).

NORTE DE LA POESÍA ESPAÑOLA, *Illustrado del Sol de doze comedias (que forman segunda parte) de Laureados Poetas Valencianos, y de doze escogidas Loas, y otras Rimas a varios sugetos* (Valencia, 1616).

ORDÓÑEZ DAS SEYJAS Y TOBAR, ALONSO,

—, *La Poetica de Aristoteles traducida en nuestra lengua Castellana* (Bibl. Nac. Madrid, Ms. 26. 24).

—, *La Poetica de Aristoteles dada a nuestra lengua Castellana* (Madrid, 1626).

OROZCO Y COVARRUBIAS, JUAN,

—, *Emblemas Morales* (Madrid, 1589 y 1610).

—, *Tratado de la verdadera y falsa prophecía* (Segovia, 1588).

OROZCO Y COVARRUBIAS, SEBASTIÁN, *Tesoro de la Lengua Castellana o Española. Sebastián de Covarrubias según la impresión de 1611, con las adiciones de Benito Noydens, publicadas en la de 1676* (Barcelona, 1943).

PELLICER SALAS OSSAU Y TOVAR, JOSÉ DE, 'Idea de la Comedia de Castilla', en *Lagrimas Panegiricas a la temprana muerte del gran poeta Juan Pérez de Montalbán* (Madrid, 1639).

PLATÓN, *Der Staat. Neu übersetzt und erläutert von O. Apelt* (Leipzig, 1944).

TRAGEDIA POLICIANA, *en la qual se tractan los muy desdichados amores de Policiano y Philomena... Acabóse esta tragedia Policiana a XX dias del mes de Noviembre a costa de Diego López librero vezino de*

Toledo. Año de nuestra Redempción de 1547 (Bibl. Nac. Madrid R/26628).

POLO DE MEDINA, SALVADOR JACINTO, *Obras en prosa y verso* (Zaragoza, 1670).

QUEVEDO Y VILLEGAS, FRANCISCO,

—, *Parnaso Español, Monte en dos Cumbres dividido* (1648).

—, *T. Petronii Arbitri E. Y. Satiricon*, ed. 'a cura Wolfgangi Hofmanni' (Francfort/Main, 1629).

QUINTILIANO, *Institutionis Oratoriae libri duodecim*, ed. E. Bonnell (Leipzig, 1905-6).

RENGIFO, *Arte Poetica española... por Juan Díaz Rengifo, natural de Avila* (Salamanca, 1592).

REY DE ARTIEDA, ANDRÉS,

—, *Discursos, Epístolas y Epigramas de Artemidoro* (Zaragoza, 1605).

—, *Los Amantes de Teruel*, ed. F. Carreres (Valencia, 1908).

ROBERTELLO, F., *Explicatio eorum omnium quae ad Comoedia artificium pertinent* (Florencia, 1548).

RODIGINO, L. CELIO, *Lodovici Caelii Rhodigini Antiquarum Lectionum Libri*, Aldus M. R. (1516), (Bibl. Nac. Madrid R/18942).

ROJAS, AGUSTÍN DE, *Viaje entretenido*, ed. Cotarelo y Mori, NBAE, 17, pág. 40.

RUEDA, LOPE DE,

—, *Las quatro comedias y los coloquios pastoriles del excellente poeta y gracioso representante Lope de Rueda. Dirigidas por Juan de Timoneda* (1567), (Bibl. Nac. Madrid R/12055).

—, *Las primeras dos elegantes y graciosas Comedias del excellente Poeta y representante Lope de Rueda, sacadas a luz por Juan de Timoneda* (junio, 1576).

—, *Compendio llamado el Deleytoso, en el qual se contienen muchos passos graciosos del excellente Poeta y gracioso representante Lope de Rueda, para poner en principios y entre medias de Colloquios, y comedias. Recopilados por Juan de Timoneda* (1588).

SALAS BARBADILLO, ALONSO J. DE, *Coronas del Parnaso y Platos de las Musas* (Madrid, 1635).

SCALIGER, J. C., *Poetices libri septem. Editio Quinta*, en *Bibliopolio Comeliano* (1617).

SEPÚLVEDA, LORENZO DE, *Comedia de Sepúlveda. Ahora por primera vez impresa según el manuscrito del Excmo. Sr. Marcelino Menéndez y Pelayo. Con prólogo y notas de E. Cotarelo y Mori de la Real Academia Española* (Imprenta de la Rev. Esp., Madrid, 1901).

SIDNEY, SIR PHILIP, *Defensa de la Poesía* (Bibl. Nac. Madrid, Ms. 3108).

SIMÓN ABRIL, PEDRO, *Las seis Comedias de Terentio conforme a la edición del Faerno, impresas en Latín, y traducidas en Castellano por Pedro Simón Abril, natural de Alcarez* (Alcalá, 1583).
Versiones de la traducción: primera: 1577 (Zaragoza).
segunda: 1581.

SOTO DE ROJAS, PEDRO, *Desengaño de Amor en Rimas* (1623).

STATIUS: *Achilles Statii Lusitani in Q. Horatii Flacci Poetam comentarii ... Antverpiae* (1553).

SUÁREZ DE FIGUEROA, CRISTÓBAL,
—, *El Pasagero* (Madrid, 1617).
—, *Plaza Universal de todas ciencias y artes* (Madrid, 1615).

TASSO, TORQUATO, *Discorsi dell'Arte Poetica; et in particolare del Poema Heroico* (Venecia, 1587).

TERENCIO,
—, Ed. princeps (Estrasburgo, 1470).
—, Ed. Kauer-Lindsay (Oxford, 1926).
—, Ed. P. Wessner, con el comentario de Donato (Leipzig, 1902-8).

TERRANOVA, JUAN BAPTISTA DE, *Terentii A. Comoediae sex* (Salamanca, 1573).

TIRSO DE MOLINA, *Comedias (El Vergonzoso en Palacio, Epílogo, El Burlador de Sevilla)*, ed. Américo Castro (Clás. Cast., Madrid, 1952), volumen 1.

TORRES NAHARRO, BARTOLOMÉ, *Propalladia and other works of...*, ed. Joseph E. Gillet (Pennsylvania, 1943-61).

TRISSINO, G. G.,
—, *Tutte le Opere*, 2 vols. (Verona, 1729).
—, *La poetica*, 2 vols. (Venecia, 1529-63).

TURIA, RICARDO DEL,
—, *Apologético de las comedias españolas* (1616).
—, *Apologético...*, ed. Morel-Fatio, *BHi*, 4 (1897).

VALLATA, J. DE, *Poliodorus*, ed. José María Casas Homs (CSIC, Madrid).

VEGA CARPIO, FÉLIX LOPE DE,
—, *Rimas humanas y divinas* (incluye el *Arte Nuevo de hazer Comedias*), (Madrid, 1611), (Bibl. Nac. Madrid, U/4482).
—, *Rimas* (incl. *Arte Nuevo*) (Madrid, 1609), (Bibl. Nac. Madrid, R/15339-4c).
—, *Jerusalén Conquistada* (Madrid, 1609), (Bibl. Nac. Madrid R/23625).
—, Ed. y est. crítico de J. de Entrambasaguas (Madrid, 1951).
—, *La Dorotea*, Col. Austral, 2.ª ed. (Buenos Aires, 1948).
—, *Parte XIV de las Comedias* (Madrid, 1620).
—, *Parte XV de las Comedias* (Madrid, 1621).
—, *Colección de doce autos de Lope de Vega, cada cual precedido de su loa y entremés* (1644).

VERA Y MENDOZA, FERNANDO LUIS,
—, *Panegírico por la Poesía* (Montilla, 1627).
—, *Panegírico...*, ed. y est. de M. Cardenal de Iracheta, *Rev. de Bibliografía Nacional*, 2, Madrid (1941).

VERARDO, CARLOS, *Historia Baetica* (1493), publ. *Rev. Hisp.*, 47 (1919), págs. 319-82.

VERARDO, CARLOS y MARCELINO, *Fernandus Servatus* (1493-4), ed. Thomas, *Rev. Hisp.*, 32 (1914).

VILLALÓN, CRISTÓBAL DE,
—, *Ingeniosa comparación de lo antiguo y lo presente* (1539).

Reimpresión: Soc. Biblióf. Esp. (1898).

VILLEGAS, ESTEBAN MANUEL DE,
—, *Eróticas o Amatorias* (1618).
—, *Eróticas...*, ed. N. Alonso Cortés (Madrid, 1913).

VILLÉN DE BIEDMA, DR. JUAN, Q. *Horacio Flacco Poeta Lyrico latino Sus obras con la declaración magistral en lengua castellana* (Granada, 1599).

VIVES, LUIS, *Opera* (Basilea, 1555).

ZAPATA, LUIS, *El Arte Poetica de Horatio, Traducida de Latín en Español por Don Luis Çapata...* (17 octubre, 1592). Junto con: *Primera Parte de las Flores de Poetas ilustres*, Valladolid, M. D. C. V. (Biblioteca Nat. París, Yg 577).

FUENTES SECUNDARIAS

ALTAMIRA Y CREVEA, R., *Historia de España y de la civilización española* (Barcelona, 1928).

ARNDT, E., *De ridiculi doctrina rhetorica*, tesis (Bonn, 1904).

ATKINS, J. W., *English Literary Criticism: The Renascence* (Londres, 1947).

ATKINSON, W. C.,
—, 'The Enigma of the Persiles', *BSS*, 24, 96 (1947), págs. 242-53.
—, 'Cervantes, El Pinciano and the *Novelas Exemplares*', *HR*, 16 (1948), págs. 189-208.

BALBÍN LUCAS, R. DE, 'Estudio preliminar al discurso sobre la Poesía de Soto de Rojas', *Rev. de las Ideas Estéticas* (1946).

BRAY, R., *La Formation de la doctrine classique en France* (Hachette, París, 1927).

BEHRENS, I., *Die Lehre von der Einteilung der Dichtkunst, vornehmlich vom 16. bis 19. Jh.*, ZRPh, fasc. 92 (1940).

BERGSON, H., *Le Rire. Essai sur la signification du Comique* (Presses Universitaires de France, París, 1950).

BIELMANN, J., *Die Dramentheorie und Dramendichtung des Jakobus Pontanus S. J., 1542-1626, Lit. Wiss. Jb. der Görres-Gesellschaft*, 3 (1928).

BUCK, A., *Italienische Dichtungslehren vom Mittelalter bis zur Renaissance*, ZRPh, fasc. 94 (1952).

CASTRO, A., *El pensamiento de Cervantes* (Madrid, 1924) .

CHAYTOR, H. J., *Dramatic Theory in Spain* (Cambridge U. P., 1925).

CLEMENTS, R. J., 'López Pinciano's Filosofía Antigua Poética and the Spanish Contribution to Renaissance Literary Theory', *HR*, 23 (enero 1955), 'Varia', págs. 48-55.

CLOËTTA, W., *Beiträge zur Literaturgeschichte des MA und der Renaissance* (Halle, 1890).

COOPER, LANE, *An Aristotelian Theory of Comedy, with an adaptation of the Poetics and a translation of the Tractatus Coislinianus* (Nueva York, 1922).

COTARELO Y MORI, E.,
—, *Controversias sobre la licitud del teatro* (Madrid, 1904).
—, *Entremeses,* NBAE, 17 (Madrid, 1911).

CRAWFORD, J. P. WICKERSHAM,
—, *Spanish Drama before Lope de Vega* (1922).
—, 'Notes on the 16th century «Comedia» de Sepúlveda', *Romanic Review,* 11 (1920), págs. 76-81.
—, 'Notes on the Tragedies of L. L. de Argensola', *Romanic Review,* 5 (1914), págs. 31-44.

CROCE, B., *Estetica come Scienza dell'Espressione e Linguistica generale* (Palermo, 1902).

CURTIUS, E. R.,
—, 'Theologische Kunsttheorie im spanischen Barock', *RF,* 53 (1939), págs. 146-84.
—, *Europäische Literatur und Lateinisches Mittelalter* (Francke, Bern, 1948).

DÍEZ ECHARRI, E., *Teorías métricas del Siglo de Oro. Apuntes para la Historia del verso español* (CSIC, Madrid, 1949).

DÍAZ-PLAJA, G.,
—, *Las Teorías sobre la creación del lenguaje en el siglo XVI* (Zaragoza, 1939).
—, *Teoría e Historia de los géneros literarios* (La Espiga, Barcelona, 1948).

ENTRAMBASAGUAS, J. DE,
—, *Estudios sobre Lope de Vega,* 1.ª ed. (Tipografía de Archivos, Madrid, 1932).
—, *Estudios...,* 2.ª ed. (CSIC, Madrid, 1946-7).

FERNÁNDEZ DE MORATÍN, L., *Orígenes del teatro español. Catálogo histórico y crítico,* BAE, 2.

FITZMAURICE-KELLY, J.,
—, *A History of Spanish Literature* (Londres, 1898).
—, *Geschichte der spanischen Literatur,* trad. alemana (Heidelberg, 1925).

FIGUEIREDO, F. DE, *Características da Litteratura Hespanhola* (Pyrene, Lisboa, 1935).

FRITZ, KURT V., 'Tragische Schuld und Poetische Gerechtigkeit in der griechischen Tragödie', *Studium Generale,* 3 y 4 (abril y mayo 1955).

FARINELLI, A., *Italia e Spagna* (Turín, 1929).

GARCÍA SORIANO, J.,
—, *El humanista Francisco Cascales. Su vida y sus obras. Estudio biográfico, bibliográfico y crítico* (Madrid, 1924).
—, *El teatro universitario y humanístico en España* (Toledo, 1945).

GARIN, E., *Der italienische Humanismus* (Francke, Berna, 1947).

GILBERT, ALLAN H., *Literary Criticism from Plato to Dryden* (Nueva York, 1940).

GILLET, J. E., 'Juan Cyrne. Tragedia de los amores de Eneas y de la reina Dido', *PMLA,* 46 (1931), págs. 351-431.

GREEN, O. H.,
—, *The Life and Works of Lupercio Leonardo de Argensola* (Filadelfia, 1927).
—, *Vida y obras...*, trad. esp. de F. Yndurain (Zaragoza, 1945).
GUERRIERI CROCETTI, C., *G. B. Giraldi ed il pensiero critico del secolo XVI* (Milán, 1932).
HANNAY, *The later Renascence* (Edimburgo y Londres, 1898).
HATZFELD, H., *Der Barock vom Standpunkt des Literarhistorikers aus betrachtet* (Hamburger Romanistische Studien, serie 17, vol. 42; serie B, vol. 25).
HERRERO, M., 'Génesis de la figura del donaire', *RFE*, 25, 1, 1941), págs. 46-78.
HERRICK, M. T.,
—, *Comic Theory in the Sixteenth Century* (Univ. of Illinois Press, Urbana, 1950).
—, *The Fusion of Horatian and Aristotelian Literary Criticism, 1531-1555*, Studies in Language and Literature, vol. 32 (Univ. of Illinois Press, Urbana, 1946).
—, 'The Theory of the Laughable in the 16th Century', *Quart Journ. of Speech*, 35, págs. 1-16.
—, *Tragicomedy. Its Origin and Development in Italy, France and England* (Univ. of Illinois Press, Urbana, 1955).
IRIARTE, S. J., M. DE, *El Dr. Huarte de San Juan y su 'Examen de Ingenios'* (Madrid, 1939).
ISAR, H. E., *The Tragedies of Gabriel Lobo Lasso de la Vega (1587)*, tesis, Univ. de Pennsylvania (1955), microfilm.
JOSÉ PRADES, J. DE, *La Teoría Literaria*, Monografías Bibliográficas, Instituto de Estudios Madrileños (Madrid, 1954).
JULIÁ MARTÍNEZ, E., 'La literatura dramática del siglo XVI', *Historia general de las lit. hisp.*, vol. 3 (Barcelona, 1953), págs. 105-213.
KAYSER, W., *Das sprachliche Kunstwerk* (Francke, Berna, 1951).
KOHLER, E., 'La date de «El ejemplo de casadas» de Lope de Vega et la valeur chronologique du «gracioso»', *BHi*, 47, 1 (1945), págs. 79-91.
KOMMERELL, M., *Lessing und Aristoteles. Untersuchungen über die Theorie der Tragödie* (Francfort, 1940).
LAUSBERG, H., *Elemente der literarischen Rhetorik* (Munich, 1949).
LERCH, E., *Passion und Gefühl* (Leo Olschki Ed., XVII, Florencia, 1938).
LESKY, A.,
—, *Die tragische Dichtung der Hellenen* (Göttingen, 1956).
—, *Die griechische Tragödie* (Kröner, Stuttgart, 1958).
LIDA DE MALKIEL, M. R., 'La tradición clásica en España', *NRFH* (1951), págs. 183-224.
LOOS, E., *Il Cortegiano von Castiglione, Analecta Romanica*, 2.
LÓPEZ PRUDENCIO, J., 'Valores olvidados. Christóval de Mesa', *Rev. Centro Estudios Extremeños*, 16 (1942), pp. 165-78.
LUZÁN, I. DE, *La Poética o Reglas de la Poesía en general y de sus especies principales* (Revilla, Zaragoza, 1737).

MENÉNDEZ Y PELAYO, M., *Historia de las Ideas Estéticas en España*, edición revisada y compulsada por E. Sánchez Reyes, 5 vols. (Santander, 1946-7).

MENÉNDEZ PIDAL, R.,

—, 'Lope de Vega, el Arte Nuevo y la Nueva Biografía', *RFE*, 22 (1935), págs. 337-98.

—, 'Caracteres primordiales de la literatura española', *BHi*, 20 (1948), págs. 205-32.

MÉRIMÉE, E., *History of Spanish Literature*, trad., corregida y aumentada por S. Griswold Morley (Nueva York, 1930).

MONTESINOS, J. F., 'Algunas observaciones sobre la figura del donaire en el teatro de Lope de Vega', *Homenaje a Menéndez Pidal*, vol. 1 (Madrid, 1925), págs. 469-504.

Reimpresión: *Estudios sobre Lope de Vega* (México, 1951), págs. 13-70.

MONTIANO Y LUYANDO, A. DE, *Discurso sobre las tragedias españolas*, 2 vols. (Madrid, 1750-3).

MORBY, E. S.,

—, 'Some Observations on «Tragedia» and «Tragicomedia» in Lope', *HR*, 11 (julio 1943), págs. 185-209.

—, 'Notes on Juan de la Cueva: Versification and Dramatic Theory', *HR*, 8 (1940), págs. 213-18.

MOREL-FATIO, A., *La Comedia espagnole au XVIIᵉ siècle*, 2.ª ed. revisada (París, 1923).

—, 'Les défenseurs de la Comedia (Tirso de Molina, Ricardo del Turia, Carlos Boyl)', *RHi*, 4, 1, (1902), págs. 30-62.

MORLEY, S. GRISWOLD, 'Objective Criteria for Judging Authorship and Chronology in the «Comedia»', *HR*, 5 (1937), págs. 281-85.

MÜLLER, J., *Das Jesuitendrama in den Ländern deutscher Zunge vom Anfang (1555) bis zum Hochbarock (1665)*, 2 vols. (Augsburgo 1930).

NASSARRE, B. A., 'Disertación sobre la Comedia Española', en su edición de las *Comedias* de Cervantes (1749).

OLMEDO, S. J., P. FÉLIX GONZÁLEZ,

—, *Las fuentes de 'La Vida es Sueño'* (Madrid, 1925).

—, *Juan Bonifacio (1538-1606) y la cultura literaria del Siglo de Oro* (Santander, 1938).

—, *Humanistas y pedagogos españoles. Nebrija (1441-1522). Debelador de la Barbarie - Comentador Eclesiástico - Pedagogo - Poeta* (Madrid, 1942).

PARKER, A. A. 'Reflections on a new Definition of «Baroque» Drama', *BHS*, 30 (1953), págs. 142-51.

PONS, J., 'L'art Nouveau de Lope de Vega', *BHi*, 47 (1945), págs. 71-8.

RADERMACHER, L., *Weinen und Lachen. Betrachtungen über antikes Lebensgefühl* (Rudolf M. Bohrer Verlag, Viena, 1947).

RENNERT, H. A., *The Spanish Stage in the time of Lope de Vega* (Nueva York, 1909).

RENNERT-CASTRO, *Vida de Lope de Vega* (Madrid, 1939).

RENOUARD, P., *Bibliographie des impressions et des oeuvres de Josse Bade Ascensius, imprimeur et humaniste 1462-1535* (Em. Paul et Fils Guillemin, París, 1908).

RILEY, E. C., 'The Dramatic Theories of Don Jusepe Antonio González de Salas', *HR*, 19, 3 (1951), págs. 183-203.

ROMERA-NAVARRO, M., *La preceptiva dramática de Lope de Vega y otros ensayos sobre el Fénix* (Yunque, Madrid, 1935).

SAINTSBURY, G., *A History of Criticism and Literary Taste in Europe from the earliest texts to the present day* (1928).

SAITTA, G., *Il Pensiero italiano nell' Umanesimo e nel Rinascimento,* vols. 1-3 (Messina, 1949-51).

SCHACK, A. F., Freiherr v., *Historia de la literatura y del arte dramático en España. Trad. directamente del alemán al castellano por Eduardo Mier,* vols. 1-5 (Madrid, 1885).

SCHADEWALDT, W., 'Furcht und Mitleid', *Hermes. Zeitschrift für klassische Philologie,* 83, 2 (1955), págs. 129-71.

SCHALK, F., 'Das Lächerliche in der französischen Literatur des Ancien Régime', *Arbeitsgemeinschaft für Forschung des Landes Nordrhein-Westfalen,* fasc. 19 (sesión del 17 de junio 1953).

SCHEVILL, R. PH., *The dramatic art of Lope de Vega* (Univ. of California Press, Berkeley, 1918).

SHAFFER, J. W., *The early entremés in Spain: The Rise of a Dramatic Form* (Univ. of Pennsylvania, Filadelfia, 1923).

SILVERMAN, H.,

—, 'El gracioso de Juan Ruiz de Alarcón y el concepto de la figura del donaire tradicional', *Hispania,* 35, 1 (1952), págs. 64-9.

—, *Lope de Vega's Figura del Donaire. Definition and Description,* tesis, Univ. Southern California (1955), microfilm.

SPINGARN, J. E., *A History of Literary Criticism in the Renaissance* (Nueva York, 1925).

SPITZER, L., *Die Literarisierung des Lebens in Lopes Dorotea* (Colonia, 1932).

TICKNOR, G., *Geschichte der schönen Literatur in Spanien. Deutsch mit Zusätzen herausgegeben von Nikolaus Heinrich Julius,* vol. 1 (F. A. Brockhaus, Leipzig, 1852).

TOFFANIN, G.,

—, *La Fine dell'Umanesimo* (Bocca, 1910).

—, *Il Cinquecento* (Milán, 1929).

TRABALZA, C., *Critica letteraria nel Rinascimento* (1915).

VALBUENA PRAT, A.,

—, *Historia del Teatro español* (1957).

—, 'Calderón', *Hist. general de las lit. hisp.,* vol. 3 (Barcelona, 1953).

VELÁZQUEZ, L. J., *Orígenes de la Poesía Castellana* (Málaga, 1755).

VILANOVA, A.,

—, 'Preceptistas españoles de los siglos XVI y XVII', *Hist. general de las lit. hisp.,* vol. 3 (Barcelona, 1953), págs. 567-691.

—, 'El tema del Gran Teatro del Mundo', *Bol. de la Real Acad. de Buenas Letras de Barcelona,* 23 (1950), págs. 179-81.

VOSSLER, K.,

—, *Lope de Vega und sein Zeitalter* (Munich, 1932).

—, *Poetische Theorien in der italienischen Frührenaissance* (Berlín, 1900).

WALSER, E., *Die Theorie des Witzes und der Novelle nach Giovianus Pontanus* (Estrasburgo, 1908).

WARDROPPER, B. W., 'Cervantes' Theory of the Drama', *Modern Philology, 52* (1954-5), págs. 217-21.

WATSON, A., *Juan de la Cueva and the Portuguese Succession* (Londres, 1971).

WEBBER, H. J.,
—, 'The Literary Reputation of Terence and Plautus in Medieval and Prerenaissance Spain', *HR*, 24, 3 (1956), págs. 191-206.
—, 'Plautine and Terentian Cantares in 14th Century Spain', *HR*, 18 (1950), págs. 93-107.

WEINBERG, B.,
—, *Critical Prefaces of the French Renaissance* (Northwestern Univ. Press, Evanston, Illinois, 1950).
—, 'Badius Ascensius and the transmisson of medieval literary criticism', *Romance Philology*, 9, 2 (1955-6), pág. 209.

WOLF, F., *Studien zur Geschichte der spanischen und portugiesischen Nationalliteratur* (Berlín, 1859).

ZONTA, G., 'Rinascimento, Aristotelismo e Barroco', *Giornale storico della letteratura italiana*, 104 (1934), págs. 1-63 y 185-240.

*

INDICE DE AUTORES

INDICE DE LAMINAS

INDICE GENERAL

COLECCION TAMESIS

SERIE A - MONOGRAFIAS